# 어머니의 은하수

## 어머니의 은하수

2025년 9월 18일 초판 1쇄 인쇄 발행

| | |
|---|---|
| **지은이** | 이규석 |
| **펴낸이** | 박종래 |
| **펴낸곳** | 도서출판 명성서림 |

| | |
|---|---|
| **등록번호** | 301-2014-013 |
| **주소** | 04625 서울시 중구 필동로 6 (2, 3층) |
| **대표전화** | 02)2277-2800 |
| **팩스** | 02)2277-8945 |
| **이메일** | msprint8944@naver.com |

**값** 20,000원
**ISBN** 979-11-7439-034-9

본 책의 구성 및 맞춤법, 띄어쓰기는 작가의 의도에 따랐습니다.
이 책의 저작권은 저자와 도서출판 명성서림에 있습니다. 무단 전재 및 복제를 금합니다.
이 책 내용의 일부 또는 전부를 재사용하려면 반드시 저자와 도서출판 명성서림의 동의를 얻어야 합니다.
파본은 구입처에서 바꾸어 드립니다.

# 어머니의 은하수

이규석 에세이

## 서문

내 어머니는 농촌에서 한학을 한 여유 있는 유지의 장녀로 1919년 태어났다. 여자들은 태어나면 큰애기, 작은애기, 언년이 같이 부르던 이름이 평생 이어지거나 출가하면 김씨, 이씨로 족보에 오르던 시절에 어머니는 태어난 후 계속 강숙녀姜淑女라는 한자 이름을 가졌다. 외조부께서는 이렇게 선진화된 면이 있었으나 남자는 한학, 여자는 글자도 배우지 못하게 하면서 전형적인 유교적 생활과 교육을 하였다.

'어머니'는 많은 사람의 마음에 남아 있고 나도 예외가 아니어서 어머니를 가장 존경한다. 가족 외에서는 세종대왕, 이순신, 칭기즈칸을 존경하는데 이는 사람에 따라 달라질 수 있다. 올해 청록파 문인의 문학관을 탐방하면서 조병화 시인이 매일 아침 돌아가신 어머니 신위를 모셔놓고 인사드렸다는 현장을 보았다. 그리고 나보다 더 적극적으로 어머니를 마음에 두었던 사람이 있음을 알게 되었다. 조병화 시인과 나는 모녀간의 정이 더 깊다는 세상에 모녀 관계가 아님에도 어머니를 존경하고 그리워했다.

이 세상에서 '어머니'란 말만큼 마음을 끌어드릴 수 있는 말은 아마 별로 없을 것이다. 우리나라에서는 제일 정감이 가는 말이 '사랑'이라 하는데 이 속에는 어머니의 사랑이 당연히 제일 크게 자리 잡고 있을 것이다. 1990년대에 미국에서 가장 좋아하는 단어를 조사했을 때 어머니(mother)였고 2004년 영국문화원에서 비영어권 사람 4만 명을 대상으로 조사했을 때 'mother'를 가장 아름다운 단어라고 했다.

1900년대 일제 강점기, 해방정국, 산업화와 민주화를 거친 어머니들은 참으로 고난의 연속이었다. 오죽하면 이 시대를 살은 어머니들이 살아온 이야기를 글로 쓰면 사람마다 소설책 여러 권이 된다고 하셨을까. 나의 어머니와 같은 시대의 모든 어머니가 많은 고난을 겪으면서 자녀를 훌륭하게 키운 그런 분들이었다. 세상에 모든 어머니는 마음의 고향이고 언제나 잊을 수 없는 최고의 사람이다. 그러니 내가 내 어머니를 으뜸으로 생각하는 것은 지극히 당연하다.

그래서 나는 어머니에 대한 글을 남기고 싶었다. 나는 초등학교 5학년 시작되면서 대학 졸업 때까지는 한 줄을 쓰더라도 매일 일기를 썼고 그 후에는 가끔 거르더라도 오늘날까지 써온 일기를 바탕으로 나에 대한 글을 쓰려고 했다. 자서전을 쓰면 나의 인생이 더 허무해질 것 같아 산문 형태로 자유롭게 글을 쓰려했다. 8순 기념으로 그렇게 하려고 했다. 그런데 첫째는 게으름으로 둘째는 그날 그 시간을 현실에 맞추어 살다 보니 너무 빨리 세월이 흘러 기회를 놓치고 말았다.

어머니에 대한 글을 쓰기로 한 것을 더는 미룰 수가 없어서 2022년부터 틈틈이 써온 것을 8순 기념으로 내놓으려고 다 써놓고 보니 어머니의 삶에 극히 일부만 쓴 것임을 알게 되었다. 내가 생활하는 동안 바라본 어머니에 대해서만 쓰게 되었기 때문이다. 어머니께서 남긴 특별한 글이나 객관적 자료 없이 내가 보고 느낀 어머니만 쓴 것이다. 그래서 어머니의 6남매 중 내가 아닌 5남매가 본 어머니는 다를 것이다. 그리고 나의 이야기가 어머니의 이야기에 너무나 많이 섞여 있어서 마치 내 이야기를 쓴 것이 아닌가 착각이 들 정도였다.

어머니에 대해 생각 나는 장면이나 말씀은 많이 있다. 그중에서 내가 어린 시절에 보았던 어머니가 가장 마음에 남는데 하나는 너무 힘들게 일하는 어머니 모습이었고 두 번째는 한여름 저녁 식사 후 마당에 펴놓은 멍석 위에서 옥수수, 감자, 오이를 먹으며 듣던 어머니의 이야기였다. 은하수와 칠월칠석 이야기를 많이 하셨는데 몽당빗자루를 마당에 던지시던 일과 그 사연을 듣고 느낀 어머니의 깊은 사랑을 잊을 수가 없다.

어머니에게 은하수는 마치 이승과 저승을 나누는 요단강도 되고 더 나아가 은하수 건너에는 천국이 있고 옥황상제가 다스리는 곳이기도 했다. 또한 어머니는 땅속 저 멀리 그 어디엔가 염라대왕이 눈에 불을 켜고 있는 지옥이 있다고 생각하였다.

어머니의 은하수는 정갈하고 살아서는 건널 수 없는 무한히 큰 강이었다. 그리고 어려서 그 강 건너로 간 두 자매를 평생 잊지 못하는 정이 넘치는 분이었다. 당연히 살아있는 어머니의 6남매에 대한 사랑은 어느 어머니에 못지않았고 몸소 행한 삶의 의지와 과정은 자녀 모두의 가슴에 남아 손주 대대로 흘러감을 나는 느낀다.

여러 가지로 부족한 내가 어머니를 그리워하며 무딘 솜씨로 이 글을 써서 심히 죄송하나 진심으로 어머니를 존경하는 마음으로 사실대로 쓰려고 노력했음은 자신 있게 말하고 싶다.

어머니를 그리며 8순 기념으로 쓴 이 글을 어머님께 바친다.

2025년 10월

이 규 석

## 차 례

◆

부모님 산소에 성묘하던 날　　　　　10

거북바위 이야기　　　　　　　　　　30

어머니의 빚 탈출기　　　　　　　　　50

용서　　　　　　　　　　　　　　　　98

어머니와 떠난 여행　　　　　　　　128

나의 서울특별시 교육감 도전기　　　192

어머니의 은하수　　　　　　　　　　228

어머니의 손길　　　　　　　　　　　262

# 1

## 부모님 산소에 성묘하던 날

    2019년 연말부터 우한 코로나 운운하며 심심치 않게 떠돌던 역병이 있었다. 결국 좀 늦은 감은 있으나 2020년 2월 21일 오후 '내일부터 우리나라의 이 역병 예방을 위한 교통 통제와 마스크 쓰기 등이 실시된다'는 발표가 있었다. 이 역병의 시작이 중국 우한이고, 원인이 되는 바이러스 모양이 크라운 즉 왕관처럼 생겼다고 해서 우한 코로나라 했었다. 그러나 발생 지역에 대한 논란이 있는 등 석연치 않은 이유로 우리나라는 '코비드 19'라고 명칭을 공식화했다.

    2020년에는 전처럼 한식, 벌초 등이 진행되었다. 그러나 2021년 코비드 19 방역을 위한 조치가 강화되더니 드디어 한 장소에 4인까지만 모일 수 있다는 규제가 발표되었다. 그리하여 긴 역사를 가진 선대에 대한 제사상 차리고 예를 올리는 일도 4명까지만 모일 수 있으니 당연히 그동안 참석하던 형제, 조카 등이 참석할 수 없게 되었다. 종가댁 식구도 4명까지만 모일 수 있었고 이런 일은 많은 사람이 모이는 한식과 벌초 때도 같은 상황이었다.

    우리는 아버지가 사고로 돌아가셨다고 문중에서 운영하는 선산에 모시지 못했다. 아버지와 같은 곳에 모시다 보니 훗날 돌아가신 어머니 산소는 아버지 산소 옆에 있다. 그곳으로 우리 형제들은 어려서부터 부모님 산소에 한식, 벌초 때 모두 모여 그동안 못다한 이야기도 하며 우애를 다졌다. 아버지가 돌아가신 1953년 그 이듬해부터 70여 년을 그래 왔다. 아들딸과 손주들이 생겨 대식구가 되었어도 그렇게 했다.

2021년 한식은 전화로 시간 조정을 하여 4명 이상 모이지 않게 했고 벌초도 그렇게 하기로 했다. 그런데 한식 때와는 달리 산소에 가서 예초기를 잘 다루는 사람이 있는 장손 집 조카와 그의 아들 등 3부자, 셋째 아들과 그의 아들들 3부자가 교대로 벌초를 끝냈다. 그렇게 벌초가 끝나게 된다고 해도 나는 벌초 겸 성묘를 가야 하는데 얼마 전 차를 처분해서 어떻게 해야 하나 망설이는데 우리 집 둘째 딸한테서 전화가 왔다. 반갑게도 이번 추석에 조부모님 산소에 성묘를 가고 싶다는 것이다. 돌아가신 부모님께서 영적 전달을 하신 건지 어쩐 지는 모르나 나로서는 아주 좋은 일이었다.

나는 둘째 딸 차로 가기로 하고 막내동생에게 전화했더니 그의 큰 아들이 아버지 모시고 가겠다고 했단다. 결국 차 2대로 규제 범위 내인 네 사람이 가게 되니 여러모로 잘 되었다. 부모님 산소는 차량 소통이 원활하면 1시간 이내 거리에 있어서 차가 막히지 않는 이른 아침에 산소가 있는 동네로 이동해 그곳으로 가 유명한 해장국으로 아침식사를 하고 성묘했다. 물론 준비해 간 삼색 과일과 포를 놓고 막걸리로 잔을 올렸다.

내려와서는 올 4월에 대지 1,000평에 160여 평 건축해서 음식점 개

짐을 한 셋째 동생 집으로 가서 2층에 자리를 정하고 허용 인원보다 1명 넘는 5명이 점심식사를 했다. 서울 가는 길이 덜 막힐 때 올라가려고 서둘러 일찍 출발하면서 강남 3구에 사는 막내동생과는 도로에서 끼어들기 앞지르기가 꽤 있어 아예 작별 인사를 했다.

둘째 딸이 운전하는 차를 타고 우리 집에 도착하니 약 2시간 반 정도 소요되었다. 집에 들어와 작은딸은 제 어머니에게 인사드리고 차 한 잔 나눈 후 저의 집으로 갔다.

작은딸이 운전하면서 평소 나에게 묻고 싶은 이야기, 고향과 선산을 다녀와서인지 이와 관련된 이야기를 하면서 지루한 줄 모르고 서울 집에 도착했다. 아래 글은 상경하면서 작은딸과 나눈 당시의 이야기를 생각하며 정리한 것이다.

"막내 작은아버지는 왜 많은 빚을 졌었나요?"

"막내가 유학할 때 함께 공부한 영연방 국가에서 온 학생이 있었대. 그 학생이 학위를 마치고 귀국하여 사업을 하던 중 막내 생각이 나서 반도체 칩을 사달라고 해서 주선해 주고 보증을 섰다는구나. 그런데 한국에서 그 사람에게 물건을 판 사람이 불량품을 싸게 사서 정품처럼 보내 현지에서 거부되었다. 이미 돈을 받은 불량품 판매자는 도망가고, 막내는 사기당한 거지."

"그래도 너무 짠한 느낌이 강하게 들어요. 사기당해서 진 수억 원의 빚을 갚기 위해 20여 년간 월급을 쪼개 썼다는 거 아네요. 더구나 외벌이인데요."

"얼마나 고생이 되었겠니. 젊어서 진 빚을 갚으려고 퇴직금도 모두 빚 갚는 데 썼다니까. 그래도 정년퇴직해서 연금을 받으니까 살아가는 데 문제는 없어서 다행이고 빚을 올해 들어 다 갚았다니까 정말 잘됐어."

"그러게요."

"수입에 맞춰서 살아온 월급쟁이들은 쪼들리고 불편한 대로 그렇게 사는데 이골이 나지."

"아버지는 그렇게 살아오지 않아 보이는데."

"네가 몰라서 그렇지 나도 비슷하게 살았지. 고등학교 교사 시절에 대학원 공부하다 보니 유학을 가고 싶어서 당시 유행한 「보케브러리 22,000」이란 책과 미국 앱티튜드 기초 문제집을 끼고 살다가 어머니 소원대로 유학을 포기할 수밖에 없는 상황이 되었다."

"그리고는요?"

"학생들 잘 가르치려고, 아 그 시절에는 학생을 가르친다고 했는데 지금은 교사는 안내하고 코칭한다고 할 수 있지. 당시에 나는 어렵게 획득한 알에이(RA) 조건 유학을 포기하고 다니던 대학원은 계속 다녔지. 그리고 역시 어머니 소원대로 결혼을 서둘렀다. 내가 월남 파병 수당하고 직장 생활로 저축한 돈과 나보다 직장 생활을 더 많이 한 지금의 네 엄마가 저축한 돈을 합해서 작은 집을 샀지. 너무 날림으로 지은 집인데 마당도 없어 결혼 1년 반이 지나서 살던 집을 팔고 큰 집을 사서 이사했다."

"돈은 어떻게 마련했나요?"

"먼저 살던 집 판 돈과 은행 융자에 전세를 끼고 당시 내 한 달 월급에 110배 그러니까 10년 동안 월급을 한 푼도 안 쓰고 모아야 할 정도의 큰 집을 샀지."

"부동산 투자를 하셨네요."

"그렇다고 봐야지. 당시 월급이 10만 원인데, 이미 전 집주인이 은행 융자받은 것이 내가 집을 매입한 지 5개월 만에 1년이 되었고 원금의 20%를 갚아야 한다는구나. 물론 지금은 신용만 유지되면 1년에 원금의 20%를 갚지 않아도 된다. 탈탈 털어서 겨우 집을 샀는데 은행 융자 받은 돈 400만 원의 20%를 갚을 길도 막연한데 앞으로 6개월마다 계속 남은 은행 융자금의 20%를 갚아야 한다는 거야. 그래서 할 수 없이 집을 부동산 업소에 내놓았고 바로 계약이 되어 이사해서 살기 5개월 만에 팔린 거야. 놓친 물고기가 크다고 그 집은 당시에 유행하던 프랑스식 2층 양옥에 잔디 마당 한옆에는 1년 내내 마르지 않고 맑은 샘물이 흐르고 있었어. 동네 한 가운데 있는 집으로 옛날부터 그 집 우물 물맛이 좋아 동네 사람들이 다 떠갔다는 거야. 우물 옆은 바윗돌과 앵두나무로 조경해서 운치가 있었고 아침부터 저녁까지는 쪽문을 열어 놓아 동네 사람들이 자유롭게 들어와 물을 떠 갔지. 당시 수돗물은 소독 냄새가 나서 어항에 기르는 물고기에게 줄 물은 떠 놓고 하룻밤을 지낸 후 주었는데 그보다는 우리 집 샘물을 선호했던 거지."

"그러면 5개월 만에 또 이사 하셨겠네요."

"그렇지. 네 엄마가 네 언니 임신 중에 집 사러 돌아다니느라 고생 많이 했다. 계약할 집을 나와 함께 정하고 난 후 나는 집을 계약하러 가고 네 엄마는 해산하러 친정으로 갔지. 그리고 네 언니 태어나고 37

일 만에 이사했는데, 그 집은 5개월 만에 약 70% 정도나 집값이 올랐 단다. 뜻하지 않게 돈이 많아졌어"

"그래서 어디로 이사하셨어요."

"신림5동 신림사거리에서 살던 집을 팔고 관악구청 옆으로 이사 갔는데, 20년 장기 저리 융자 200만 원 안고 400만 원 현금을 주었는데 방 2개, 거실, 부엌, 화장실 각 1개가 있는 5층짜리 연탄 때는 아파트였다. 그리고 봉천동 개발 예정지에 임야 70평을 사고도 돈이 남았어. 이 이야기는 언제 시간 있으면 하기로 해. 이야기가 길거든."

"이사 하시냐고 고생하셨지 만 돈을 많이 버셨네요."

"임신 중에 집 사러 다니니 고생했고, 낳은 지 며칠 후 이사하려니 네 엄마 고생 많이 했어. 개발 예정지에는 4년 후 인부를 고용해 내가 직접 집을 지었는데 그것은 다른 이야기이고 길고도 기니까 다음에 언제 네가 듣고 싶다면 말해 줄게."

"그럴게요. 막내 작은아버지는 빚을 다 갚으셨다면서요."

"그래. 이번 여름에 다 갚았대. 그래서 오늘 점심 식대를 지난 한식 때는 형이 다 냈으니까 오늘은 자기가 내겠다고 하지 않던."

"아버지가 내시겠다고 해도 자꾸 아니라고 말씀하셨어요."

"그래서 말을 해도 안 해도 그만이긴 하지만 말하지 않으려던 내가 재취업한 것을 이야기한 거지. 빚 다 갚았다니 내 속이 다 시원했지만 겨우 한두 달밖에 지나지 않았는데 안 돼 보이잖아. 그래서 내가 오늘도 점심 사야 할 일이 있는데 뭐냐 하면 내가 지난봄에 코스피 상장회사 주주총회에서 상임감사가 되었으니 내가 내야 되지 않겠냐고 그렇게 말한 것이지."

"그런데 큰 작은 아버지께서 2차'전지 판매협회 회장이 되셨다고 하지 않으셨나요?"

"그렇게 말했지. 그런데 회장 취임을 한 후라면 몰라도 아직은 취임 전이니 나설 때가 아니지 않을까."

"산소에서 내려오면서 큰 작은아버지께서 코로나 때문에 손님이 별로 오지 않아 음식점 경영이 어려워 운영 자금 대출을 받았다고 했어요."

"그렇지. 큰일이야. 코로나가 빨리 퇴치되어야 하는데 말이야. 이 음식점의 대지 1,000여 평은 부모님으로부터 동생 아들들 이름으로 유산 받은 것이고 식당 건물 160여 평의 건축비와 음식점 개관비의 일부는 땅 담보로 대출받아 해결했지."

"그런데 큰 작은 아버지는 걱정도 안 되나 봐요. 표정도 느긋하지만 회장 취임하면 어떻게 하겠다고 자신만만한 말씀을 많이 하셨지요. 저한테도 필요하면 무얼 지원할 수 있다 하시기도 하고."

"그래. 큰동생은 그게 장점이면서도 탈이야. 어머니 말씀에 의하면 아버지 성격을 많이 닮아서 추진력이 강하고 사람들과 호방하게 대화하는 천생 사업가라고 하셨어."

"막내 작은아버지는 아주 차분하시던데 형제가 어쩜 그렇게 달라요?"

"그러게 말이다. 너희들 3남매도 다른 점이 많지만 그래도 비슷한 점도 많은데 그 두 동생은 정반대의 성격이야. 큰동생은 평생 사업을 하며 살았고 막내동생은 너도 알다시피 학자이지. 그 동생은 학위를 따러 가는 곳도 미국이 아닌 영국을 택했지. 나를 포함한 6남매가 남한테 신세 안 지려 하는 것은 한결같지만 아버지를 닮은 작은 누님과 큰 동생은 힘이 세고 다소 강골이면서 사업가 스타일이고, 어머니를 닮은 큰 누님과 나 그리고 작은동생은 차분하고 시골서 농사지으면서 어린 시절을 보낸 사람으로는 머리가 좋은 셈이야."

"큰아버지는 어떠셨어요?"

"형님은 태어나면서부터 조부모님의 사랑을 독차지하면서 금지옥엽으로 자랐는데 아버지가 일본 순사 총을 빼앗아 강물에 던지고 만주로 피신하는 통에 외가로 보내졌대. 거기서 초등학교 2학년까지 다니다가 해방이 되어 집으로 돌아왔는데 외가에서도 외할머니가 옷에 흙도 안 묻게 키웠다는 거야. 아버지께서 만주에서 돌아와 토목 사업과 산림 벌채 사업을 하셨는데 사업이 모두 잘 되어 아버님께 변고가 생기기 전까지는 귀공자님처럼 중고등학교 시절을 보낸 거지. 그래서인지 당시 양반들처럼 휜소리 살짝 섞어 사람들과 이야기하는 것을 좋아하며 지냈는데 많은 사람이 장래가 촉망된다고 했대. 나도 사람들이 형님에 대하여 칭찬하는 그런 이야기 많이 들었다. 그런데 네 할머니 닮아서 마음이 아주 여리면서 고집이 세다고 네 할머니는 말씀하셨지."

"그간 아버지는 큰아버지 이야기는 별로 안 하지 않았나요?"

"네게 그렇게 보였구나. 너도 알다시피 아버지 그러니까 네 할아버지께서 사고로 갑자기 돌아가셔서 큰아버지가 감당하기 어려운 고생을 많이 했어. 시골집과 토지 문서를 탈취해가려는 사람, 돌아가시기 전에 아버지께서 남에게 진 빚 없다고 분명히 말씀하셨다는데 빚 받아 가겠다고 사기꾼들이 시도 때도 없이 몰려드는데 당시 고등학생으로 심적,

물적 고통이 엄청났을 거야. 거기다가 하숙비를 내지 못하니 나올 수밖에 없었던 거지. 결국 지금 응봉동 철로 변에 당시 무허가 불법 판자촌이 있었는데 그곳에 살면서 북악산 청와대 옆에 있는 고등학교까지 걸어 다녀야 했대. 그때가 1953년이잖아. 전쟁 중에 파괴된 서울은 물론 시골까지도 유리걸식하는 사람이 많았는데 당시 문둥이가 제일 무섭다고들 했지. 나는 목발 짚고 다니는 사람들도 괜히 무서웠고 손이 없어져 쇠갈고리로 손을 만든 사람도 무서웠다. 그때 정말 굶기를 밥 먹듯 하는 극도의 가난과 전쟁 후의 어수선한 사회, 사기꾼과 폭력배가 난무하는 시대였다. 형님은 그런 중에 토지 문서와 집문서를 지켜가며 지나기에 그 어려움이 극에 달했을 것이라 생각돼. 형님 본인은 그런 이야기를 전혀 안 하였지만 지금 생각해도 그 어려움이 충분히 상상이 가. 그 후에 내가 여기저기서 얻어들은 조각 이야기로부터 이런 이야기들을 알게 되었지."

"그런데 큰아버지 이야기는 왜 아버지 이야기 속에 잘 안 나와요?"

"내가 초등학교 입학하기도 전에 형님은 서울로 유학 가서 함께한 시간이 별로 없어. 그 무렵의 기억은 형님이 시키는 심부름을 하고 꾸중 듣던 일 정도랄까. 아버지가 사고로 갑자기 돌아가시고 형님은 정신이 없었을 때인데 바로 대학에 진학했지. 군대 입대와 전방 부대 복무 그리고 내가 중학교 1학년 12월에 결혼하고 이듬해 4월 4.19가 있었고 취업 등 계속해서 나와의 공통분모는 우리 식구 그것도 따로 사는 식구라는 것밖에는 없었어. 어쩌다 시골에 오면, 아마 한두 달에 한 번 쌀과 밑반찬 가져가려고 왔을 것인데 토요일에 중앙선 기차 중 막차로 내려오고 그날이 약속된 날이면 어머니는 나를 데리고 호롱불을 손에 들고 마중을 나갔지. 들어오다 형님은 숙부님 댁으로 가고 어머니와 나는 우리 집으로 들어왔다. 숙부댁에 가서 이야기 나누다 우리 집에 들어올 때쯤이면 다들 자고 있었고 다음 날도 형님은 여기저기 돌아다 니니까 대화할 시간이 없었지. 사실 시간이 있다고 해도 내가 눈치껏 피했으니까 마주할 시간은 없었다고 봐야지."

"왜 피해요?"

"형님 입장에서 내가 어리니까 할 말이 없었을 것이고, 귀공자로 자라고 서울 사람인 형님이 보면 나는 얼굴도 손도 제대로 닦지 않고 입은 옷도 지저분한 전형적인 시골 그것도 농촌 촌놈이니 내가 형님을 피했지. 더구나 형님 마음에 안 들면 화를 내고 어떤 때는 폭력도 불사했으니까 그랬지. 그런데 그 후 살면서 귀에 들리는 이야기를 종합하면 형님은 서울에서 고생 많이 하며 살았어. 아마 다들 살기 어려운 시절이지만 형님은 귀족처럼 돈 많은 아버지 밑에서 걱정 없이 일류 고등학교에 다니다가 아버지가 돌아가신 후 하루아침에 빚을 진 가정의 장남으로서 각종 위험으로부터 가정을 지켜야 하는 중압감은 이루 말할 수 없었을 거야.

내가 초등학교 3학년 때 형님은 대학생 때인데 겨울 방학 중에 서울 구경시켜준다고 나를 데려갔어. 그 당시 서울 최고의 백화점이라며 동화백화점, 화신백화점, 신신백화점을 구경시켜 주었는데 촌놈인 나는 입을 다물지 못하고 놀라운 눈으로 구경했던 생각이 난다. 그런데 그보다 더 충격적인 것은 방이었다. 서울 냉방 추위가 시골 우리 집 겨울

냉방보다 훨씬 더 추웠어. 우리 나이로 열다섯 살 작은 누님이 하왕십리 집에서 청계천 6가 평화시장까지 걸어가서 2층 다락방에 올라가 미싱사로 일했는데 미성년자 노동에 하루 노동 시간은 10시간 이상이고, 작업 환경도 열악한데 박봉에 노동 착취까지 당한 셈이니 지금 생각하면 상상이 가지 않을 만큼 생활이 어려운 상황이지. 지금 세상에 비하면 비참한 생활이라 할 수 있어. 그런데 시골 여자들은 초등학교만 나오면 밥만 먹여줘도 서울 가서 일하는 것이 로망이던 시절이었다. 당시 서울에서 부자들은 장작이나 연탄을 연료로 사용했다고 해. 형님은 냉방에서 제대로 먹지도 못하고 학교를 다닌 거야."

"그 당시에는 다들 그렇게 살았나요?"

"내가 난생 처음 서울 구경한 때가 1955년 그 유명한 쌍팔년도[4288년]인데 아마 1인당 국민소득이란 개념이나 있었는지 모르겠다. 후에 듣기로는 1인당 년 소득 50불이나 될까. 1963년 사회 시간에 우리나라 1인당 연 소득이 1962년 82달러라고 배웠으니까. 세계에서 2번째 최빈국이라 했으니 다들 살아가기 어려웠고 아사자가 나오는 정도였으니 대부분의 사람이 배고프게 살았다고 보아야지. 내가 고2 때 문과와 이과 선택에서 문과로 가서 문과계 대학 그중에도 사학과로 진학하겠다고 하니 취직도 어려울 터인데 이과로 가서 이공계 대학 가라고 하면서 형님 자신의 이야기를 처음으로 했다. 아버지가 갑자기 돌아가시고 집안이 풍비박산되어 공부를 열심히 못 해 어려울 것이란 생각이 들었으나 당시 명문 공대에 응시했는데 같은 고교 다니는 고향 친구는 되고 형님은 떨어졌대. 2차에 대학은 들어갔으나 부잣집 맏아들이 하루아침에 가난한 집 아들이 되고 잘하던 공부도 시원치 않아서 원하던 대학 진학에 실패하고 나니 살고 싶지도 않았대. 그래서 자살하려고 생각하니 어머니가 떠오르고 동생들이 생각나서 실행을 못 하다가 술을 잔뜩 마시고 취해서 수면제를 여러 번에 걸쳐서 입에 털어 넣었다고 했다. 그런데 그다음 날 눈이 떠져서 보니 해는 높이 떠 있는데 이게 생시인지 아닌지 해서 뺨을 때려보고 꼬집어도 보았더니 살아있는 것이 확실한 거야. 이상해서 방바닥을 보았더니 하얀 수면제 알약들이 여기저기 널려 있었다는 거지. 혼자 한없이 울다가 어머니와 동생들을 위해 이를 악물고 살아야겠다고 굳게 결심하고 힘을 냈대.

그다음부터는 다른 생각하지 않고 어머니와 가족을 위해 노력을 하며 열심히 살았지. 당시를 살은 대부분의 사람이 말로 다 할 수 없는 고생을 했겠지만 형님의 경우를 대충 따져보면, 사춘기 중인 때에 6.25 전쟁의 고난 속에 피난 생활의 괴로움, 휴전되던 해에 아버지께서 유명을 달리하시게 되었을 때의 충격, 아버지의 급서로 인해서 부자에서 극빈자로 전락하며 겪은 고통과 주위 사람들로부터 받은 배신감, 전쟁 후의 혼란 속에 10대 청소년이 땅문서는 물론 가족의 안위를 걱정해가면서 피신 생활을 할 때의 극한 상황과 대학 입시 준비, 키 크고 준수한 외모의 꿈 많던 학생이 대학 입시 실패로 뜻하지 않은 대학으로 진학하여 실망 속에서 의도했던 자살의 실패, 대학을 다니다 군에 입대해서 소위 빵빵 군번이라 복무 기간은 짧지만 대신 최전방에 배치되어 북한의 대남 방송이 낮에도 들리는 민간이 없는 깊은 산속에서의 군 생활 등등 10년간 고통의 터널을 지나게 되었어. 이 고난의 행군을 잘 마친 것만으로도 대단하기는 한데 어려서부터 촉망받던 인재로서는, 자랄 때와 같은 외모로 풍기는 멋쟁이 모습은 유지되었으나 사람들의 관심 특히 일가친척들이 기대하는 소위 출세라는 상황에 이르거나 일가친척을 이끄는 리더십을 보여주는 데는 아쉬움이 있었지."

"정말 어려운 시대를 무사히 넘기셨네요."

"형님이 나에게 꼭 입 닫고 있어야 한다고 주문한 것은 자살 미수 건이었고, 난 어머니를 비롯한 누구에게도 지금까지 60여 년간 발설하지 않고 잘 지켜왔다. 그런데 며칠 전 형님의 아들 그러니까 장조카에게 막내 작은아버지에게 땅을 주어야 한다고 내가 강조하다가 이 이야기를 처음 했고 며칠 후 너에게 두 번째로 하는 거다. 그러니까 형님은 군대를 마치고 대학 재학 중인 20대 초반 결혼을 했는데 그때까지에 대해서는 고생한 사실 밖에는 내가 아는 것이 별로 없지."

"그런데 제가 여쭌 질문에 답이 없었어요."

"뭐지?"

"왜 큰아버지 이야기가 아버지 이야기 속에는 거의 안 나오는지요?"

"아. 그렇구나. 형님의 20대 초반까지는 아는 것이 없다고 이미 말했고, 형님이 취업하여 다닌 신문사 일 때문에 시간이 없는 것이 첫째 이유이고, 당시 풍습대로 전통적인 양반인 할아버지와 할머니 영향으로 가정의 일은 안에서 하는 것이지 대장부가 간여할 일이 아니라는 것이 둘째 이유, 그리고 마지막으로는 형님의 신경성 대장염 때문에 신경을 써야 하거나 기분 나쁠 일은 모두 내가 하도록 어머니의 엄명이 있었기 때문이야. 큰 작은 아버지가 30, 40대가 되면서 차츰 집안 대소사를 많이 맡아서 하다가 10여 년 전부터는 장조카인 큰아버지의 아들이 집안 내 대소사의 관계된 일을 하니까 내가 대화 중 큰아버지 관련해서 딱히 할 말이 없었던 것 같다."

"서울 집 가까워지나 본데요."

"추석 전 주말이라 차량이 많아야 하는데 이동 차량이 적구나. 아마 코로나 때문에 그럴 거야. 내 고향에서 오후 3시 지나 출발하면 3~4시간 걸려서 집에 도착하는데 이제 2시간 지났네. 앞으로 20~30분 후면 집에 도착하겠다."

"한 가지만 더 여쭤볼게요. 산소에서 제가 왜 시골집에서 이렇게 멀고 험한 곳에 할아버지와 할머니를 모셨느냐고 아버지께 물으니 막내 작은아버지도 정말 왜 그랬는지 늘 궁금하다고 했어요."

"그래서 내가 왜 그랬는지 말해 주었는데."

"맞아요. 그런데 그 당시에는 아버지도 어렸었는데 어떻게 알았어요?"

"먼 훗날 아버지를 산소에 모신 후 아마 10여 년 지나 어머니께서 내게 일부를 말씀해 주셨지. 아버지 돌아가셨을 때 8살이었던 나는 이 어려운 때에 7일장이 웬 말이냐는 소리를 들었던 기억을 비롯한 여러 가지 상황을 들으니 너무나 생생하게 당시가 떠올랐어. 나는 부친 사망으로 학교에 가지 않았으니 우리 집 안마당에서 아버지 관을 만드는 과정도 보았고 이 사람 저 사람들이 하는 이야기를 하루 종일 거의 반복해서 들었다. 어머니께서 경황이 없어 식사도 못 하는 상황에서 아버지를 선산에 모시지 못하게 된 서럽던 사연을 말씀하실 때는 어려운 7일장을 지내게 된 당시의 상황 등 이해되는 점이 많았다. 처음에는 어머니뿐만 아니라 사람들이 쉬쉬하면서 말을 안 할 정도로 그 이유를 말하지 않았어. 아버지를 선산에 모시는 일로 일가들이 언쟁을 많이 한 모양이야. 어머니 친정에서는 항의를 많이 했고. 사고로 돌아가셨지만 신체 외부 어디에도 상처가 없고 집에 들어와서 며칠 후 돌아가셨기 때문에 선산에 모셔도 전혀 하자가 없다는 의견이 강했지. 그러나 결국 선산에 가지 못한다는 결론이 났는데 이를 주도한 사람 때문에 서로 쉬쉬한 것이라고 보여. 나도 이제는 진실을 대강 알지만 70여 년 지난 일을 더구나 이 일을 주도한 분들이 이미 오래전에 고인이 되었는데 이를 거론해서 일가들과 냉전을 할 필요는 없지. 내용을 모르는 사람들은 우리 집 6남매가 다들 괜찮게 지내니까 처음부터 선산을 마다하고 명당자리 찾아서 아버지를 모셨다는 말까지 하고 다녔지."

"그러면 할머니는 이 아들 저 아들에게 하신 말씀이 다르기도 했다고 볼 수 있겠네요."

"아무래도 각자 사는 모양이 다르고 성품도 다르니까 그럴 경우도 있었다고 봐야겠지."

"그런 것 말고 묫자리 쓴 문제, 집안 살아가는 것 그런 것 말이예요."

"네가 무얼 알아보려고 하는지는 모르지만, 어머니는 자식들 대하는 데는 아주 공평하셨어. 오해 사지 않도록 세심히 배려하시는 모습도 많이 보이셨다. 그런 점에서 우리 6남매는 어머니에 대해 정말 불만 없었다. 설혹 미흡하게 생각되는 경우가 있었을지 모르지만 희생적으로 우리를 위하시는 모습에서 아무도 아무 말도 할 수 없는 정도였다고 할 수 있다."

"그런데 왜 아버지는 알고 막내 작은아버지는 모르고 그래요?"

"6남매가 똑같이 다 알아야 할 것도 있고 그럴 필요가 없는 것도 있고 그렇지. 한가지 아버지가 돌아가셨을 때 내가 8살로 그 이후 어려운 살림살이, 끊임없이 일이 많은 농사, 얽히고설킨 일가와 여러 사람과의 관계를 나는 보고 들을 수 있는 상황이었고 어머니가 필요로 하는 심부름을 많이 했다. 어려운 일을 헤쳐나가는 일, 동생들이 자라는 과정, 빚을 갚아나가는 고난 등 생활의 거의 모든 것을 자연스럽게 마주하게 되었다. 어머니 옆에 가장 많이 있게 되었지. 형님과 작은 누님은 서울에, 큰 누님은 출가할 때가 되어 어머니가 아끼셨다고 할까 그렇고. 앞에서 말했지만 두 동생은 출생한 지 1년 10개월 막내는 20일 남짓이었잖니. 그리고 어머니는 시시콜콜한 이야기 특히 사촌, 이웃 등과 서운했거나 속상했던 이야기는 아무에게도 거의 하지 않았겠으나 가장 옆에 있으면서 말귀를 알아들을 수 있는 내게 그나마 조금 말씀하셨을 수는 있겠지. 아니 내가 직접 듣고 목격하고 기억한 것이 대부분일걸."

"할머니께서 아버지한테 조금이라도 말씀하셨을 수 있다는 것은, 왜 그러셨지요?"

"앞에서 말한 대로 형님은 바쁘기도 해서 어머니와 마주할 일이 거의 없고 집안의 어른이니 작은 이야기는 하지 않아야 한다는 생각과 신경이 예민하여 잠 못 들거나 신경성으로 설사 할까 염려해서서 그랬어. 오죽하면 어머니는 내가 형님에게 신경 쓸 언사는 하지 못하게 하고 대소사를 내게만 시키셨겠니. 두 동생은 너무 어렸고. 아마 결정적인 것은 4형제 중에 힘들었던 일을 하소연하기 좋은 나이와 위치에 내가 있었고, 나는 그런 소리가 듣기 싫어도 어머니의 삶이 얼마나 힘들고 바쁜지 아니까 끝까지 들었고, 밑에 동생은 조금만 듣고 더 들으려 하지 않았고 막내동생은 자란 다음에도 막내라고 위해주는 이야기만 주로 하신 이유도 있어. 어머니 돌아가시고 씻김굿을 할 때도 너무 슬퍼 윗방 구석에 숨다시피 앉아있는 나를 신장을 든 사람이 찾아내 살아계셨을 때처럼 유독 나한테는 이것저것 염려되는 말씀을 많이 하셨어. 예를 들면 동생들 잘 보살펴 줘라. 큰동생한테는 보증서거나 돈 빌려주지 말아라. 월급쟁이가 사업하는 동생에게 주면 얼마나 주겠느냐. 마치 바닷물에 소금 한술 푼다고 빛도 안 나고 달라지는 것도 없는 이치라는 등 그런 말씀이었어."

"아버지 집에 다 왔어요."

"그래 수고했다."

"아버지 덕분에 태어나서 처음으로 할아버지와 할머니 산소에 다녀왔어요."

"고맙구나. 네가 네 차에 나를 태우고 운전해서 부모님 산소에 다녀오니 편했다. 그리고 과일, 포, 막걸리 등 배낭도 나 대신 메고 갔으니 고생도 했다. 무엇보다도 우리 집 할머니와 6남매에 대해 네가 알고 싶은 것이 그렇게 많았는지도 처음 알게 되었다."

코로나 때문에 경제 활동도 위축되고 조상을 모시는 일도 소홀할 수밖에 없어 불편이 이만저만이 아니다. 정치 방역을 한다고 비난하는 사람이 늘어나고 있었다. 형제지간에도 만나서 대화하기가 어려운 상황이다 보니 조카들은 물론 일가친척과도 만나서 대화할 수가 없었다. 그러니 친구와 지인들과는 소원해졌다. 지금 생각해보면 그런 연유가 시대 상황과 맞물려 개인주의적 성향이 강해지고 한국식 정이란 것도 사라지면서 소위 서구식 사무적 만남으로 변했다고 생각된다. 하기는 미국을 제외하면 다른 나라들도 코로나로 달라지는 것이 많아 기원전 [B.C.], 기원후[A.D.]로 나누듯 코로나 전과 코로나 후로 나누게 될지도 모른다는 말이 있을 정도였다.

지난해와는 달리 금 년의 벌초는 이미 어머니의 셋째 아들이 그의 두 아들을 시켜 며칠 전에 깨끗하게 마쳐놓은 상태였다. 그보다 먼저 형님네 식구들이 갔었으나 비가 내려 예초기가 겉도는 데다 감전 우려도 있어서 그냥 내려온 바가 있다.

지난해 벌초 때는 작은 딸이 원해서 다녀왔는데 올해는 오랜만에 아내와 내가 가고 막내동생과 그의 큰아들 등 4명이 함께 부모님 산소에 갔다. 벌초는 셋째의 두 아들이 이미 마쳤다. 추석 차례는 지난해에 이어 코로나 방역 국가 시책인 4명 이하만 한자리에 모일 수 있다는 지시에 맞추어 형님 댁에서 단독으로 모시게 되었다. 그래서 나와 막내동생은 벌초와 성묘를 한 번에 해낼 수 있으니까 부모님 산소에 간 것이다. 부모님 묘 앞에 준비한 과일과 포를 놓고 막걸리를 잔에 부어 올리고 배례를 했다.

산소에서 내려와 큰동생 아들이 하는 음식점 2층에 널찍한 방을 잡고 3형제가 식사를 하면서 덕담도 해가며 많은 대화를 했다. 아내는 몇 년 전에 큰동생 부부가 귀향해 사는 계수씨와 음식점 1층에서 만나 대화하며 식사하고 있었다. 식사 시간을 포함하여 3시간여를 이야기하다가 귀향길이 덜 막힐 때 상경하려고 일어섰다.

오늘 막내동생과 벌초하러 온 막내동생의 큰아들이 결혼한 지 4년 만에 어렵게 얻은 쌍둥이 손자의 돌이 추석 연휴의 첫날이라 축하한다고 돌 반지로 금 1돈짜리 두 개를 준비해서 건넸다. 막내동생의 막내아들은 서울대 공대 졸업 후 장학생으로 미국에서 석사를 마치고 키스트(KIST)에서 대체 근무로 군 복무를 끝냈는데 올해 MIT에서 로봇 연구로 박사학위를 획득해서 역시 축하했다. 전화로는 이미 축하했어도 만난 김에 또 한 것이다.

고향의 산에 단독으로 모신 부모님 산소에 한식 차례, 벌초, 성묘 가는 일을 형님은 이미 돌아가시고 우리 3형제가 언제까지 함께할 수 있을지는 모른다. 생각 같아서는 끝없이 해마다 이렇게 만나서 이 행사를 계속했으면 한다. 그리고 코로나가 끝나 우리 3형제와 아들들, 형님 댁 장조카와 그 아들들, 며느리들, 손자 손녀 모두 약 30명이 함께 할 수 있는 날이 오기를 기원한다. 배고프고 힘들게 버티던 고향에 1년에 이렇게 두어 번씩 모이는 일은 생각만 해도 즐겁고 신난다. 손주들 중에 그렇게 생각하지 않는 경우가 있다고 하면 당연히 강제할 필요는 없다. 무엇이든 자유로운 선택으로 개방 사회에서 보람과 즐거움을 함께 공유할 수 있다면 좋은 일이다.

거북바위 이야기

    1987년 1월 29일(목)이 설날이어서 하루 전인 오늘 아내는 말썽꾸러기 막내를 데리고 설 명절 차례 지낼 음식 만들러 일찍 큰댁으로 갔다. 큰딸과 작은딸은 초등학생으로 해야 할 일과 하고 싶은 일이 많고 나는 일찍 출근해서 오후 7시 이후에나 들어오니 집 안에서는 식사할 때 말고는 나와 얼굴을 맞댈 일이 없다. 평소에 퇴근 후 저녁 식사를 식구들과 대화하며 즐겁게 마치고 나면 모두 각자의 방으로 가고는 한다.

    어머니께서는 이틀 전에 상경하셔서 지금은 형님 댁 그러니까 우리집 아이들 말로 하면 큰댁에 계신다. 어머니는 상경하실 때 들고 오는 농산물 등 짐 때문에, 청량리역에서 도보 거리에 있는 우리 집에 오시는 경우도 상경 첫날은 역에서 다섯 정거장 가야 하는 큰댁에 가서 꼭 주무신다. 조선시대만큼은 아니더라도 어머니는 삼종지도를 상당 수준 지키는 것으로 생각된다.

    엊그제 설날에는 큰댁에 가서 어머니를 뵙고 어머니가 낳은 3형제와 그 권속들이 떠들썩하게 이야기를 나눴다. 어머니의 4형제 중 막내아들 가족은 모두 영국 런던에 간 지 1년 반이 되었다. 막내동생이 뒤늦은 박사 과정 때문에 계수씨와 세 살 된 아들이 함께 가 있다. 30여 년 전 돌아가신 아버지께 차례상을 올리고 아침 식사를 하는데 다른 집들과는 달리 늘 그렇듯이 떡국으로만 아침상을 차리는 것이 아니라 정월 초하루가 생일인 셋째 아들을 위하여 쌀밥도 한다. 식사 후 어머니께 아들, 며느리, 손자, 손녀들이 세배를 드린다. 세배가 끝나면 아이들은 아이들끼리 왁자지껄 떠들기 시작하다가 소란을 피워가며 뛰고 그랬다.

그리고 어머니 옆에 아들과 며느리가 함께 앉아 어머니가 살아온 이야기를 듣고 이어서 요즘 사는 이야기를 어머니 위주로 모든 식구의 이야기까지 관행대로 나누곤 하였다. 즐거운 이야기와 덕담이 끝나고 끝으로 작은누나의 고3 딸은 본인이 원하던 E대에 합격했고 아들은 고입 연합고사를 잘 보았다고 해서 여기 모인 우리 식구들이 기뻐하고 축하해 주었다. 버스 두 정거장 정도 떨어진 곳에 사는 작은 누님네 식구들은 차례 모시려고 모두 시댁으로 갔다.

이야기가 끝나갈 무렵 어머니께서 불편한 이야기를 하셨다. 백병산 왜먹터에서 천년을 잘 지내온 거북바위가 감쪽같이 사라졌다는 것이다. 도굴꾼이 굵은 철제 줄과 윈치를 동원하여 지난 달인 12월 그러니까 1986년 12월 어느 날에 운반해 갔다는 것이다. 어려서부터 왜먹터에 가면 길가에 있던 거북바위를 우리는 무심히 지나치곤 했다. 지금도 나는 그렇게 보는 입장이다. 그런데 요즘 도굴꾼들이 남의 선산에 있는 상석이며 망두석까지 싹 쓸어 간다고 하니 관계 기관의 단속과 감시가 강화되어야 한다는 정도로 생각해 왔다.

어머니의 말씀을 들으며 어머니는 평소와 다르게 낙심하고 실망하면서 거북바위를 꼭 찾아내야 한다는 신념이 굳게 담겨 있음을 느꼈다. 그냥 흘려들을 일이 아닌 것이라 직감했다. 어찌해야 하는지 걱정이기는 했으나 빨리 해결될 일도 아니고 해서 정월 초하루이기도 하니까 화제를 막내아들 이야기로 돌렸다. 물론 거북바위는 어떻게 해서든 꼭 찾아내겠다고 어머니께 약속해 드렸다. 영국 런던이 우리나라보다 9시간 늦으니까 국제 전화를 해서 어머니와 통화하도록 했다.

아마 모든 어머니가 그러하겠지만 어머니는 특히 막내아들에 대한 남다른 애정이 있는 것으로 나는 느껴왔다. 특히 태어난 지 20일도 안 되어 아버지가 사고로 집에 누어계시니 사방천지에서 병문안 오는 사람들이 몰려드는데 어머니는 겨우 세이레 지나 몸 털고 일어날 정도의 산모였다. 식사도 못 하면서 사람들 치다꺼리와 환자 간호로 갓난아기를 돌볼 시간도 심적 여유도 없었으니 어머니께서는 평생 막내에 대한 애틋함이 있을 것이다. 막내가 태어난지 25일 만에 결국 아버지가 운명하시니 식사도 제대로 못 한 채 경황이 없을 처지에 산소에 모셔야 하는 큰일이 눈앞에 있으니 시원치 않게 나오던 젖이 결국 나오지 않는 상태에서 7일장을 치르게 되었다. 그것도 아버지를 선산에 모시지 못한다는 어머니께는 청천벽력 같은 상황이었다. 여자가 시집가면 시댁 선산에 묻히는 것이 당연하고 영광으로 생각하던 시절이었다. 막내는 동네 아주머니들의 노력으로 목숨이 붙어있었고 그때를 어떻게 넘겼는지 어머니께서는 생각만 해도 끔찍해서 잘 모르겠다고 하실 정도였다. 귀중한 사람이 죽고 사는 문제로 온통 집 안팎이 난리인 데 먹은 것이 없어 울음소리조차 시원치 않은 갓난쟁이가 눈에 들어올 리가 없을 지경이었다고 회고하셨다. 그리고 막내가 눈에 보일 때면 네가 명이 길면 살아갈 것이니 아니 꼭 그래야 한다고 눈으로 말하곤 했는데 그것도 아주 순간이었다. 훗날 막내는 명이 길어서 살아남은 것이라고 어머니 혼자 말하곤 했다.

막내는 그 후 너댓살 경 어린 나이에 세 번이나 죽을 고비를 겪었다. 첫 번째는 모내기 철이라 부지깽이도 일해야 한다는 바쁜 시기에 들판으로 돌아다니다가 논 가에 있는 우물에 빠져 허우적일 때 한 살 위 형이 손짓하며 소리치는 모습을 보고 이웃 논에서 모내기하던 동네 아저씨가 달려와 살려냈다. 물을 먹어 부른 배와 이미 정신을 잃어가는 때에 군대를 다녀온 이 아저씨의 응급조치로 살아난 것이다. 어머니는 이 아저씨에게 우리도 먹지 않고 아끼는 더구나 춘궁기라 더 귀한 쌀을 드렸고 그 후에도 몇 년간 그렇게 했다. 두 번째는 꼬마 아이들이 몰려 다니는 중에 막내가 '땡비'라 부르는 벌이 사는 집 앞을 지나다가 이 벌들의 공격으로 도망도 못 치고 뒹굴고 있는 것을 본 사촌 누님이 벌에 쏘여 가며 구출해 낸 적이 있었다. 세 번째는 사람이 잘 안 다니는 마을 앞동산 바위에 뜨거운 여름날 어떤 아이가 있어서 가까이 가 보니 이미 울다 지쳐 울음소리도 나지 않는데 눈을 감고 앉아 있더란다. 지금도 왜 거기에 그것도 혼자 갔는지는 모르지만 밭에 나간 어머니를 찾아 나선 어린 것이 길을 잃어 그리되었으리라 추측할 뿐이었다. 이 아주머니는 우리 동네로 이사 온 지 얼마 안 되어 어느 동네 사는 아기인지 몰라도 그냥 두면 위험할 듯해서 무조건 안고 왔다고 한다. 확실히 막내는 명이 긴 아이라면서 어머니는 어려웠던 시절을 이야기하던 끝에 침통하게 이야기했다.

당시 겨우 35세인 어머니는 아버지를 떠나보내되 잘 모시는 일로 눈코 뜰 새 없었다. 묏자리와 상복은 기본적으로 마련해두는 것이 풍속인데 갑작스럽게 돌아가시니 준비된 것도 없어 마음만 산란하고 바쁜데 사고로 돌아가셔서 선산에 모실 수 없다는 충격적인 상황으로 혼란이 덮친 것이다. 그렇게 큰 소용돌이 속에서 살아서 성장한 아들이 먼 곳에 있어서 걱정하던 중 통화를 하고 나서 어머니는 거북바위 이야기 하실 때와는 사뭇 다른 안정되고 편안한 표정이 되었다.

그래도 귀향하시기 전에 내게 심각하게 말씀하셨다. 그 거북바위는 예사로운 바위가 아니라는 것이며 어떤 난관이 생겨도 꼭 되찾아야 한다고 당부하는 말씀이 있었다. 어머니의 표정과 말씀의 강도로 보아 예사롭지 않다고 거듭 느꼈다.

이해 4월 5일 한식에는 고향에 가지 않았다. 차량이 늘 막혀도 한식 때 선산을 찾는 고향 사람을 만나는 반가움도 있어서 가곤 했으나 올해는 작은 누나가 우리 동네로 이사를 하여 우리 형제들은 이사를 도와야 해서 뒤로 미루었다. 어머니께서 모여 살라고 하셔서 형님 댁과 우리 집 사이는 약 1km 이내 거리이고 그 사이에 큰동생네 집이 있고 작은누나는 형님 댁과 200여 m, 여기서 큰동생 집은 300여 m, 큰동생 집에서 우리 집까지는 약 300m 거리가 된다. 어머니 말씀대로 외국에 간 막내동생과 고향을 지키는 큰누나 외에 4남매는 도보 거리 내에 살게 되었다.

작은누나 아들딸 남매는 이사한 집수리와 정리를 마칠 때까지 며칠 동안 우리 집에 있기로 했다. 그리고 그 주말인 4월 11일 형님과 큰동생 그리고 나는 시골 어머니 집에 갔다. 형님은 늘 그러하듯 숙부님을 뵈러 가고, 어머니는 나와 큰동생을 앉혀놓고 긴 이야기를 하셨다.

"너희들도 들어서 알겠지만 너희 증조부는 무과에 급제하여 벼슬을 했고 그때 입었던 관복이 종가에 보존되어 있었다. 할아버지는 나라 잃은 백성이 맨정신으로 어찌 살아가겠느냐고 글공부를 열심히 안 하셨는데, 그런 와중에도 장남 그러니까 첫째 큰아버지는 서당에 다니게 하여 한학을 하였다. 나이가 들어가면서 할아버지는 술을 너무 좋아하여 그 정도가 너무 심했다. 원래 재산은 큰아들 차지이고 3형제 중 둘째인 너의 할아버지는 재산이라야 집 한 채에 농경지라야 보잘 것 없었지. 거기다 첫째 마님께서 아기를 낳다가 아기와 산모가 모두 사망했지. 너희들이 할아버지와 할머니 제사 때 모시는 지방에 '현비유인 안동장씨'라고 쓴 것을 보았을 터인데 그분이 첫째 마님으로 3형제를 낳고 넷째를 낳다 돌아가신 것이다. 그리고 3년 상을 치르고 몇 년 지나 재취를 하셨다. 지방에 안동 장씨 옆에 '현비유인한양조씨'라고 쓴 그분이신데 친정은 뚝섬으로 그곳에 큰 부잣집이라고 들었다. 셋째 아들이 정미생(1905년)이고 한양 조씨 할머니가 낳은 넷째인 너희 아버지가 임자생(1912년)이 되지."

"제가 진외가 댁이라고 형님이 데리고 가서 몇 번 뚝섬에 갔었습니다. 뚝섬 뚝 방 넘어도 땅이 있었고 강 건너 지금의 청담동에 논이 20여 마지기 또는 그 이상 있다고 들었습니다. 그 집에 아버지와 내외종 간인 아주머니의 아들이 광수라고 형님보다 한 살 아래인데 같은 대학에 다녔습니다."

"그렇다고 들었다. 왜정시대인데 가뭄은 계속되고 먹고살기 힘들었을 때였다. 내 친정은 대대로 땅마지기나 있었고 그곳이 골이 깊어 물이 마르는 때가 없어 풍족하게 살았는데 시집와보니 겨우 입에 풀칠이나 하는 정도였다. 너희 형이 병자생(1936년)인데 그때부터 나는 시부모를 모시고 시집살이하며 살았다."

큰동생이 끼어들었다.

"첫째 큰아버지가 계신 데 왜 넷째 아들이 시부모님을 모셨어요?"

"그 당시는 중간에 아기 낳다 돌아가시거나 전염병으로 돌아가시는 분이 꽤 있었는데 다시 장가를 들어 새로운 부인이 아기를 나면 그렇게 하는 것이 풍습이랄까 그랬다. 지금도 우리 동네 누구네 집과 누구네 집 등 그런 집안 많잖니. 살기가 어려우니까 농한기인 여름에는 강가에 나가 모래를 일어 금을 얻었는데 사금 캔다고 했다. 겨울이면 산에서 땔나무를 해다 읍내에 내다 팔았다. 너희 아버지와 당시 총각이었던 동생 지금의 숙부는 열심히 일했으나 시아버지 드시는 술을 사대기도 어려웠다. 너희 아버지 형제는 땔나무를 해올 때 거북바위 근처에 가서도 해온 모양인데 그때 샘물이 있고 그 우물 옆에 암자가 있었으며 그 뒤편에 거북바위가 있다고 했다.

그리고 너희 아버지는 큰누나 낳기 전 나루터에 있는 주재소 순사와 문제가 생겨서 만주로 피신했지. 원래 너희 아버지는 여름철에는 한강에 나가서 체로 걸러 들어온 사금을 도가니에 넣어 녹여서 금덩어리를 만들었고, 그 덩어리가 돈이 될 만큼 크면 그걸 가지고 만주에 다녀온 적이 몇 번 있었다. 그 어려운 시절에 아이들과 시부모님 모시다 보니 굶기를 밥 먹듯 했다. 오죽하면 친정어머니가 오셔서 형과 큰누나를 빼앗듯 친정으로 데려갔겠니.

일제로부터 해방이 되고 너희 아버지가 돌아와 첫 번째 한 사업이 백병산 산판이었어. 너희 아버지는 고향에 들어와 농사일은 아예 하지 않고 주로 산판 해서 재목과 화목으로 나누고 이를 뗏목으로 만들어 서울로 보냈는데 돈을 많이 벌었다. 백병산에서 제일 넓은 골짜기가 이름 그대로 큰골이라는 것을 너희들도 잘 알잖니. 그 큰골을 올라가다가 오른쪽으로 가면 샘터와 암자가 있고 그 위쪽에 거북바위가 있다고 전에도 들었는데 그 거북바위에서 조금 더 위로 올라가면 마치 책상처럼 바위가 놓여 있다고 하더구나. 생각보다 일거리가 많으니 솥이며 그릇 등 살림살이를 모두 옮기지는 않았지만 숙식을 하고 몇몇 인부들이 그곳에서 취사하게 되어 나도 그곳에 올라가 보았다. 샘물 근처에 솥을 걸고 취사를 할 수 있게 마련했는데, 오르던 길로 곧장 가면 전수리로 넘어가는 고개가 있고 그 고개 이름은 공주고개였다. 고개 마루에서 왼쪽 능선으로 조금 더 올라가면 백병산의 주봉이면서 제일 높은 연두봉에 오른다고 하는데 산꼭대기에 올라가 본 적은 없고 너희들 첫째 큰아버지 사는 마을에 갈 때 그 고개를 넘은 적은 있다."

"저는 중학교 졸업하던 해에 친구들과 연두봉에 올라가 보았습니다. 그리고 정상 부근에 있는 호랑이굴이라는 곳도 들어가 보았지만 조금 들어가니 너무 어둡고 전등 등 뭣하나 준비한 것이 없어 바로 굴 밖으로 나온 적이 있습니다."

"그랬구나. 얌전한 너도 그랬으니 그래 가며 커 가는 모양이다. 그래서 너희 아버지를 사람들이 만나러 찾아갈 때 암자는 잘 보이니까 암자를 지나 오른쪽으로 올라가면 거북바위가 보이고 거기서 조금 더 오르면 책상으로 사용하는 책상 바위가 있는데 그곳에서 만날 수 있다고 알려주었다. 거북바위와 책상 바위가 있는 그곳이 너희 아버지가 큰골과 바람내기 등 백병산의 서북편 일대의 산판을 할 때 주로 거처하던 곳이다. 사업이 잘되어서 양평군, 홍천군, 일대의 산판을 하면서 정미소를 서너 곳에 세워 돈을 더 벌면서 남한강 강변 농경지에 대규모 수리시설을 하는 중에 6.25 전쟁 때문에 쫄딱 망한 건 너희들도 많이 들어봤지? 그리고 거북바위에서 가까운 곳에 너희 아버지 묘가 있다는 것도 너희는 잘 알고 있을 거고. 이야기가 길어졌다마는 그 거북이는 너희 아버지 사업을 이끌어준 수호신이니 꼭 찾아서 그 자리에 다시 놓아야 한다."

대부분 과거에 들었던 이야기들이었으나 거북바위가 그곳에 있음을 아는 것 외에는 거북바위에 대한 어머니의 생각 특히 아버지와 연결된 고리를 들은 것은 처음이었다. 마음이 무거웠다. 그렇게 그날 밤은 시골 어머니 집에서 자고 다음 날 날이 밝았다.

형님, 동생 그리고 나는 대문과 닭장을 수리했다. 집 안팎을 돌아보며 손볼 것이 있으면 보다가 남은 일은 아버지 산소에 다녀와서 더 하기로 하고 아침식사 후 바로 산소에 다녀왔다. 한식, 벌초, 추석 성묘와 시제 등으로 연중 몇 번 관심을 갖고 성묘하도록 한 제도는 잘된 일이라 생각한다. 고향 집에 오면 늘 그러듯이 하루 종일 이일 저일 농사일까지 열심히 하다가 저녁식사 후 귀경했다.

형님은 신경성 대장염이 있어서 즐거운 일, 평범한 일들은 앞장서서 다니기는 하지만 신경 써야 할 일들은 내 차지인데 거북바위 찾는 일은 난감하다는 생각이 들었다. 이러한 일의 대부분이 그러하듯이 공개적으로 하면 일의 진척이 빠르다. 그래서 우선 생각하게 되는 것이 언론을 통하는 것이었다.

당시 사람들이 절대 빈곤에서 벗어나고 먹고 살아갈 만한 사람들이 늘어가면서 특히 졸부들이 가옥과 정원 조경을 많이 시행하였을 뿐만 아니라 선산을 잘 꾸미는 일이 대폭 증가하고 이런 일이 유행처럼 확대되어 갔다. 더구나 농원, 가든, 사설 공원이 생겨나고 규모도 커지면서 많은 석물의 수요가 생겨났다. 따라서 돌 가공소가 늘어나게 되었는데 이 자체는 바람직한 일이 아닐 수 없다. 문제는 이러한 상황에 일부 악덕 업자들이 남의 선산에서 석물들을 도둑질하는 일이 빈번해진 것이다.

이런 일들이 사회 문제가 될 지경에 이르렀을 때이기도 해서 지인들의 선산에서 대규모로 석물을 도난당한 일과 거북바위에 대한 일을 육하원칙으로 글을 적어서 방송국과 중앙일간지에 실명으로 제보했다. 그리고 얼마 후 KBS 1TV 뉴스에서 내가 제보한 것을 포함하여 여러 사례를 모아 방송하였다. 그리고 중앙 일간 신문에서 거북바위와 다른 지역의 훼손된 사례가 사진과 함께 보도되었다. 이 기사를 잘 스크랩하여 두었으나 지금은 찾지 못하고 있다. 여론의 힘과 당국의 노력으로 1987년 그해 늦은 가을에 드디어 거북바위를 찾았고 이 거북바위의 사진과 함께 무분별하게 도굴하거나 유물, 유적은 물론 자연경관을 파헤쳐 가며 채굴, 수집하는 세태에 경종을 울리는 기사가 났다. 그리고 거북바위는 원래 있던 지역의 소재지 군청에 갔다 안전하게 놓았음을 고향 사람을 통해 확인하였다.

그런데 내게는 더 큰 숙제가 주어졌다. 어머니께서 거북바위를 원위치에 놓으라는 것이다. 우선 나의 평소 습관대로 잘 알아보고 그렇게 되도록 노력하겠다고 말씀드렸다. 그리고 틈나는 대로 아니 틈을 내서 방도를 알아보았다. 군청에서는 마을 주민들의 의견에 따르겠다고 해서 고향에 사는 사촌 형님과 의논했더니 적극 동의하여 진정서를 만들어 지역 주민들의 사인을 받는 일이 진행되었다. 그런데 문제는 그 높은 곳으로 운반하려니 도로가 없어 차량으로는 불가능하고 헬리콥터만이 원위치시킬 수 있는데 155mm 야포를 옮길 정도의 성능이 되어야 하는데 민간인이 하려면 엄청난 경비가 필요했다. 원위치 바로 옆에서부터 경사가 가파르고 나무들도 있어서 헬리콥터로 옮겨놓은 다음의 작업도 쉽지 않을 것으로 생각되었다. 물론 시누크 헬리콥터가 동원된다면 쉽겠으나 군대에만 있는 그런 큰 헬기를 사적으로 사용한다는 생각은 아예 하지도 않았다.

지금 생각해도 어머니께 죄송스러운 마음이지만 돈을 충분히 투입하면 군대가 아니라도 대한민국 기업이 못 하지는 않겠지만 내 생각으로 그렇게 큰돈을 드려 거북바위를 옮길 가치가 없었다. 그래서 어머니를 설득해 보기로 했다. 어머니는 우리 4형제가 공부도 잘하고 똑똑한데 아버지처럼 돈을 못 벌어 부자가 되지 못하는 상황을 늘 안타까워했다.

친정이 부자였으나 어려서 그랬다 치고 해방 후 6.25 전쟁까지 불과

5년이지만 돈이 많으면 원하는 일을 거의 할 수 있음을 보신 분이었다. 학교 문도 들어가 보지 못한 아버지가 어깨 너머로 한글을 깨치고 밤이면 서당에 가서 책도 없이 등잔불 밑에서 훈장 얼굴도 보이지 않은 뒷자리에서 듣고 흙 위에 막대기로 써가며 웬만한 한문은 읽고 해독하는 실력이 되었다. 더구나 만주에 가서 러시아어를 미 군정하에서 영어를 한글로 써서 이를 외워 사용하는 분이었다. 그런데 어머니가 낳은 4형제는 아무리 시골 촌구석이지만 공부도 잘했고 대학까지 나와서 박봉에 지내는 것을 늘 안쓰럽게 생각하는 분이었다. 그 증거로 용하다는 지관이나 스님을 만나면 자식들이 부자가 될 수 있는 명당을 잡아달라고 하여 이미 정해놓고 나를 데리고 그 장소까지 다녀온 적이 있었다.

그래서 이러한 어머니의 마음을 움직여 보려고 한 것이다. 말씀드리기를 첫째는 거북바위를 옮기려면 경비가 만만치 않아 돈이 마련될 때까지 시간이 필요하다는 점. 둘째는 우리 동네 사람들이 잘 아는 '이괄의 난'을 예로 들어 거북이의 위치가 변하는 것이 유익함을 말씀드렸다. 나의 주안점은 물론 둘째 이유에 있었다.

어머니와 제가 강변 독배 밭에서 일할 때 강 건너에 첫 번째로 보이는 떠드랑산과 바로 옆에 보이는 용머리를 말씀드리고 '이괄의 아버지 묘 이야기'가 기억나느냐고 여쭈었더니 그렇다고 하셨다. 그래도 이괄의 난과 이괄 부친의 묘에 대한 우리 동네에 전해 내려오는 이야기를 곁들여 나의 의견을 말씀드렸다.

"이괄은 청개구리처럼 아버지 살아생전에 아버지 말씀을 안 들었는데 돌아가시기 전에 유언으로 '양근현 용머리라는 곳에 나를 묻어달

라. 그런데 머리는 용문산 쪽으로 향하게 하고 떠드랑산 옆 깊은 물에는 붉은 팥 서 말과 흰 팥 서 말을 넣으라'고 했습니다. 이괄은 아버지 유언대로 했습니다. 평생 안 듣던 아버지의 말씀이지만 유언이라도 그대로 들어드려야 한다고 했습니다. 그 후 이괄이 인조반정을 성공시키고 논공행상에 불만이 있어서 소위 '이괄의 난'을 일으켰습니다. 이괄이 이천에서 패하고 경안(지금의 경기도 광주시)에서 부하에게 살해당하였는데 어머니도 아시다시피 경안은 여기서 도보로 한나절도 안 걸리는 곳입니다. 역적의 아비 묘라고 파묘해 보니 이괄 아버지의 육신이 용이 다 되어 강으로 들어가 용으로 승천하기 위하여 머리를 돌리고 있는 중이었다는 겁니다. 용이 되기 전에는 움직임이 느려 아직 깊은 물에 들어가지 못한 것이라는데 물속의 팥은 모두 작지만 붉은 갑옷과 흰 갑옷을 입은 장졸의 모습으로 변해서 대기하고 있었다고 합니다. 만일 이괄의 부친이 물로 들어가 용이 되었으면 팥은 갑옷 입은 병사로 변해 이괄의 군사가 되었을 것이라 합니다. 이 고장 사람이나 또는 다른 누가 지어낸 말이겠지만 큰 구렁이나 거북 같은 동물이 오래 살면 용과 같은 영물이 되어 세상에 나오게 된다는 말이 따라다닙니다."

 이 이야기를 하고 나서 거북바위가 산에서 천년이나 도를 닦아 이제 때가 되어 대처로 나와 세상을 이롭게 하려고 그런 것으로 생각되지 않으시냐고 여쭈었다. 마뜩하지 않아 하셨으나 별다른 말씀은 없었다. 돈이 없으니까 꾀를 내는구나 하고 생각하시는 듯해서 등골에 식은땀이 났다.

 시골에 사는 나보다 세 살 위인 4촌 형님은 거북바위를 원위치시키라는 진정서를 제출한 뒤에도 추가로 사인을 받아 진정서를 제출하는 일을 계속했다. 신문과 방송에도 나왔고 군청에 끊임없이 진정서를 내니 사촌 형님 본인 말로 군 내에서 명사가 다 되었다며 웃었다. 군청을 상대로 진정서를 낸다는 것은 당시로서는 획기적인 일이었다. 그러는 동안 군청 당국은 군민회관 뜰에 물을 채운 규모 있는 크기의 연못을 만들어 조경을 멋지게 하고 그 가운데 거북바위를 놓아서 볼거리로 손색이 없게 해놓았다.

  나는 어머니를 만날 때마다 산속에서 천 년 지난 거북이 인간 세상으로 내려와 사람들이 무병장수하도록 하고 있다고 말씀드렸다. 어머니는 썩 내키는 표정은 아니었으나 전처럼 간절히 원상복구를 말씀하지는 않았다. 그 이유 중에 그 영물을 원위치하려면 예산이 많이 들어간다는 것이 고려 되지 않았나 싶어 마음이 아팠다. 거의 2년여 동안 돈 때문에 옮겨놓지 못하는 사연이 없는 것은 아니지만 사람과 더불어, 사람들의 칭송을 들으며 지내는 것이 도리에 맞는다고 거듭 조심스럽게 말씀드렸다.

  그런데 문제는 엉뚱한 데서 터져 나왔다. 일본 식민지 시절에 만든 널찍한 신작로에 이 무렵 아스팔트를 깔아 왕복 2차선 도로로 만들어 강남로라고 부르는데 이곳에서 교통사고가 자주 나기 시작한 것이다. 심지어 인사 사고로 해마다 한두 명이 사망하는 것이었다. 그러더니 거북바위를 처음으로 옮겨놓는 역할을 한 사람이 사망했다는 것이다. 더 괴이한 것은 그 도굴꾼의 아들도 비명횡사했다는 소문이 나돌았다. 진실 여부를 떠나 이 이야기는 면민들을 중심으로 전설의 고향같이 이야기가 퍼져나갔다. 급기야는 이곳을 지나는 이웃 면의 주민들까지 가세하게 되었다.

　그러는 동안 어머니는 서울 생활하시겠다고 시골집을 빈집으로 두면서 가끔 내려오겠다고 마을 사람들에게 말하며 집 정리를 하며 지내고 있었다. 지금까지는 주로 시골에서 농토는 남에게 경작하게 하고 채마밭 위주로 농사를 짓고 가끔 서울 아들네 집에 다녀가곤 하였는데 앞으로는 주로 서울에 거주하고 가끔 시골에 내려와 지내는 것으로 마음을 정한 것이다. 환갑이 지난 후 어머니의 6남매 자손들이 끊임없이 주장해온 것을 이제 실행에 옮기는 날이 되었다. 1990년 10월 26일 이제 동네 주민들과 하직하고 서울로 떠나기 위해 마을 사람들과 점심으로 떡과 음식을 들던 중 인절미를 들다 기도가 막힌 것이다. 119구급차를 불러 읍내 당시 길병원에 갔더니 큰 병원으로 옮기라 해서 서울로 오자 곧 운명하셨다. 그 후에도 시골 강남로에서는 교통사고가 해마다 일어나고 군청에는 진정서가 이미 진정되었고 주민들의 인심이 흉흉해지고 있었다.

　해마다 강남대로에서 교통사고는 끊이지 않고 일어났다. 그러던 중 1996년 4월 3일 오후 5시 반 거북바위가 원래 있던 곳에서 최단 거리이고 실제 도굴꾼이 윈치와 쇠줄 그리고 산에서 자라는 나무들을 버팀목으로 삼아 이를 훼손시켜 가며 처음으로 거북바위를 끌어다 놓았던 지역에서 대형 교통사고가 발생하였다.

　공식 발표에 의하면 강상면 병산1리 벼루 고개 정상에서 버스 운전기사의 무리한 핸들 조작으로 읍내 장날이어서 만원 상태인 버스가 강 쪽으로 구르면서 사망 22명, 부상 37명의 사상자 59명이라는 큰 사고가 발생한 것이다.

사건 수습을 위하여 사상자 측 대표와 운수회사 간의 줄다리기 협상이 결렬을 거듭하며 진행되었다. 최종적으로 협상이 잘되어 교통사고는 수개월 후 마무리가 되었다. 그러나 거북바위에 대한 민원은 더 거세게 일어났다. 사상자의 대부분은 강남로가 주로 위치한 읍 쪽의 면소재지 주민이 아닌 이웃 면 소재지 주민이어서 민원 대상자가 크게 확대되었다.

군청에서는 거북바위를 주민들이 원하는 곳에 이전하도록 하였고 주민들은 옮길 장소와 예산 등 여러 가지를 협의하여 좋은 위치에 군민회관 정원에 있던 시설과 유사하게 연못을 만들고 물이 있는 곳 가운데 거북바위를 놓아 조경도 잘해서 안치하였다.

그 후 거북바위가 있는 장소로 도로 확장 공사가 있어서 거북바위를 안치하기에는 그렇게 좋다고 할 수 없는 현재의 위치로 다시 이전되었다. 그런데 지금 있는 왕복 2차선 강남대로가 곧 4차선으로 확장될 것으로 보여 지금 장소에 그대로 있게 될지는 알 수가 없다.

어머니는 이미 7년 전에 유명을 달리하셨고 비록 최초의 원위치는 아니지만 거북바위는 어머니가 원하던 장소에 근접하고 사람들이 잘 볼 수 있는 장소에 설치하게 된 것이다. 어머니의 소원을 전적으로 들어드리지 못한 것이 죄송하지만 지금은 사람들이 산에 가지 않아 인적이 없는 곳 수풀 속에 외롭게 있는 것보다 지금처럼 사람들이 볼 수도 있고 보호도 받는 것이 더 잘된 것으로 나는 생각하며 위안을 삼는다.

거북바위가 원래 있었던 곳은 지금도 바위를 깨서 거북이 모양으로 만들 때 나온 바위 부스러기가 남아있다. 이 지역에는 너럭바위가 여러 곳에 노출되어 있어서 그 중에 가장 편평하고 크기도 적당한 것을 골라서 조각한 것으로 추정된다. 다만 현재의 거북바위는 원위치에 있을 때보다 등 부분과 목 부분이 많이 훼손된 것으로 보인다. 아무리 좋게 보려고 해도 다듬어졌다기보다는 긁혀나간 것으로 생각된다. 물론 사진을 찍어 보관하거나 스케치한 것은 없으나 수십 년 동안 수십 번 이상 보았던 눈짐작으로 그렇게 보인다.

또 하나 원래는 거북바위로 불러왔는데 이름이 왜 '돌거북상'으로 바뀌었나 하는 것인데, 나도 잘 모르겠으나 이 거북바위가 석재상과 석물 취급 상인들 사이에서 이동과 설치가 반복되면서 돌을 다룬다거나 돌을 운반한다고 하지 바위를 다룬다고 하지 않는 점이 관계될 것으로 본다. 또 하나의 이유는 내가 전문가는 아니지만 자연석이 코끼리 닮았으면 코끼리바위인 것이 아닌가 한다. 실제로 백령도와 독도에서 볼 수 있는 코끼리 모양의 자연석은 코끼리바위라 부른다. 그런데 인공이 가미되면 '돌거북', '돌부처'라 부르는 것이 아닌가 한다. 백병산 '거북바위'는 인공으로 만들어진 것이다. 또 다른 생각은 보통 바윗돌 깨트려 자갈돌, 자갈돌 깨트려 모래알 하는 동요가 있는데 당연히 '돌'보다 '바위'가 크다. 그럼에도 여기서 말하는 '거북바위'는 5t이나 되는 큰 암석인데 이런 경우 일반인들은 바위라 부르지 돌이라 부르지 않는다. 그러나 돌 공예하는 사람들은 돌이라 부르는 것이 아닌가 한다.

거북은 예부터 10 장생의 하나로 120년 이상을 살며 큰 거북은 영물로 치는 경우가 많다. 거북은 무병장수하며 잡귀를 몰아내는 것으로 믿어왔다. 또한 선사시대부터 장수를 상징하는 신앙의 대상이었다. 사신도四神圖에도 등장하며 북쪽에 배치된다. 그리고 거북은 수호신, 보호신으로도 숭배되어 왔다. 병산리에 '거북바위'가 온 뒤로 교통사고가 없다고 한다. '거북바위'가 이 고장의 수호신, 보호신이 되어 무병장수하는 마을로 발전하기를 빈다. 끝으로 돌거북에 대한 안내판과 표지석의 내용 전문을 소개한다.

### 안내판 전문

...

### 병산리 돌거북상 (양평군 향토유적 제35호)

이 돌거북상은 고려 초기의 석물石物로서 고려 태조 왕건이 삼한 통합 시에 공을 세운 이 고장 출신 함규(?-945) 장군의 전승을 기리고 이 고장 수호를 위하여 백봉령 승전비와 함께 조각한 것으로 전해진다. 오랜 세월 동안 백병산白屛山 왜목터에 있었으나 한차례 도난당한 것을 회수하여 군민회관 광장에 옮겼다가 병산리 주민의 발원으로 현재의 장소로 옮겼다. 화강편마암을 거칠게 다듬어 만든 돌거북상으로 전체적인 형태는 장타원형을 이룬다. 측면에서 보면 머리 부분이 위로 올라가며 마치 비상하는 듯하다. 콧구멍이 크고 이빨을 드러내고 있으며 앞발과 뒷발이 비교적 상세히 묘사되어 있다.

・・・

표지판 (돌거북상 앞에 세워져 있음)

이 돌거북상은 고려 초기의 석물로서 고려 태조 왕건이 삼한을 통합한 호국 정신을 바탕으로 이 고장의 수호를 위하여 백병산 주변에 9개의 절을 정신적 지주로 하고 있을 때 백병산의 주봉인 연두봉을 안으로 한 남향의 암자에 조각해 놓았던 것으로서 오랜 세월 동안 왜목터에 안치되어 있던 중 1986년 12월경 도굴범에 의하여 도난당하였으나 이듬해 양평군에서 회수하여 보관하던 것을 이곳에 옮겨놓은 것이다. 화강암에 조각된 이 거북상은 길이 2m, 폭 1.4m, 높이 1.24m이다. 5t.

・・・

표지석 (돌거북상 옆에 있음)

주민의 오랜 숙원 사업이던 돌거북상 이전을 주민 일동이
힘을 모아 이곳에 옮겨놓았습니다.

1997년 5월 7일 주민 일동<br>후원 양평석재

# 어머니의 빚 탈출기

어머니는 평야 지대가 아닌 산골 마을에서 태어났다. 그런데 태어난 곳이 규모는 작아도 7~8km나 되는 긴 산골짜기의 끝부분에 있는 마을이어서 산촌과 들판의 특징을 모두 갖춘 그래서 가뭄도 모르고 큰 물난리도 없는 한적하면서도 풍요로운 곳이었다.

오랜 세월 이곳에서 살아온 토착민으로 큰 부자는 아니지만 한 마을에서 제일가는 부자로 신망 있는 지방 유지의 장녀로 태어났으니 유복한 집에서 걱정 없이 지냈다. 적어도 출가하기 전에는 그랬다. 그러나 조선 말기부터 심해진 남존여비가 극성이던 때에 태어났고 전형적인 농촌의 유교 집안이어서 가풍이랄까 신학문은커녕 글공부도 시키지 않았다. 가사 수업이랄 수 있는 가정교육은 현모양처를 제일로 아는 낙후된 문화 속에 가부장적 제도에 자족하는 그런 마을에서 어머니는 성장했다.

그런데 16세에 시집온 시댁은 5형제로 딸은 없고 넷째와 다섯째 아들이 부모를 모시고 지내는 곳이었다. 어머니는 어리다면 어린 나이에 연로한 시부모와 시동생이 함께 사는 집에서 당시로는 노총각과 결혼하여 살게 되었다. 시아버지는 무과 급제를 하여 종6품 부사과 벼슬을 하던 관료의 둘째 아들이었고 부호군을 하다 사망 후 승지로 추증된 시할아버지를 두었다. 어머니는 나라가 망해서 몇 번 보던 과거를 포기했다고 하는 시아버지 말씀에 부정적이었다. 매일 막걸리를 드시는데 아무런 말도 없이 주전자를 가져와 어머니에게 내밀었다. 물론 돈도 주지 않았고 하루가 멀다고 주전자는 주어졌다. 사실 일본의 식민지 시절인데 집에 현금이 있을 리가 없던 때였고 내가 자라던 1960년대에도 시골에서는 현금을 보관하지 않았다. 주로 외상 거래였고 아니면 물물교환이었다.

  어머니가 시집와서 살던 동네는 50여 호로 작지 않은 마을이었지만 가게가 없었고 그러니 막걸리를 비롯한 주류는 이웃 마을에 가야 있었다. 어릴 정도의 새댁이 술주전자를 들고 옆 동네에 가는 것 자체가 쉬운 일이 아니었다. 더구나 큰 시아버지가 후손이 없어 둘째 아들인 시아버지의 셋째 아들을 양자로 입양해가고 둘째 아들인 시아버지의 재산은 큰아들에게 있어서 사실 빈털터리나 다름없는 시아버지에게 술을 사다 드린다는 것은 여러모로 어려운 처지였다. 넷째 다섯째 아들 둘이 품을 팔거나 한여름 농한기 일이 없을 때는 남한강에 나가 모래를 일어서 소위 사금을 모으고 겨울에는 땔나무를 해서 읍내에 팔아 돈을 벌어서 살아가는 형편이었다. 그런 중에 남편이 일본 순사를 메어꽂아 놓고 바로 만주로 피신하니 살아가기가 막막해서 어머니의 큰아들과 큰딸은 굶길 때도 있었다. 큰아들은 시어머니가 내 손자새끼라 부르면서 어느 정도 배를 채워주었으나 큰딸은 더 상황이 나빴다. 못 먹어서 얼굴이 누렇게 뜬 큰아들과 큰딸은 결국 친정어머니가 어머니의 동생들을 보내 친정으로 업고 가버렸다.

어머니가 처음 시집왔을 때는 끼니 걱정하는 정도로 가난하지 않았으나 시아버지가 일도 안 하면서 몇 년째 계속해서 술을 사서 드시는 통에 가세가 기울어 가는데 남편이 없으니 헤어나가기가 어려웠다. 해방되면서 남편이 만주에서 돈을 벌어 돌아오니 어머니의 생활은 급반전되었다. 친정에서 큰아들과 큰딸도 데러 왔고 남편의 사업이 번창하여 인부들 뒷바라지가 힘은 들었어도 자금이 원활하게 돌아가니 어찌보면 어머니의 황금기였을 것이다. 그러나 5~6년 후 6.25가 터지면서 사회가 어려워졌다. 아버지가 읍면 단위 청년단장을 하여서 먼저 피난을 가기도 했지만 바로 수복되었고 경제적으로도 어려움이 없었다. 1.4 후퇴를 겪었어도 정미소가 있으니 생활은 윤택했다. 형은 서울의 명문 고등학교에 보내고 좋은 환경의 하숙집에 기거했다. 형님 이야기에 의하면 당시 동급생 519명 중에 영국제 신사복지로 만든 교복을 입고 안에 양털이 든 가죽 잠바와 구두를 신고 다니는 학생은 손가락을 꼽을 정도였다고 했다.

경제만 좋아지는 것이 아니라 농경사회가 좋은 인력으로 선호하던 아들을 1952, 1953년 연년생으로 둘이나 났으니 아버지도 바라던 4형제가 되었고 6.25 전쟁 전에 하던 사업을 일으켜가며 신나는 생활을 하고 있었다. 그런데 호사다마라는 말이 사치스럽게 들릴 상황으로 아버지가 사고로 사망하게 된 것이다.

**남편의 사고사와 고난의 시작**

사고로 척추골절이 되어 며칠간 누워지내던 아버지가 돌아가실 것을 예상하였는지 남에게 차용증을 써준 일도 없고 빚을 얻어 쓴 적도 없다고 어머니와 큰아들 앞에서 분명하게 말씀하셨다. 그리고 죽어서도 6남매는 내가 잘 이끌어 갈 것이니 걱정하지 말라고 했다. 이러한 이야기는 결국 유언이 되었다.

음력 10월 15일 결국 운명하셨고 7일 장을 지내고 한 두 달 지나니 물밀듯이 닥쳐온 시련은 먼 후일 어머니 말씀으로는 이루 말로 다 할 수 없었다. 당장 하숙비를 내지 못하고 앞으로도 가망이 없으니 하숙집에서 쫓겨나 갈 데가 없어 뚝섬 진외가에 가 있었으니 눈치도 보이는 데다 사기꾼들이 계속 미행하고 때로는 공갈 협박도 하여 그곳에서 나왔다.

어머니가 형님을 특히 위하려는 마음이 보일 때가 있는 것은 이때 형님이 고생한 것이 너무 속상하고 어린 것이 얼마나 힘들었을까를 생각해서 그럴 것이다. 집문서와 땅문서를 빼앗기거나 도둑맞지 않으려고 고등학교 친구 집에 보관해서 어려움이 있어도 친구의 아버지 덕분에 강탈당하거나 그런 일 없이 잘 지켜냈다. 형님은 응봉동 철로 변 둑에 종이 상자를 덮고 자거나 무허가 집에서 잠을 자며 경복궁 뒤에 있는 경복고등학교까지 편도 8km 길을 매일 걸어 다녔다고 했다. 형님은 거의 공자급 학생에서 완전히 거지급 학생이 된 것이다. 물론 지아비가 사망하면 큰아들에게 기댄다는 삼종지의가 작용했을 수도 있겠으나 적어도 그 당시 어머니는 그럴 상황이 아니었다.

어머니는 6남매와 당신의 먹고 입는 일을 해결하는 일이 난감하였을 것이다. 아버지가 돌아가시자마자 장차 살아갈 일을 걱정한 것이 틀림없는데 삼우제 때 고인의 옷가지를 모두 태워 없애는 데 반해 아버지의 바지저고리, 두루마기 등 훼손되지 않은 옷은 모두 보관하여 식구들의 옷으로 재단하고 바느질하여 입었다. 딸들의 옷은 어머니 옷을 역시 손질해서 입혔다.

다행인 것은 열네 마지기의 논과 2천 평 정도의 밭을 머슴을 두고 농사를 지어 자급자족이 가능한 것이었다. 부자가 망해도 3년은 간다는 말이 참이었다. 그런데 이듬해부터 영농 조합 돈을 갚으라거나 누구누구의 보증을 돌아가신 아버지가 섰으니 갚으라는 청구서와 빚 받으려는 사람들이 들락거리는 것이었다. 농사지은 것으로 먹고 살고 정미소 소득으로 빚을 갚아 나가려 했으나 적자 생활이 되었다. 그래서 어머니는 먹고 입는 것을 비롯해 쥐어짜는 내핍 생활에 돌입했다. 우선 겨울에는 물론이고 평소에도 비가 와서 중노동을 할 수 없는 날이나 농한기에는 쌀, 보리쌀, 콩, 팥 같은 값이 나가는 곡물류를 거의 먹지 않거나 과감하게 줄여 먹었다.

특히 춘궁기에는 사람들이 대부분 그랬지만 농한기에도 쑥과 무릇을 푹 고아 먹었는데 어른들도 이 음식이 독하다고 그러니 아이들은 말할 나위가 없었다. 여기에 보릿겨나 쌀겨를 뿌려서 먹으면 겨가 중간에 있어 덜 아려서 먹을만했다. 얼마나 아리고 먹기 싫었던지 지금 생각해도 진저리가 날 정도다. 보릿겨에 강낭콩을 넣어 만든 소위 보리개떡을 먹으면 보릿겨의 깔끄러운 까끄라기가 목을 넘어갈 때 목이 따

어머니의 빚 탈출기

끔해서 눈을 껌벅이며 삼켰던 기억도 이제는 다시 겪을 수 없는 추억이다.

아버지가 살아계실 때는 상머슴을 두었고 겨우내 함께 지냈으나 그 이듬해부터는 가을 타작과 가을걷이가 끝나자마자 머슴을 내보냈다. 새경도 적게 주고 겨우내 머슴이 먹는 양식을 줄이기 위해서였다. 머슴이 있을 때는 겨울에 불을 충분히 때서 따뜻하게 지냈지만, 땔나무가 적어 겨우 밥만 해 먹었고 가마솥에 물도 데우지 않으니 방이 춥고 아침에 세수할 물조차 찬물로 하게 되니 물이 차서 대충하게 되었다.

### 소규모 양계와 장사하기

그래도 빚 갚을 걱정에 여름이면 장날마다 채소를 다듬어 읍내 장에 내다 팔았다. 농사짓는 일 외엔 어려움이 없는 농촌 마을에서 먼 후일인 10여 년 후에 일어난 새마을 운동을 우리 집에서는 이미 실시하고 있었다.

제일 쉬운 일로 닭을 키웠다. 암탉 서너 마리에 수탉 한 마리 기르는 이웃들과 우리도 같은 형편이었는데 어머니는 달라졌다. 늦겨울부터 이른 봄이면 암탉이 알 낳을 생각은 안 하고 적당한 곳에서 알을 품고 싶어 하면 알을 더 낳게 하려고 닭을 알 품으려는 둥지에서 쫓아냈었다. 어머니는 이렇게 알을 품으려 하는 암탉에게 20개의 수정란을 품게 해서 보통 15~18마리의 병아리를 부화시켰다. 별도로 책을 보고 공부한 것은 아니고 여기저기 물어가면서 병아리를 키웠다. 해마다 이른 봄에 알을 부화시켜 50여 마리의 병아리가 깨어나게 되었다. 그리고 안방 뒤쪽에 있는 채마밭 일부에 닭장을 지어 병아리와 닭을 길렀다.

해마다 3~4월에 약병아리가 되면 읍내 장에 내다 팔았지만, 우리들에게도 겨울에 인삼 장사가 들고 와서 팔 때 사놓은 인삼 뿌리를 넣고 약병아리 한 마리씩을 삶아주었다. 한 번에 여러 마리를 할 수 없으니까 한 번에 두 마리 정도를 삶아 뒤뜰에서 따로 먹도록 배려해 주었다. 나는 이런 약병아리를 초등학생 때부터 군대에 입대하기 전까지 먹었다. 물론 다른 형제자매도 나와 똑같이 먹었을 터인데 지금 생각하면 어머니 자신이 드셨는지 여쭤본 적도 없고 드셨는지도 모른다. 자식이란 이렇게 부모님에 대해 무심하다. 어머니는 닭 한 마리라도 더 팔아서 돈을 만들고 싶었을지도 모르는데 자식들의 건강을 위해 비싼 인삼까지 사 넣어 정성껏 끓여주었다.

여름부터는 25마리 내외의 닭을 길렀다. 많은 닭이 집 안팎을 돌아다니면 돌보기 어려우니까 집 안의 채마밭 일부에 서너 평 되게 흙벽돌로 계사를 짓고 여기에 잇대서 10평 정도의 닭장을 지어 그 안에 닭 모이통과 물통을 배치해서 어린 내가 보기에도 닭이 살기에 좋은 환경을 만들었다.

나는 초등학교 3학년 때부터 낫을 들고 나가 토끼풀을 베어다 닭에게 주었다. 어떤 때는 토끼풀을 쌀겨와 버무려 닭에게 주면 닭이 정신없이 먹을 정도로 아주 좋아했다. 어머니가 시켜서 했지만 이렇게 하는 나를 많이 칭찬했다. 특히 아버지가 돌아가신 후 어머니는 나에게 너는 무엇이든 제일 잘하거나 아주 못하지 말고 중간보다 조금 잘하도록 하라고 자주 말씀하셨다. 무슨 일이든 중간보다 잘하고 앞장서지 않으면 평생 건강하게 자손과 함께 잘 살아갈 수 있다고 했다. 요즘 세태와는 아주 다른 교육을 했는데 내가 성장해서 그런 어머니의 말씀을 새겨보면 중용을 말씀하신 것으로 해석되었다. 어머니의 성장 시절 책을 보고 배운 것도 아니고 어른들이 가끔 중용이 좋은 덕목이라 한 말을 들으면서 모든 일을 중간보다 조금 더 잘하면 좋다는 것으로 생각하게 된 것이 아닌가 생각했다.

아버지가 돌아가신 이듬해 초등학교 1학년 통지표[성적표]를 가져왔는데 이날 우등상장도 받아왔다. 점수를 수, 우, 미, 양, 가 5단계로 평가하지 않고 점수를 적었는데 90점 이하인 과목은 없었고 따라서 평균 90 몇 점(?)을 받았다. 우리 동네 같은 학년 남학생 7명 중 나 하나뿐이었다. 그러니까 내 머리를 쓰다듬으며 말씀하셨다.

"아버지 초상 치르다가 학교를 여러 날 결석했고 집 안팎으로 심부름하랴 동생들 보랴 그랬는데 기특하구나."

나는 겸연쩍게 웃으며 어머니께 물었다.

"너무 잘하지 말라고 늘 말씀하셨는데 이거 괜찮아요?"

어머니는 웃으며 말씀하셨다.

"언제나 예외는 있단다."

나는 잘 이해되지 않았다.

"그게 뭔데요"

"글쎄다. 차차 알게 될 거다. 말하자면 공부는 잘해도 된다."

당시에는 동네에 소문이 나서 칭찬을 많이 들었는데 어머니는 말씀하셨다.

"애야 그럴 때 우쭐대면 공부 못한 것만도 못하다."

지금은 잘 모르나 어머니 말씀대로 차차 알게 되기를 바랐다.

어떻든 나는 닭 먹이로 닭이 좋아하는 풀을 봄부터 가을까지 낫으로 베어오는 것이 중요한 일이 되었다. 어머니는 지게가 없는 나에게 큰 보자기를 주고 거기에 풀을 어떻게 담아서 잘 둘러메고 올 수 있는가 하는 방법을 알려주었다. 큰 보자기에 싸서 오는 정도여서 1시간이나 2시간이면 일을 마칠 수 있었다. 중요한 사항은 농약을 뿌린 곳이나 거기에 가까운 데서 풀을 베어오면 안 되는 것이었고 뱀을 조심해야 했다. 어머니는 이 두 가지에 대해서 교육하고 누누이 강조하였다. 봄에는 농작물에 농약을 살포하는 경우가 없었으니까 조심할 일도 없었는데 여름부터는 조심해야 했다. 고추가 열린 다음부터 고추밭 근처에는 가지도 말 것이며 김장 배추 심었을 때 근처 밭둑에도 가지 않도록 하는 등 세심한 주의 사항이 있었다. 주로 산과 밭 경계에 참깨 심은 곳, 봄에는 감자 심은 농지 근처, 가을에는 들깨 심은 밭 근처가 좋고, 벼가 자라는 논 가에는 벼 이삭이 나올 때까지는 가지 말라 했다. 산에는 뱀이 많으니 각별히 조심해야 하고 들에는 찔레나무가 있는 풀 섶에 접근할 때는 미리 낫으로 휘저어 뱀을 쫓아야 한다는 등 구체적으로 알려주었다.

그렇게 지내다 보니 어느덧 4학년 겨울이 되었다. 겨울방학이 되었을 때 어머니는 나에게 낡은 도끼 한 자루와 삼태기를 지게에 얹어 고자바리를 해오게 하였다. 처음에는 당연히 나보다 몇 살 위인 형들 가는 곳을 따라갔다. 고자바리 혹은 고자방치라는 말은 나무 밑둥치만 남아서 썩은 그루터기를 일컫는 전라도 지방의 말이라고 국어사전에 쓰여 있지만 서울 근교인 나의 고향에서도 사용했다. 추운 겨울에 그루터기를 도끼로 찍기보다는 힘껏 내리치면 쓰러져 이를 집에 가져와 며칠 말려서 땔감으로 썼다. 간혹 그루터기가 생짜이면 도끼가 퉁겨나갈 수 있으니 도끼 뭉치나 날에 맞지 않게 조심해야 했다. 내가 지고 오는 고자바리를 보고 웃는 어른들이 있었다. 왜 웃는지는 모르겠으나 창피하지는 않았다. '꼬마가 이제는 지게질을 하는구나'라든가 '제법이다'라고 하며 칭찬하는 어른들이 많았기 때문이다.

겨울이니 일거리가 없어 사람들이 서로 방문을 많이 하는 계절이라 우리 집을 방문하고 나가던 아주머니가 안마당 한구석에 있는 고자바리를 보고 추운 날씨에 눈구덩이에서 가져온 것만 해도 대단하지만 너무 삭은 나무그루터기라 화력이 약하겠다고 했다. 이에 어머니께서 덜 삭은 것은 우리 애가 힘이 모자라서 가져오기는 힘에 부친다는 소리를 들었다. 내가 못 해내는 고자바리를 나보다 큰 사람들이 성공하곤 했으니 나도 그건 인정했다.

아무튼 이때부터 나는 최초로 나의 지게가 생겼고 보자기로 풀을 싸서 다니는 신세를 벗어날 수 있게 되었다. 비록 내게 맞는 맞춤형이 아니라 어른 지게를 지게 다리와 새 뿔을 잘라내서 짧게 줄인 것에 불과하지만 짐을 메고 가거나 들고 가는 것보다 훨씬 힘이 덜 들고 더 많은 짐을 운반할 수 있었다. 지게를 지고 가면 어떤 어른은 너도 이젠 코리아 트럭 주인이 되었구나 하면서 즐겁게 말을 해주었다.

당시는 초등학교만 졸업하면 지게 지고 일하는 사내아이들이 많았는데 이들과 어울려 다닐만한 덩치와 힘이 있다고 생각했다. 특히 5학년 때부터는 동급생보다 손가락 하나 길이만큼 더 컸고 키가 작은 동급생보다는 한 뼘 이상 더 컸다. 초등학교 3학년 때부터 한 철봉과 평행봉을 해온 경력 3년 차가 되니 나보다 한두 살 위의 형들과 팔씨름하면 이겼다. 이러한 나를 어머니는 늘 자랑스러워했고 나는 어머니의 기대에 들도록 열심히 일하고, 운동하고 어머니 말씀을 잘 들었다.

나보다 어린 두 동생은 어느덧 8살, 7살이 되었는데 똘똘하고 건강한 데다가 나와 성격이 잘 맞아서 늘 웃고 떠들며 재미있게 지냈다. 사실 걷기 시작할 때부터 어머니와 누나 그리고 나를 잘 따른 덕분에 두 동생도 잘 자란 셈이고 입장을 바꿔 말하면 두 동생은 영리한 아이들이었다. 그 나이 또래 아이들의 골목대장으로 당당히 동네에서 잘 지냈다. 나보다 어린 아이들은 내가 무서웠을 것이고 나보다 나이 많은 사람은 나보다 열 살 더 많은 나이의 형과의 관계 때문에 우리 형제들에게 무어라 하지 않았을 것이다.

무엇보다도 가장 큰 힘은 돌아가신 아버지의 힘이었고 어머니의 가르침이었다. 아버지는 생전에 동네서는 물론 군 내에서 유력 인사였다. 특히 동네에서는 자랑일 정도의 사람이었다. 인근에서 가장 큰 키, 가장 큰 발, 가장 센 힘 등 제일인 것이 많았다. 물론 경제력과 인력 그리고 자신의 관리력도 다른 사람과 비교할 수 없었다. 구호물자로 가죽 구두가 동네에 들어왔는데 서로 갖고 싶어 해서 발이 제일 컸던 아버지가 양보했더니 신고 싶은 사람은 다 신고 다녔으나 결국 구두는 아버지에게 왔다. 나이가 많은 동네 어른도 고등학생인 형님에게 말할 때 '허게'를 했지 '반말'을 하지 않았다. 어머니는 아버지가 일찍 돌아가셔서 아버지 없이 자란 자식이라 버르장머리 없는 애라는 소리를 들으면 가장 가슴 아플 것이니 알아서 잘하라는 말씀을 자주는 아니지만 결정적일 때마다 하셨다.

내가 중학교 1학년 때 초등학교 2학년인 동생이 학교에서 정규 시간에 같은 학년 다른 학급과 학급 대항 씨름을 하던 중 상대방의 다리를 골절시킨 적이 있었다. 두 학급의 학생들이 두 사람의 실력을 아는지라 엄청나게 소리 지르며 응원했고 한참을 겨루다가 드디어 내 동생이 이겼는데 상대하던 학생의 발목이 골절되는 사고가 일어난 것이다.

담임 선생님에게 호출되어 놀란 가슴으로 학교에 간 어머니는 선생님을 만나 사적으로 그런 것이 아니어서 한숨 놓았지만, 담임과 함께 다친 학생 집으로 가서 사과하고 온 일이 있었다. 어머니는 동생 둘과 나를 함께 불러 놓고 엄하게 훈계했다.

"절대로 아버지 없이 자라서 예의도 염치도 없고 못된 아이라는 소리를 듣지 마라. 그렇다고 비겁하거나 눈치를 보며 주눅 들어도 안 된다."

그리고 씨름했던 아들을 가까이 오라고 해서 눈물을 흘리며 위로했다.

"얼마나 마음 졸이며 걱정했느냐."

우리 삼 형제를 대표해서 내가 어머니에게 말씀드렸다.

"염려하지 마세요. 어머니 우리 잘할게요."

계속해서 어머니는 다친 학생의 집 식구들에 대해 이야기했다.

"그 집도 아들이 넷인데 첫째는 너희 형보다 두 살 위로 군 장교이고 둘째는 우리 둘째보다 두 살 위로 중학교에 가서도 공부를 잘한다고 하더구나. 이번에 다친 학생은 쌍둥이인데 둘 다 힘이 세고 공부도 잘한단다. 어머니 되는 분도 교양이 있었다. 셋째야 너는 다친 학생 보면 당당하되 정말 미안한 마음으로 사과해라."

우리 삼 형제는 다툴 일이 있어도 자제했다. 동급생보다 힘도 세고 달리기를 잘하며 날렵했다. 그러다 보니 친구들로부터 신뢰받았고 골목대장 격이었다. 초등학교 대운동회 때 하이라이트 중에서 오전에는 청군 백군 나누어 오자미를 던져서 큰 박을 터트리는 경기로 이 경기 후에 점심 식사 시간이 주어졌다. 오후에는 마지막 경기로 1학년부터 6학년까지 청군과 백군의 학급 대표가 나와 계주하는 것이었다. 계주가 있기 전에 진행되는 달리기에서 나는 해마다 1등을 해서 상으로 받은 공책을 어머니께 드리곤 했다. 우리 동네 학생들의 어머니들께서는 한 곳에 모여 앉아계셨는데 나를 보고 '쟤 형과 누나도 운동회 때 상을 받아오더니 식구들이 모두 잘 뛴다'고 칭찬했다. 나는 반을 대표해서 계주 경기에도 해마다 나갔는데 모든 학생이 청군 이겨라, 백군 이겨라라는 응원으로 시끌벅적했다. 어머니는 점심 식사 후 아들이 나오는 경기 때까지만 머물다가 계주가 있기 전에 늘 귀가했다. 집에 가서 해야 할 일이 태산같이 많기 때문이었다. 계주 때는 이긴 편은 공책 2권, 진 편은 공책 1권을 주었는데 이것은 어머니가 부탁한 다른 어머니께 맡겼다. 후에 우리 집 막내아들 운동회까지 모두 본 어머니는 너희들이 모두 잘 뛰어 다른 어머니들이 부러워했고 그래서 기뻤다고 했다.

우리 집 4형제 모두 운동을 좋아하기도 했고 잘했다. 특히 나의 바로 밑에 동생은 운동을 좋아하고 성격이 아버지 닮아 활달했다. 중학교 학생이 되면서 태권도를 본격적으로 하면서 싸움도 많이 했다. 초등학교 동기 중에 싸움을 제일 잘할 것이라고 했고 읍내 어깨들과 잘 지내고 있었다. 물론 시비를 걸어오지 않는 한 싸움을 하지 않았고 누가 제일 싸움을 잘하느냐 하는 일로 다투거나 경쟁하지 않았다. 그러나 내 친구들 말에 의하면 동생이 중학교 3학년일 때 태권도 3단이면서 싸움 실력도 좋아 1대1 싸움에서는 제1인자일 것이라 했다. 내가 본인에게 물으니 다른 학생들이 자기에게 시비 거는 일이 없어서 모르겠다고 했다. 분명한 것은 불미스러운 일로 어머니에게 속을 썩이거나 그런 일은 없었다.

동생들이 자라서 자기 앞가림을 할 때부터 읍내 장에 계란과 더불어 부피가 적은 파, 고추 이런 것을 내다 팔았는데 물론 내가 초등학교 3학년 때부터 시작한 양계로 계란을 시장에 팔았다. 5일 장이니까 닷새마다 계란을 90~100개 정도 그러니까 짚으로 계란 10개를 묶어 한 꾸러미라고 했으니 9~10꾸러미를 내다 팔았다. 당시에는 쌀값이 가장 좋았는데 계란도 비싸서 10꾸러미의 값은 쌀 1 말 이상의 돈이 되었다. 동네의 다른 사람은 장을 보려면 곡식을 내다 파는데 우리는 곡식을 내다 파는 적이 없었다. 시장 봐오는 정도는 계란을 판 돈으로 모두 해결하고도 여유가 있다고 어머니는 흡족해했다. 그러나 지금의 단위 농협의 전신인 농지 조합에 빚진 금액의 일부라도 갚아 나가기 위해 최대한의 내핍을 했다.

이웃 동네에서는 없는 살림에 빚을 내서 무엇을 샀는데 많은 사람이 충동구매를 한 것이 아닐만큼 상품이 좋다더라는 소문이 돌았으나 우리 동네 사람들은 그런 일에 흔들리지 않았고 그렇게 구매한 사람을 비난하는 분위기였다. 지금 상황으로 생각해도 심리적으로나 사회적으로 건전한 소비자들이었다. 동네에 예전부터 구멍가게가 없고 심지어 담배 가게도 없었다. 열심히 일하고 벌어서 자녀들 교육에 힘썼다. 형님보다 1년 선배로부터 줄줄이 서울에 있는 고등학교로 진학했는데 이 시대에는 시골에서 중학교에도 진학시키지 않던 때였다. 다른 동네보다 일찍 열심히 벌어서 자녀교육 정확히 말하면 아들 교육에 힘쓰기 시작했다. 물론 개발 시대에는 시골뿐 아니라 도시에서도 빚을 져가며 자녀교육에 힘쓰게 되었고 그 풍조가 우리나라 발전에 기여했다고 볼 수 있다. 이런 분위기가 어머니에게 얼마간의 영향은 주었겠으나 우리 동네 52호, 약 400명 중에 빚을 진 사람이 빚을 갚기 위한 노력은 비슷하게 했겠지만 닭을 키워 경제에 큰 보탬이 되게 하는 사람은 없었다.

　그런데 어머니는 채소류를 읍내 장에 내다 팔고 닭을 길러 닭과 계란을 팔아서 채소보다 훨씬 많은 수입을 올리고 있었다. 어머니는 여기에 그치지 않고 더 큰 일을 시작했다. 내가 6학년 때에 어머니는 암퇘지 새끼를 사다 기르기 시작한 것이다.


## 돼지 2마리 키워내기와 두부 장사

　모든 집이 그렇듯이 대문을 나서면 바깥마당에 뒷간이 있다. 대문

안에도 있지만 겨울이나 밤에 주로 이용하는데 재와 함께 섞어서 인분 냄새도 안 나고 감자나 고추 등을 심을 때 밑거름으로 사용했다. 바깥 변소는 인분을 모아 밭농사에 비료로 사용하기 위함이었다. 이웃집에 놀러 갔다가 화장실에 가고 싶으면 자기 집 뒷간에 가서 볼일을 보아 인분을 모으는 데 어른 모두가 신경을 썼다. 바깥 뒷간 옆에 간단한 농기구와 똥장군을 두는 헛간이 있었는데 이 헛간을 고쳐서 돼지가 살 집 그러니까 돼지우리를 짓고 거기에 잇대어 헛간을 지었다.

늦겨울 어느 장날에 어머니는 새끼돼지 한 마리를 사서 머리에 이고 오셨다. 검은색 바탕에 얼굴과 목둘레에 흰색 털이 나 있는 보통 베개보다 작은 듯한 귀엽게 생긴 돼지였다. 우리 집 재래종 큰 개 두 마리가 이 돼지를 보고 가까이 오니 돼지는 소리도 못 지르고 검은 눈을 크게 뜨고 꼼짝도 못 하고 있었다. 어머니는 바깥마당 가에 있는 돼지우리에 푹신하게 짚을 넣어 깔아주고 새끼돼지를 우리에 넣었다. 아직은 추운 날씨이고 사람들이 자꾸 보면 불안해할 터이니 가마니를 뜯어 길게 펼쳐서 앞을 완전히 막아주었다. 새끼돼지의 먹이는 먹다 남은 밥을 쌀겨와 섞어 뜨물에 말아서 주었다. 어머니는 앞으로 새끼돼지 먹이는 큰누나와 내가 열심히 주어야 한다고 했다. 아마 당시 구정이라 불렀던 설 명절이 지나서 새끼 돼지를 사 왔을 것이고 3월 하순 봄방학 때 내가 돼지우리에 들어가서 그동안 배설한 오물과 오물로 뒤범벅이 된 짚을 깔끔히 치워주고 새 짚으로 두툼하게 깔아주었다. 지난 한 달여 동안도 새 짚을 넣어주기는 했었다.

새끼돼지는 한 달 만에 몰라보게 컸고 반짝이는 눈으로 나를 쳐다

보고 있어서 등과 목을 긁어주려고 하니 처음에는 도망가다가 나중에는 좋아하는 모습을 보였다. 돼지는 개만큼은 아니지만 닭보다는 사람을 알아봐 귀여웠다. 물론 닭도 자신들에게 모이를 주는 사람은 당연히 알아보고 반응한다.

아버지가 돌아가신 지 6년 차가 되어가고 있었다. 어머니는 이제 농사에 익숙해졌고 기억력이 탁월한데 다 긴장하여 살아가기 때문인지 농사뿐만 아니라 모든 일의 순서와 대처 방법에 전문가가 되었다. 머슴에게 일을 시키는 것은 물론 다른 사람과 농사 이야기를 해도 어머니가 주도적으로 이야기하는 것이 그 증명이 된다.

이 무렵 빼어놓을 수 없는 이야기가 있다. 아버지는 그해의 농사가 다 끝날 무렵 사고가 났는데 그때 태어난 지 20여 일 된 아기와 2살짜리 아기가 있어서 어머니의 고종사촌인 19세 정도의 미혼인 아줌마가 와서 일을 거들어주었다. 당시 시어머니와 며느리가 같은 시기에 출산하는 경우가 많았는데 시어머니가 난 딸을 며느리가 난 자식은 나이에 관계 없이 고모라 불렀으나 아줌마라 부르는 경향이 있었다. 가까운 친척의 경우는 거의 아줌마라 불렀고 요즘과 달리 아주 다정하고 친밀한 호칭이었다. 지금은 어떤 할아버지가 전철에서 전화하는 여자에게 목소리 좀 낮춰서 하라는데 계속 그 상태로 전화하니까 아줌마 전화 목소리 좀 낮게하세요라고 했다. 그랬더니 그 여자가 전화하던 핸드폰으로 할아버지 얼굴과 이마를 때려 피가 나오자 경찰이 오게 되었다. 때린 이유인즉 35세 된 그 여자를 아줌마라 불러 모욕당했다고 생각하여 화가 나서 그랬다고 했다. 할아버지 연세가 어떤지는 모르지만

70대라면 30대 여자와 문화의 차이가 크게 나기 때문에 그랬다고 나는 생각한다. 물론 할아버지를 때린 그 여자가 잘못했으니 이런 이야기가 신문 기사가 되었을 것이다. 그러나 언어, 단어가 세월 따라 많이 바뀌니 이런 변화는 어쩔 수 없다.

나도 우리 집 일을 해주는 그분을 아줌마라고 불렀다. 어머니 젖이 안 나오니까 밥물에 설탕을 적당히 타서 젖 대용으로 미음을 만들어 숟가락으로 떠먹이는 등 갓난아기 돌보는 것이 제일 큰일이었다. 그리고 두 살짜리에게 이유식 겸 음식을 해서 배고프지 않게 하는 것이 아줌마의 주된 일이었다. 그 틈에 목화를 쐐기질해서 씨를 솜과 분리시키는 일도 했다. 목화씨를 이용하여 여러 종류의 그릇에 꼭꼭 눌러 담았다가 꺼내면 여러 모양이 나오는데 지금 생각하면 단순하나 당시로는 신기하게 느꼈고 재미있는 놀이였다.

우리 집에 와서 1년 반 정도 일을 도와준 아줌마는 어머니와 내외종간으로 어머니를 언니라고 불렀다. 나는 특히 이 아줌마를 좋아했는데 시작은 두 동생이 다 자는데 아줌마가 심심한지 이야기 하나 해줄까 해서 당연히 '좋아요' 했다. 그런데 그 이야기가 너무 재미있었다. 어머니한테 옛날이야기를 들으면 호랑이, 산신령, 귀신, 도깨비 이야기였는데 아줌마 이야기는 너무나 달랐다. 어떤 때는 꿈속 같은 이야기이고, 재미있고 상상하기 어려운 이야기였다. 틈만 나면 내가 이야기해달라고 졸랐지만 나는 학교에 다녀야 했고 귀가 후 낮에는 일해야 했고 아줌마는 두 동생 밥 먹이는 일 등 돌봐야 해서 시간이 없었다. 어떤 때는 이야기하다가 일 때문에 멈추고 다음에 해준다고 하다가 며칠씩 지나가곤 했다. 그러면 나는 초등학교 2학년 학생답게 이야기가 듣고 싶어 졸라대면 아줌마도 좀 쉬게 너무 보채지 말라고 어머니로부터 꾸중도 들었다. 그래도 1년 반 동안 들은 이야기는 나에게 큰 영향을 주었다. 중학교 재학 중에 3년간 학급이나 교실이 바뀌지 않았는데 바로 옆이 교실 반 개짜리지만 학교 도서관이어서 책을 많이 읽을 수 있었다. 아줌마가 들려준 이야기는 소공자, 소공녀, 인어공주 등 대부분 서양 동화였다는 것을 알았다. 그리고 아라비안나이트와 주옥같은 단편 소설을 풀어서 이야기해준 것이었다. 아줌마는 기차역이 있는 비교적 큰 동네에 살았고 친구들도 많으니까 책 읽을 기회가 꽤 있었을 것이다. 내가 살면서 이야기와 더불어 아줌마가 생각난 적도 있었지만 그렇게 지나갔고 지금 생각해도 그 아줌마가 어찌 되셨는지 궁금하다. 시간을 내어 찾아보면 불가능하지는 않겠지만 나보다 10년 위였는데 돌아가셨거나 너무 연로해서 오히려 찾아뵙지 않는 것이 더 좋을 수도 있을 것이다.

내가 교과서 말고 태어나서 책을 처음 본 것은, 우리 집에 있는 형님의 책과 둘째 큰아버지 댁에 갔을 때 천자문, 동몽선습 등 나보다 세 살 위인 사촌 형이 배우는 한문책이었고 한글로 된 것은 횡서로 띄어쓰기가 없고 고어도 나와 읽기가 쉽지 않았던 6전 소설책이었다. 책을 볼 수 있는 기회는 셋째 큰아버지 댁에 나보다 5살 위인 4촌 누나로부터였다. 책을 좋아하여 늘 책이 있었는데 빌려달라고 하면 빨리 읽고 돌려주어야 한다거나 아직 너는 이런 책을 읽으려면 더 자라야 한다면서 못 보게 했다. 그래도 한 권 전체를 끝까지 읽을 수 있었던 일은 사촌 누나로부터 빌린 책 때문이었다.

  새벗, 소년 같은 월간지도 볼 수 있었는데 물론 월별로 다 있지는 않았다. 그래도 여기서 읽은 책 중에 오늘날까지도 기억에 남는 것은 '테무진'이란 단행본이었다. 아마 여자들에게는 인기가 없어서인지 우리 집에 가져와 다 읽을 만큼 시간 여유도 있었다. 테무진은 칭기즈칸의 아명인데 이 책은 너무 긴장해서 숨도 제대로 못 쉬면서 읽었다. 아마 좀 더 성장한 다음 지도를 받아 읽었다면 내게 큰 영향을 주었을 것이다. 어머니는 내가 책 읽는 것을 싫어하지는 않았지만 일할 것을 마치고 여유 있는 시간인 밤에 읽기를 원했다. 결국 농번기에는 읽을 수 없었고 농한기나 겨울밤이 책 읽기에 적당했다.

  새끼돼지를 처음으로 사서 기르던 1959년 2월, 양계에 이어 양돈을 시작한 어머니는 두부 장사를 하기 시작했다. 낮에 두부 만들 콩을 물에 담가 불린 후 밤에 맷돌로 갈아서 자정 전에 두부 재료를 두부판 위에 놓고 이를 적당한 무게로 눌러서 완성된 두부를 새벽에 읍내로 이고 가서 파는 것이다. 읍내에서 처음에는 가정집 위주로 그러니까 소매와 도매 사이의 값을 받고 팔다가 시간이 늦어지면 상점에 싼값으로 넘기고 귀가하는데 우리 중고등학교 학생이 등교하는 7시 반 경이었다. 우리 동네에는 전부터 두부 장사하는 분이 5~6명이었는데 여기에 어머니가 끼어든 것이다. 두부 만들 때 나오는 비지는 우리 식탁을 풍족하게 해주지만 보통 힘든 일이 아니었다. 겨울이니 농한기이기는 한데 큰누나와 나는 두부콩 갈려면 매일 2시간 매달려야 하는데 맷돌질이 생각보다 팔도 아프고 지루했다. 특히 우리 맷돌은 크고 무거웠고 맷돌의 윗돌과 아랫돌 수쇠 사이에 끼우는 둥근 모양의 돌쩌귀 두께가 얇아 힘이 더 들었다. 그러나 콩은 결과적으로 바람직하게 갈려서 비지가 부드러워 우리가 먹기에 좋고 두부도 양이 살짝 많아져서 상품 가치 면에서는 좋아진 셈이다.

두부 만들다 보니 아궁이에 불을 더 때게 되어 방이 전보다 따뜻해져서 좋았다. 다만 어머니는 아버지가 돌아가신 후 매일 같이 밤마다 그리고 새벽같이 일어나 일을 해 왔다고는 하지만 두부 장사를 하면서 훨씬 힘들어졌다. 새벽마다 두부 한 판을 이고 왕복 10km에 소매하기 위하여 골목마다 다니니까 너무 몸을 혹사하는 셈이었다. 농사철이 돌아오면서 두부 장사를 하지 못했지만, 읍내 장날에는 계란과 채소류를 팔기 위하여 늘 가지고 나갔다.

여름이 되면서 새끼돼지가 중 돼지가 될 정도로 커서 먹이도 많이 먹고 미쳐 먹이를 못 주면 배고프다고 꿀꿀대기도 했다. 배가 고프지 않아도 밥을 자주 주는 어머니와 큰누나가 돼지우리 부근을 지나가면 꿀꿀 소리를 내는데 돼지가 아는체하는 것이라고 어머니는 알고 있었다. 이 두 가지 경우와 다르게 꿀꿀대면 돼지우리를 깨끗하게 청소해달라는 소리라고 어머니는 다 알아들었다. 여름 방학 어느 때 나는 마음먹고 돼지우리에 들어가 똥오줌과 지푸라기가 범벅이 된 것을 쇠스랑으로 다 쳐내고 맨발로 들어가 역시 맨손으로 시멘트로 된 돼지우리 바닥을 깨끗하게 물청소했다. 어머니가 청소 상태를 보고 돼지도 깨끗하다고 너무 좋아하겠지만 앞으로는 맨발과 맨손으로 들어가 일하지 말라고 말했다. 청소하고 난 그날로부터 밤을 지나 다음 날 하루 종일

손과 발이 가렵고 몸도 가려워 그다음부터는 장화를 신고 들어가 일했고 바닥까지 물청소하는 일은 없었다.

그해 가을에 우리 돼지가 발정하여 농촌 지도소에 신고하니 자전거를 타고 와서 수정해주었다. 그리고 이 돼지는 다음 해 1월에 예쁜 새끼 8마리를 낳았다. 어머니는 돼지가 새끼 낳기 며칠 전부터 찬바람이 들어가지 않게 돼지우리를 잘 싸맸다. 가장 추운 겨울에 낳기 때문에 추위를 막기 위한 일을 한 것이다. 앞쪽으로는 지나가는 사람이 보이지 않도록 철저히 싸맸고 옆으로는 빛이 좀 들어오게 했으나 전체적으로는 평소보다 어둡게 했다. 돼지 밥도 어머니가 흰옷을 입고 하루 세 번을 직접 주었다.

새끼를 낳으면 어미가 입으로 핥아서 새끼를 깨끗하게 해주는데 아직 눈을 뜨지는 못한 상태인데 어머니는 우리가 자는 안방에 헌 옷을 깔고 그 위에 놓았다. 몇 마리 더 낳으면 방에 데려오고 방에 있는 새끼는 데려가 어미 젖을 먹게 하였다. 새끼를 다 낳은 후 시간을 잘 맞추어 8마리를 모두 가져가서 젖을 먹게 한 후 다시 방에 갖다 놓았다. 아침이면 눈도 아직 뜨지 못하는 새끼돼지들이 저희들 끼리 밀치고 야단이었다. 새끼돼지들의 눈이 떠진 다음에도 며칠 동안 안방에 데려다 놓았는데 조금 컸다고 헌 옷을 깔아 놓은 곳뿐만 아니라 우리가 자는 곳까지 와서 주둥이로 쑤셔대며 이불을 밟고 다녔다. 손으로 주둥이를 밀면 본능적으로 힘차게 밀다가 방바닥이 미끄러우니까 막 미끄러지면서도 주둥이로 밀어댔다. 이렇게 어미 돼지를 보호하고 새끼돼지들을 젖을 먹이는 등 전문 지식이 없는데도 묻고 듣고 배워서 차질 없이 해내는 어머니가 대단하게 보였다.

또한 지금은 좋은 추억으로 나의 마음속에 남아있지만 잠을 참아가며 새끼돼지를 그 추운 겨울에 대문 밖 돼지우리와 대문 안의 안방까지 시간 맞추어 운반하는 일은 결코 쉬운 일이 아니었다. 더구나 처음 하는 일이라 긴장도 되어 더 힘들었을 것이다.

이 새끼돼지 8마리는 잘 자라서 이웃집 아주머니까지 동원하여 읍내 장에 가서 팔았다. 이고 가는 동안에 새끼돼지가 오줌을 싸서 바닥에 깐 수건 사이로 오줌이 흘러나와 힘들었다는 이야기를 웃으면서 했다.

이 무렵 형님이 최전방 이기자부대에서 대학 재학 중에 입대해서 1년 6개월 군 복무를 마치고 2학기를 서울에서 쉬면서 내년 1학기에 복학할 준비를 하고 있어서 2학기 등록금은 내지 않아도 되었다. 형님의 대학 등록금은 가을에 농사지어 거둔 벼를 봄에 찧어 팔면 가을보다 비싸고 6월 초에 추수한 보리는 불과 2개월 사이지만 8월에 찧어 팔면 값을 더 받았다. 그러면 이때 생긴 돈으로 1학기와 2학기 학비를 댔다. 그런데 2년간 학비를 안내니까 이 돈으로 빚을 많이 갚았다. 그리고 그해 12월 하순에 형님은 결혼했다. 당시는 남녀 모두 20대 초반이면 결혼했다. 아직도 서울은 사글세로 살고 전세 얻을 형편도 안 되는데 형님은 아직 1년을 더 학교에 다녀야 하니까 형수는 시골집 건넌방에 신혼을 차리고 본의 아니게 겨울방학이 지나서는 주말 부부가 되었다. 머슴이 살던 건넌방이 형님 신혼 방이 되니 이른 봄에 부엌 옆에 전쟁 중 아랫집 부주의로 불타버린 바깥채 터에 머슴방을 만들었다.

내가 중학교 2학년이 되던 봄에 돼지가 두 번째로 새끼를 낳아 모두 잘 커서 팔고 벼를 양식거리만 남기고 몽땅 찧어서 팔아 형님 학비를 대고 드디어 아버지 돌아가시고 엉겁결에 그리고 억울하게 지게 된 빚을 6년 반 만에 모두 갚았다. 어머니가 억척스럽게 일한 결과와 지난 7년간 덜 쓰고 모든 식구가 내핍을 거듭하고 했다. 닭 기르고 계란 팔고, 야채 팔고, 두부 만들어 팔고, 돼지 새끼 낳아 팔고, 벼와 보리도 아끼기 위해 죽을 먹되 배불리 먹지 않는 등 어떻게든 버티어서 벼와 보리를 비쌀 때 찧어 팔았다. 정말 다른 집에서는 하지 않은 일을 어머니는 한 것이다. 어느 누가 가르쳐주거나 시켜서 한 일이 아니고 오로지 어머니의 창의적인 생각과 초인적 노력으로 이루어낸 것이다. 심지어는 겨울에 두부만 만들어 판 것이 아니라 그릇에 파를 심어 방구석에서 길러 노랗게 싹이 나오면 이것을 묶어서 시장에 내다 팔았고 콩나물도 겨울에는 큰 시루에 길러서 팔았다. 어디 하나 빈틈도 없이 그리고 숨 쉴 틈 없이 전방위로 할 수 있는 모든 일을 어머니는 해냈다.

   그런데 어머니는 노동하는 것보다 더 힘든 일이 돈 빌려오는 것이라고 했다. 사글세며 우리들의 학비와 책값을 내야 하는 등 돈이 필요할 때는 우리 동네는 물론이고 이웃 동네까지 다니며 돈을 빌려왔다. 이자와 더불어 원금도 채권자가 요구하면 지체하는 경우 없이 잘 갚으니까 돈이 있다면 신용을 보고 잘 꾸어줄 것이지만 현금이 아예 없거나 있어도 집에 두지 않는 시절이니 쉽게 구하기가 어려운 때였다. 꾸어줄 수 있는 여건이 될 사람도 집에 없는 경우가 다반사였다. 어차피 전화는 모두 없는 시절인데 일터에 나갔거나 어떤 일로 출타 중이면 만날 수가 없는 것이었다.

정말 돈 빌리러 다니기 어려운 일은 아낙네가 이른 아침이나 해가 져서 어둑어둑해지면 남의 집을 방문하는 것이 금기시되어 불가능했다. 그래서 점심시간에 급하게 돈을 빌리러 다니니까 일을 하러 나간 사람을 만나기 어렵고 때로는 가까운 곳이면 일하는 장소로 찾아가기도 했다. 어머니는 일요일에는 다른 집에 일하러 가지 않았고 집의 일도 형님이 느닷없이 서울에서 내려올 수 있으니까 그걸 감안해서 했다. 어머니는 사소한 일에도 한 치의 오차나 실수가 있으면 그걸 만회하기 위하여 그 몇 배의 시간과 노력이 필요하게 되니 늘 잘 생각하고 행동해야 한다고 말하곤 했다.

아버지가 돌아가시고 그동안 이율이 높은 빚은 거의 다 갚았는데 드디어 7년 지나 1960년 봄에 큰 빚인 조합 돈을 모두 갚았다. 삼시 세끼조차 줄여 먹으며 채소, 계란, 콩나물, 두부 등을 팔아 조금씩이라도 빚을 갚아 나가니 줄어들던 빚 중에 마지막 남은 큰 빚인 조합 돈은 새끼돼지 8마리를 팔아 끝냈다. 이웃에 진 빚은 푼돈이라 할 수 있는 것이어서 아버지 돌아가신 후 처음으로 잠시나마 마음이 가벼워졌다. 그러나 이웃에 진 빚도 무시할 수는 없었다. 당시 빌린 돈이 1년 이상 장기이면 일본말로 이쭈아리라 부르는 월 10%였고, 몇 개월의 단기이면 일본말로 이쭈아리 고부라고 부르는 월 15%였다. 이율이 어떻게 되냐고 물으면 답은 일본말로 통용되고 있었다. 일수돈이라는 돈은 매일 1부라 해서 1%를 받아 갔으니 대단히 높은 이율이었는데 시장에서 장사하는 분들 사이에서 있는 거래라고 했다.

형님이 서울 살아 사글세와 용돈 등이 소요되어 몇 곳에 어머니는 단기 채무를 지고 있었다. 이것은 그동안의 빚과 비교하면 크게 부담되는 것은 아니었어도 자녀들이 성장하니 돈 쓸 일이 자꾸 늘어났다.

그래서 어머니가 또 생각해 낸 것이 소를 키우는 일이었다. 마침 든든한 사람을 일꾼으로 맞이했고 아직 어리지만 셋째와 넷째 아들이 지게질만 못 할 뿐 닭 모이 주는 일과 닭 먹일 풀을 베어오는 일을 잘할 수 있었다. 거기에 더해서 집 안팎에서 해야 할 이웃집에 가서 무얼 얻어 오라든지 갖다주라는 등의 잔심부름을 충분히 해냈다. 다른 집 어른들 표현을 빌리자면 식충이 노릇만 하더니 제 밥벌이는 하는 정도가 되었다.

## 소를 기르다

마침 셋째 큰댁에서 기르는 암소가 이른 봄에 송아지를 낳아 젖을 뗄 때가 되었는데 그 송아지를 우리가 어우리 소로 기르자는 것이다. 암소는 해마다 송아지를 낳으니까 어머니는 벌써 그럴 생각이 있었으나 일손이 모자라 실행하지 못했다고 하면서 이제 때가 되었다고 했다. 어우리 송아지를 기르는 조건은 서로 합의하기에 달렸는데 당시 우리 동네에서는 젖뗀 송아지를 길러 그 송아지가 커서 송아지를 나면 첫 번째와 두 번째 송아지는 무조건 어미 소 주인집에 주고 세 번째는 팔아서 돈을 반씩 나눠 가지며 최초에 가져온 송아지 그러니까 어미 소로 자란 소는 기르는 집 소유가 되는 것이었다. 계약서는 없고 어우리 송아지를 주는 사람이 송아지를 잘 기를 능력이 있고 신용할 수 있는 사람인가를 보고 주는 거래로 송아지를 가져가는 사람이 지금 말로 하자면 '을'이 되는 것이다. 보통 송아지가 자라서 만 세 살이 되면 송아지를 낳고 해마다 한 마리씩 낳았다.

어머니는 이 송아지에 대해 보통의 관심을 넘어 특별한 애정이 있었다. 아버지가 살아 계실 때 큰댁에서 암소를 사는데 도와주고 나중에 원금만 받고 이자는 안 받았다고 한다. 확실한 내막은 잘 모르나 아버지가 우시장에 큰아버지와 함께 가서 사들인 소였다.

우리 집에서는 6.25 전쟁이 날 때 다른 집에 소 다섯 마리를 사서 기르도록 했다. 어우리로 사주었는지 어떤 조건인지는 알 수 없지만 6.25 전쟁이 끝난 후 소 5마리는 흔적도 없이 사라졌다. 인민군은 무조건 끌고 갔고 중공군은 전쟁이 끝나면 적절히 소의 값을 주겠다고 증명서를 주고 끌고 갔다고 한다. 우리 동네에서 잠시 주둔했던 중공군은 아침에 동네 청소도 하고 피난 갈 수 없어서 남아있는 연로한 노인들의 집에 가서 마당도 쓸어주었다고 한다.

과거가 어떠하던 우리도 소를 기르게 되었다는 것이 어머니 마음에 즐거움을 주게 되었다. 우리 송아지의 어미는 암소인데도 황소만큼 덩치가 컸고 다만 머리통만 좀 작았다. 바로 한 집 건너에 큰댁이 있었고 바깥출입을 하려면 우리 집 바깥마당 끝을 지나니까 어미 소와 송아지의 정을 끊는 일이 쉽지 않았다. 밤새도록 송아지는 어미를 불러 주위를 온통 시끄럽게 했다. 송아지가 사는 집 그러니까 외양간은 우리 집 대문 안쪽에 두 칸짜리 창고 중 하나로 바깥마당에 있는 뒷간 옆에 있었다. 이 두 집의 지붕은 붙어있지는 않아도 외양간에서 나오는 소의 오줌이 뒷간으로 흐르는 통로는 되어 있었다.

송아지가 어리니까 아직 코를 뚫지 않고 목에 띠를 두르고 여기에 밧줄을 이어서 외양간 기둥에 매어 놓았다. 밧줄이 기둥에서 풀어지는 경우엔 송아지의 힘이 세서 어머니 혼자는 당할 수가 없어 온 집안 식구가 다 매달려야 했고 따라서 송아지는 늘 기둥에 잘 매어 놓았다. 어미 소도 긴 밤에 몇 번 새끼 부르는 소리를 냈는데 송아지는 잠도 안 자면서 밤새도록 어미를 불러댔다. 다행히 큰댁은 낮에 소를 매어두는 바깥마당이 집 뒤에 있어서 거리가 멀어지고 가옥에 가려 어미 소의 우는 소리가 들리지 않았다. 먹이도 먹지 않고 울어대던 안타까운 시간이 2~3일 흐르니 송아지는 목이 쉬어 처량하게 우는 소리도 잘 안 들리는 때에 어머니가 정성껏 만들어 준 먹이인 여물을 조금씩 먹기 시작하였다.

어머니의 가축에 대한 사랑은 우리가 흉내 낼 수 없을 정도였다. 멍멍이 눈에 눈곱이 끼면 왜 그렇게 되었는지 보살폈고 표정이 시원치 않다는 것을 알아보고 먹이 제공을 강화한다든지 그랬다. 닭을 키운 경험이 없으면서도 닭이 외다리로 서서 졸면 그 닭을 빨리 격리하고 모든 닭에게 풀잎과 겨를 섞은 먹이를 밀이나 수수 등 곡식으로 바꾸어 닭의 힘을 보강했다. 물론 벌이를 위해 그럴 수도 있겠으나 돼지가 더위 먹지 않게 하고 추우면 보온하는 등 돼지우리도 때에 맞추어 손질해서 환경을 좋게 해주려고 노력했다.

송아지를 들여와 기를 때는 송아지의 목과 등을 쓰다듬어 주고 우리에게 보여주는 따뜻한 눈길을 송아지에게도 주어서 사람만 보면 피하고 저항하던 송아지가 어머니에게만은 고분고분했다. 우리 형제자매에게 쏟는 정성만큼은 아닐지 몰라도 닭과 가축들에게 성심껏 대하였다. 그런데 이런 동물들도 어머니의 그 마음을 알기라도 하듯 잘 따라줬다.

송아지가 우리 집에서 살기 시작하고 얼마 지나지 않아 싹이 돋아나는 봄철에 접어들었다. 싹이 자라 송아지의 먹이가 될 만큼 자란 풀 즉 꼴을 매일 베어 바치는 사람이 바로 나였다. 어머니가 그렇게 하라고 하면서 내게 다짐했다. 내가 하던 닭과 돼지 먹이 문제는 두 동생이 해결하게 되었다. 여름 내내 가을까지 비가 와도, 학교에서 청소 검사에 불합격하여 귀가가 늦어도, 심지어는 1주일간 주번이 되어 어두울 때 귀가해도 나는 소가 먹을 꼴을 베어와야 했다. 꼴을 베러 갈 때나 올 때는 다음날은 어디로 꼴을 베러 가야 할지 보아 놓았고 벼에 농약을 주는 철이면 농약을 준 주위를 피하고 밭 근처로 가서 베어왔다. 꼴을 벨 장소를 나보다 더 신경 써서 가르쳐주고 주의 시키는 사람은 어머니였다. 어머니는 참으로 신경 쓰는 곳이 많았지만 그렇게 했다.

주번을 할 때는 돌발 변수가 있을 수 있어서 꼴을 하루에 두 번 베어다 쌓아 놓기도 하였는데 마치 사람이 찬밥 먹는 것을 좋아하지 않듯이 시든 풀을 소가 좋아하지는 않지만 배고프면 먹지 않을 수 없었다.

학교에서 늦게 끝나 이미 날은 어두웠고 배가 고픈데 밥 먹을 시간은 없어서 아침에 등교 전에 갈아 놓은 낫을 소쿠리에 넣고 소 꼴 베러 가는 일은 연중 여러 번 있었다. 소를 굶기지 않으려면 그래야 했다. 어두워진 시간에 꼴을 베다가 놀란 일이 있었는데 이 일은 내가 평생 놀란 일 중 최상위에 든다.

　미리 봐놓은 장소에 가니 다행히 누가 풀을 베어가지 않아 잘 됐구나 싶고 빨리 베어가야 하겠다는 마음으로 낫을 빠르고 세차게 노리는데 무엇이 탁하고 걸리는 느낌이 있었다. 명아주 풀의 빳빳한 대가 걸렸나 하고 베어놓은 풀을 낫으로 거두는데 못자리 끝난 후 걷어낸 새끼줄 같은 것이 따라 올라왔다. 풀을 베어낼 때 흔한 일이니 아무 생각 없이 제거하려고 어둠 속에서 자세히 보니 뱀이었다. 아니 뱀보다 더 무서운 능구렁이었다. 독이 거의 없다고는 하나 다른 뱀을 잡아먹는 구렁이로 이빨이 강하기로 이름났고 사람들은 독사 이상으로 무서워했다. 정말 놀라서 풀이고 뭐고 그만 집으로 가고 싶었다. 그렇지만 여자 몸으로 남자보다 더 용감하게 살아가는 어머니의 아들이, 어머니보다 더 강하게 살아야 한다는 생각으로 다시 접근해서 살펴보았다. 풀을 벨 때 툭 하는 소리와 함께 낫에 걸렸던 것은 명아주 대가 아니라 목을 번쩍 든 능구렁이의 머리 부분으로 싹둑 잘려 나갔고 새끼줄 같은 누런 줄은 목이 잘려 나간 구렁이였다. 일단 이때 베어낸 풀은 버리고 낫을 논물에 씻으려고 접근하니 개구리 등 다른 동물들이 첨벙대서 소름이 돋았다.

　그래도 낫을 벼가 많이 자란 논물에 씻어낸 후 풀을 더 베어 꼴 한 짐을 채워서 지게에 지고 들어왔다. 꼴을 소 옆에 부려놓고 지게를 제 장소에 놓고 나니 나갈 때부터 배고프던 상태였는데 몹시 허기가 졌고 긴장이 풀려 주저앉고 싶었다.

　일하러 나간 사람이 늦게 들어오면 어머니는 걱정하고 있었고 늘 하던 말씀이 들려왔다.

"늦었구나. 힘들었지. 밥 차려 있으니 배고플 텐데 얼른 씻고 들어와."

이 말을 들으니 오늘따라 배고프고 지친 몸에 힘이 생기는 것을 더 느꼈다.

겨울에 소가 먹을 풀은 여름 방학 때 싸준 도시락을 지게에 매달고 뒷동산을 지나 백병산까지 가서 소가 좋아하는 풀을 베어 그곳에 잘 마르도록 펼쳐 놓기를 며칠 동안 해야 한다. 땀 흘려 일하고 산속 샘물을 떠서 읍내가 훤히 내려다보이는 나무 그늘에 가서 도시락 뚜껑을 열었을 때 나는 김치 냄새만큼 침샘을 자극하는 경우는 흔치 않다. 하루 종일 풀을 베다가 저녁나절이 되면 소가 먹을 풀을 한 짐 지고 내려와 먹는 저녁 밥맛도 물론 꿀맛이었다. 여러 날 산에 베어놓은 풀은 충분히 마르면 여러 번에 걸쳐서 집에 쌓아 놓고 겨울에 이 중 일부를 꺼내 작두로 썰어서 볏짚 썰어 놓은 것을 적당히 섞어서 쇠죽을 쑤어 소에게 먹이로 주었다.

이때 겨울에 땔나무도 베어 놓았다가 잘 마른 후 지게로 져다가 집 안에 나뭇가리를 해 놓았다가 겨울에 사용하는데, 음력 7월이어서 이때 해놓은 땔 나무를 칠월비라 했다. 이 칠월비는 볏짚이나 고추 다래 등 다른 땔감보다 화력이 월등히 좋았고 화로에 담으면 불이 오래가서 겨울 난방에 좋았다. 높은 산에 가서 풀을 하루 종일 베어서 널어놓는 시기는 밭매는 일이 있기는 하나 크게 바쁜 시기는 아니었다. 겨울철 소 먹일 풀과 땔나무용 풀과 나무를 하려면 먼저 자리를 맡아 두어야 한다. 방법은 산에 가서 먼저 자기가 맡을 지역에 횡으로 풀을 베어

놓으면 그 위쪽은 그 사람의 권리가 당해 년에는 인정된다. 어느 때인가 어머니가 권리 지역의 확보는 질 좋은 재료 확보는 물론 일하기도 쉬운데 네가 해마다 좋은 지역을 잘 고른다고 이웃의 아저씨가 칭찬하더라면서 기분 좋아했다. 하루 종일 산에 풀을 베어놓고 한 짐 지고 온 날은 겨울철 산에 가서 땔나무 해서 지고 온 날과 더불어 어머니가 할 수 없는 일을 했다고 특히 기특해하고 밥과 반찬도 신경을 써 주었다. 하루 내내 낫질을 했으니 밥을 어떻게 차려주던 밥맛은 최고였다.

농번기에는 시골 중고등학교는 농사를 도우라고 며칠씩 휴교했다. 물론 그만큼 방학 일수가 줄어들었다. 별도로 농사가 한창이어서 결석하고 다음 날 결석계를 학부모 연서로 제출하면 출석으로 해주었다. 중학교 2학년 때 봄 가뭄이 심해서 못자리 만들기 위해 물을 하루 종일 푸느라 결석하여 일하는데 중고등하교 학생이 점심시간도 전에 귀가하여 어찌 된 일이냐고 물었다. 이유는 모르겠고 다시 등교하라고 할 때까지 집에 있으라고 했다는 것이었다. 라디오도 신문도 없는 시골에서 영문도 모르고 바쁜 농사철에 어른들도 잘되었다며 매일 농사에 도움이 된다고 하였다. 이 사건은 며칠 후에 알았는데 4.19의거 후일에 혁명으로 부르는 국가적 거사가 있었던 때였다.

송아지는 잘 자라서 여름에는 목에 두른 띠를 풀고 코를 뚫어 어른 소처럼 코뚜레를 장착하고 여기에 줄을 매달아 소의 진행 방향과 속도를 조종할 수 있게 되었다. 기억은 잘 안 나지만 중소가 된 우리 소를 끌고 어른 한 분을 따라가서 나는 앞에서 코뚜레를 붙잡아 끌고 어른은 쟁기를 소에 매서 밭갈이 훈련을 시켰다.

모든 훈련은 어렵고 지루하고 미칠 지경에 이를 정도로 힘든 것이다. 나는 초등학교 5, 6학년 때 학교 축구선수로 뽑혀서 훈련받을 때 알게 되었고 이로부터 약 10년 후 군대에 입대하여 훈련받을 때도 그렇게 생각했다.

소라고 생물인데 다를 리가 없었다. 어린 소가 얼마나 힘들면 걸쭉한 침을 계속 흘렸다. 눈동자를 희게 뜨며 저항도 했다. 그럴 때마다 소를 모는 어른은 달래기보다는 소를 매우 세차게 때렸다. 사람도 견디기 어려운 매를 소가 견뎌내는 모습을 보는 나는 어린 마음에 소가 불쌍했다. 며칠 훈련받으니 소머리와 등 사이 목에 불뚝 멍울이 생겼다. 이 멍울은 훈련 시간이 늘어날수록 더 커졌다. 이제는 소도 채찍질 당하는 것이 더 싫었는지 하라는 대로 하려고 노력하는 것이 보였다. 이렇게 해서 소를 순치시키고, 소가 일을 배워 소중한 일꾼이자 식구처럼 된다고 생각하니 사람 역시 배우고 익히고 하는 과정이 힘들지만 그래야만 다른 사람들과 어울려 가며 살아갈 수 있다고 이때 깨닫게 되었다. 이 소가 다 자란 다음에는 어미 소처럼 덩치도 크고 잘 생겼는데 무엇보다도 성질을 내지 않고 순했다. 만으로 세 살 때부터 해마다 송아지를 낳아 어머니를 흡족하게 했다.

소가 덩치 크고 유순할 뿐만 아니라 암소로는 웬만한 황소처럼 힘도 좋았고 일도 잘해서 소 없는 사람들은 이왕이면 우리 소를 데려다 쓰려고 했다. 소가 하루 종일 일해주면 남자 어른이 2일 동안 우리 집 농사를 지어주었다. 원래는 우리 집에 해지기 전에 소를 데려와야 하는데 다소 늦더라도 어머니는 아무 소리도 안 했다. 어떤 사람은 1시간 정도나 늦게 소를 데리고 와서 미안하다고는 했으나 그 사람은 다음에도 그러했는데 어머니는 지난 몇 년간 소 없이 농사지을 때를 생각해서인지 관대했다. 그러나 읍내에 쌀을 길마에 얹어 나갈 때는 절대로 세 가마를 싣지 못하게 했다. 황소는 쌀 세 가마를 싣고 읍내에 가지만 힘이 약한 황소나 암소는 두 가마 지는 것이 관례였다. 우리 소는 암소지만 황소처럼 덩치가 크고 힘이 좋아 세 가마 싣자고 주장하는 사람들도 있었다.

 돌아가신 아버지가 사 온 소의 새끼라는 점도 있는 데다 미련하다 할 정도로 꾀부리지 않고 우직하게 일을 잘해 어머니의 소에 대한 애정이 각별했다. 당시 값어치로 봐도 소는 그 집의 재산 목록 1호라고 불렀다. 나는 소먹이 꼴을 베어냈고 먹이를 먹도록 가져다주며 겨울에는 쇠죽을 쑤어 여물통에 넣어주는 역할을 했다. 겨울에는 눈 오는 날이 아니면 소를 우리에서 끌어다 바깥마당 끝에 박아 놓은 말뚝에 매어 놓았다. 물론 말뚝 주위에는 짚을 깔아 땅의 냉기를 막아주고 앉으면 폭신하게 해 놓았다. 밤에 춥지 말라고 등에 씌웠던 덕석을 벗기고 쇠 빗으로 등을 긁어주면 소가 아주 좋아했다. 그래서인지 어머니와 소 옆에서 이야기하고 있으면 소가 내 옷을 입으로 물고 슬쩍 잡아당기기도 했다. 놀라서 바라보면 소가 그 큰 눈을 껌벅이며 나를 바라보았다. 목을 쓰다듬어 좋아한다는 표시를 하는데 어머니도 소 등을 두드려주면서 내가 먹이도 주고 등도 시원하게 빗겨주니까 너를 알아보고 좋아하는가 보다며 웃었다. 우리 집에서 기르는 동물 중 주인을 잘 알아보는 순서를 말하라면 나는 첫째가 개, 그다음은 소, 그다음 돼지,

그다음이 닭이다. 내 느낌이 그렇다는 것이지 동물의 주인에 대한 속마음의 친밀도는 알 수가 없다. 분명한 것은 이 동물들이 자기에게 잘해주는 주인에게 애정이랄까 따르려는 본능이 있다고 생각한다.

돼지는 그동안 암퇘지가 해마다 새끼를 낳았고 암퇘지 한 마리를 더 길렀는데 두 마리 중 한 마리는 추석이나 음력설 또는 구정으로 부르는, 요즘 말로 하자면 설 명절 때 팔려나갔다. 팔려나가는 돼지는 새끼 돼지를 시장에 내다 팔기 적당한 때에 낳을 수 없는 돼지였다. 여전히 돼지우리 청소는 나의 몫이었고 외양간 청소는 주로 내가 많이 했다. 특히 겨울방학이면 논에 있는 물이 어니까 이때 언 논에는 퇴비장에서 퇴비나 외양간에서 나오는 볏짚을 지게에 소쿠리를 얹어 이 위에 가득 담아 논으로 운반했다.

나는 중학교 2학년 때 동네 어른들과 키가 비슷해지기 시작했고 매일 집에서 하는 평행봉, 역기 등으로 다져진 체력으로 힘은 장정들과도 맞설 자신이 있었다. 중학교 3학년 때는 동네 사람들과 팔씨름해서 모두 이겼는데 우리 정미소를 운영하는 기사한테만 졌다. 고등학교 1학년 가을에 정미소에서 지게로 짐 많이 지기 내기를 했는데 쌀 17 말을 지게에 지고 일어나 걸어서 내가 1등을 했다. 어머니는 쉴 틈도 없이 일했고 심지어는 밤에 남포등에 불을 켜놓고 일했는데 그러고서는 농사철이 끝나고 겨울이면 한 달 이상을 몸이 아파서 몹시 힘들어했다. 동네엔 많은 어른이 그렇게 겨울이면 한 차례 아파서 앓았다. 그런데 어머니는 아픈 정도가 심했고 아픈 기간도 길었다. 사람들도 어머니는 일을 너무해서 생긴 일독이니까 다시 봄이 되어 농사철이 되면 낫는다고 걱정하지 말라고 했다.

    시골에서 11월이면 무서리가 거의 매일 내리는 추운 날씨임에도 밤에 불을 켜놓고 이엉을 엮었고 심지어는 지붕을 잇고 마지막으로 마감하기 위하여 두르는 용마름을 엮었다. 어머니 말씀이 당신께서 직접 농사짓기 전에는 이엉 엮을 손아귀 힘도 없었는데 지금은 이엉 엮기는 쉽다고 했다. 용마름을 어머니가 엮었다고 하면 동네 아주머니들은 믿지 않을 정도였다. 여자의 손아귀 힘으로는 어림없다는 것을 알기 때문이다. 장정들도 힘들어 쉬어가며 엮는 용마름을 아주머니들은 엮을 생각조차 하지 않았다.

    나는 어머니께 잠을 줄여가며 쉬지 않고 일하니 겨울마다 한차례 몸살과 근육통을 겪지 않느냐 하며 꼭 휴식하고 좋아하는 경기민요도 가끔 들어가며 일하시라고 했다. 이 당시 우리 동네에서 라디오가 있는 집은 제일 부자인 집에 한 대가 있었는데 밤이 되면 바로 문을 걸어 잠그고 동네 사람과 소통을 안 해서 사실상 없는 셈이었다. 1961년 가을 돈을 낸 집만 유선 스피커를 달아줬는데 우리 집도 달았다. 물론 채널 선택권은 없었는데 일주일에 두 번 민요와 만담 등 어르신들이 좋아하는 프로를 내보내 주었다. 어머니는 겨울 농한기에 몸이 아플 때 이 프로를 특히 좋아했다. 민요 중에는 경기민요를 주로 보내주니 그걸 들을 수밖에 없는데 친정도 오래 경기도에 살았고 시댁도 고려시대부터 현재까지 경기도에만 살았으니 자연히 많이 듣던 민요였다. 특히 좋아하는 곡은 '회심곡'과 '배뱅이굿'이었다. 만담은 당시에 아주 유명했던 '장소팔, 고춘자의 만담이었다. 이 세 가지는 듣고 또 듣고 해도 좋다고 했다.

민요와 만담 프로는 유선 스피커 운영본부에서 틀어주는 축음기 소리인데 어르신들에게 인기가 있었다. 민요와 만담은 한여름 밤에도 보내주었는데 일이 있으면 어머니가 듣지 않으니까 내가 일 좀 쉬고 방송을 들어가며 하시라고 했다. 그러면 어머니는 남이 쉴 때 쉬고 잠잘 때 자면 언제 일해서 다른 사람들보다 나은 생활을 할 수 있느냐고 말하곤 했다. 당시 많은 사람이 힘이 다할 때까지 힘껏 일했다. 그렇지 않은 사람들도 있었는데 동네마다 사정이 다르겠지만 우리 동네는 거의 모든 사람이 열심히 일해서 자녀들 교육에 힘썼다. 요즘같이 아이디어가 좋으면 대박 날 수 있는 것은 도시에서도 힘들었고 시골에서는 농법을 달리한다는 생각은 하지도 못할 시기였다. 하고 싶은 일만 한다든지 워라벨이라는 개념은 아예 없었다. 다행히 어머니는 일도 열심히 했지만, 창의력이 있어서 빚도 빨리 갚았고 빚 청산이 끝난 후에는 여유 있는 생활을 했다.

## 빚 청산과 그 후의 활동

　1960년대 중반 아버지 돌아가시고 빚 진지 10년여 만에 남에게 진 빚을 모두 청산하고 드디어 빚을 놓을 수 있는 상황이 되었다. 이때 어머니는 철칙이 있었는데 현금 거래는 하지 않았다. 빚을 받아내기 힘들게 되는 점도 있겠지만, 높은 이자를 받는 것이 빚을 지고 갚아가는 과정에서 가혹하다는 생각 때문이라고 나는 생각했다. 그래서인지 어머니는 장리쌀을 취급했다. 사정상 가을에 가져가서 다음 해 가을에 갚으면 가져간 쌀의 양에 배를 가져와야 했는데 이런 경우는 별로 없었다. 주로 봄날 춘궁기에 가져가서 가을에 갚았는데 가져간 쌀의 50%를 보태서 가져오면 되었다. 그런데 어머니는 혼사나 우환 등 딱한 사정이 확실하면 가을에 가져가도 이자로 50%만 받았다. 돈을 빌려줄 때 이율은 마음대로 올리거나 낮추면 상도의상 안 되지만 장리쌀만은 허용되었다. 그 후 5.16 정부가 들어서서 기업가들을 위해, 돈을 많이 가지고 있는 사람들의 고리채 정리를 위해 그리고 서민들의 빚을 줄여주기 위해 특단의 조치가 있은 뒤로는 시골에서도 이자의 이율은 낮아졌다. 그러나 장리쌀만은 그대로 유지되었다.

1960년대 후반부터 시작된 새마을 운동이 전개될 때 절약 운동의 하나로 시작한 절미운동, 절제 운동으로 관혼상제 규모의 축소, 농경지의 효율적인 활용 등은 이미 어머니가 1953년 아버지 사망 후 실시해 온 일들이었다. 울타리를 없애고 지붕 개량하면서 산림녹화를 위해 식목을 대대적으로 한 것은 농촌으로서는 거의 혁명적 변화였다. 어머니는 울타리를 없애고 담을 설치하는 일을 먼저 수용했고 보조금을 주고 지붕 개량하는 사업도 빠르게 수용했다. 짚으로 지붕을 덮었을 때보다 외풍이 세었으나 그 많은 짚을 땔감이나 퇴비로 사용할 수 있는 큰 장점이 있기 때문이었다. 지붕 개량은 여러 가지 이유로 반대하는 사람도 많았다. 슬레이트 지붕이 보기에도 좋지는 않았으나 당시로서는 산림녹화를 위해 필요했고 이엉을 엮거나 지붕 손질이 필요 없는 등 농민들의 일손도 많이 덜어주었다.

울타리를 2년에 한 번 보강해야 했는데 이는 이른 봄에 노동력이 많이 소요되는 큰일이었고 특히 양심 있는 사람은 울섶으로 쓰기 위하여 모양이 좋지 않고 베어내기 힘들어도 큰 나무의 가지를 이용했지만 많은 사람이 베어내기 쉬운 어린나무의 밑동을 잘라 산림을 훼손시키는 일 이 되었다. 지붕과 울타리 개량만으로도 농촌의 일은 많이 줄었고 땔나무와 퇴비 해결 그리고 삼림 녹화에도 크게 보탬이 되었다.

어머니가 빚을 갚기 위해 남보다 일찍 시작한 일들이 돌아가신 아버지의 사업가 적인 생활로부터 영향을 받았는지 모른다. 어떻든 놀랄만한 창의력과 노력으로 빚을 벗어던진 것은 대단한 일이었다. 당시 대부분의 농민은 조상 대대로 살던 관습대로 지내서 늘 그렇고 그런 지체된 삶을 살았다고 볼 수 있다. 물론 그런 생활이 인간적이고 정을 앞세우는 좋은 점도 있기는 했다. 빚을 모두 청산한 다음에도 어머니의 경제적인 삶이 4형제를 모두 대학을 마치게 한 원동력이 되었다. 물론 아버지가 물려준 유산인 정미소와 약간의 전답이 있다는 것이 큰 도움이 되었다.

아버지가 사람을 두고 운영했던 정미소를 6.25 전쟁 이후에도 운영하게 된 것이 결국 아버지의 사망 원인이 된 것은 역설적이기도 했다. 전쟁 중에 타버렸거나 크게 훼손되었다면 그래서 아버지가 정미소 일을 하지 않았다면 사고는 없었을 것이다. 하지만 일단 사고가 났고, 그 후 우리가 정미소를 계속 운영하게 된 것은 불행 중 다행이었다.

아버지가 돌아가신 후 몇 년간은 사촌 형님이 정미소 기사로 일하다가 기사 한 분을 모셔 왔는데 기사가 아예 우리 동네로 이사를 와서 어머니와 나는 참으로 다행이었다. 어머니는 정미소를 안정적으로 운영하게 되어 마음 놓이게 되었고 나는 초등학교 1학년 겨울부터 정미소 일거리가 생기면 아버지 대신 정미소 일을 하는 사촌 형님 모시러 10리가 넘는 길을 다녀와야 하는 일이 끝난 것이다. 왕복 20여 리 길이 멀어서가 아니라 험한 고갯길이 있는 인적 없는 길을 걸어야 하는데 고개 정상에는 낮에도 호랑이가 나온다는 험지를 지나야 하는 일이 여간 어려운 것이 아니었다. 지금 생각해도 혼자 웃음이 나는 것은 그 바위고개, 실제 이름은 바위가 마치 문지방 넘어가듯 하여 문지방고개라 했는데 여기 지나가기가 무서워 멀리서 힘을 모으고 호랑이가 있나 없나 를 살펴본 다음 앞만 보고 힘차게 달려서 넘었다는 점이다. 마치 수리가 동네 상공을 날면 닭들이 외마디 소리 지르며 어느 곳이나 머리만 콕 박고 가만히 있어서 나 잡아 잡수세요 하는 장면과 겹쳐 보이는 것이다. 만일 호랑이나 늑대가 있었다면 상대도 안 되고 쉽게 잡아먹혔을 것이다. 어떤 때는 학교에 다녀와 점심때가 훨씬 지났는데 사촌 형님 집에 다녀오라고 하면 정말 눈앞이 캄캄했다. 어찌 생각하면 죽을 각오로 그 일을 수행했던 내가 한편으로는 자랑스럽다. 세는 나이로 겨우 8살, 아홉 살 때였으니 더 그렇다. 이때부터 벌써 나는 어머니 말씀이라면 목숨 걸고 해내야 하는 것으로 알고 있었던 모양이다.

 4.19와 5.16을 지나면서 욕구 분출과 이의 해결 방법이 과거와 같은 인정과 의리로 해결하는 시대가 지났음을 생각하게 한다. 아마 이것은 더 거슬러 올라가면 6.25, 해방정국 아니 일제강점기로 거슬러 올라갈 수도 있다. 자신의 이익만 생각하기 때문에 인간관계가 어렵게 되는 것인데 어쩌면 인류 역사가 시작하면서 있었던 것이기는 하다. 다만 권력

층에서 일어나던 일이 일반 백성 사이에서 일어났고 현대로 오면서 점점 더 심해진 것이라 보는 견해가 더 타당하겠다.

해방 후에 처음 세워진 뒤로 지금까지 아무 소리 없던 우리 정미소 옆집에서 소음과 매연 때문에 문제를 제기했다. 그래서 필요한 조치를 했으나 계속 환경 문제를 제기했다. 주모자는 따로 있었으나 앞장선 사람은 당시 30세로 형님과 동갑인 옆집 사람이었다. 대학을 나오고 직장 구하기 어려운 시절에 좋은 직장에서 생활하는 형님이 친구의 의리로 문제 제기한 친구에게 말했으나 소용이 없었다. 해방 후 아버지가 정미소를 세울 때는 우리가 사는 면에 서너 개의 정미소가 있어서 우리 정미소에는 인근 수백 호에 사는 사람이 지게에 지고 오거나 마차에 싣고 오기도 해서 제철에는 계속 기계를 돌리는 실정으로 이익이 컸다. 1960년대 중반이 되니 거의 동네마다 정미소가 생겨나고 우리 정미소도 동업 관계인 사람이 있어서 별로 수익도 나지 않는 상태였다. 수익이 별로임에도 결국 우리 정미소에서 100여m 떨어진 곳에 정미소가 하나 더 세워졌다. 물론 세월이 바뀌고 발전해서 지금 시골은 농가마다 사일로 형태의 벼 보관 시설이 있고 이 보관 시설이 도정 시설과 바로 연결되어 필요한 양만큼 언제나 도정을 해서 아예 묵은쌀은 먹지도 않게 현대화 되어 있다.

그러나 52호밖에 안 되는 동네에 정미소가 하나 더 생겼으니 우리 정미소는 사실상 명을 다 한 셈이었다. 그래서 매물로 내놓으니 싼값에 팔렸다. 겨우 황소 서너 마리나 상답 1마지기 값밖에 안 되었다. 물론 보통 농가에서 이런 돈을 준비하기는 엄두가 나지 않겠으나 몇 명이 합자하면 큰 부담이 안 되었다. 이 과정에서 당사자인 어머니의 심적인 고통은 컸다. 더구나 남편이 세운 곳이고 그곳에서 사고를 당해 결국 운명한 곳인데 얼마나 심적 고통이 컸는지는 짐작이 갔다. 그러나 그때 팔자는 어머니의 결단은 높이 평가되어야 한다. 내가 고등학교 3학년이었을 때 이루어진 일인데 그 후 동네에 새로 생긴 정미소는 없어졌고 원래 있던 정미소는 용도가 있어서 운영 중이다가 최근에 폐쇄됐다. 아버지가 돌아가시고 11년 반 동안 우리 집의 주요 수입원 중 하나였던 정미소가 사라진 것이다.

정미소 일 때문인지는 분명하지 않으나 형님은 이 시기에 신경성 장염으로 입원했다. 바쁜 농사철임에도 병문안 차 상경한 어머니를 내가 모시고 병원에 갔을 때의 어머니 모습을 보는 나의 가슴은 메어졌다. 밤낮없이 콩 튀듯 팥 튀듯 일하시는 어머니가 밤새워 형님 보양용 개소주를 해서 가지고 오셨는데 나들이옷으로 갈아입지도 않고 농사 때 입던 옷과 시골집에서 신던 고무신 바람에 오신 모습이 너무 눈물겨웠다. 하루 이틀 있으면 퇴원할 것이고 해서 어머니는 바로 시골로 내려가셨다. 아직도 사글세 신세인 아들을 보고 어머니는 다시 돈을 더 벌어야 한다고 전의를 다지셨을 것이다.

내가 고등학교 3학년이던 늦가을에 정미소 판 대금과 고개 넘어 다른 동네에 있는 논 두 마지기를 합해서 우리 동네서 제일 좋다는 논 세 마지기인 606평을 구입했다. 이때 이 논의 평당 가격은 강변 밭 평당 가격의 20배나 되었다. 그러니까 논의 값은 강변 밭 1만 평 이상의 가치가 있었다. 어머니는 이 논을 아래 웃 집에 살고 있는 숙부에게 부탁하여 내 이름으로 등기했다. 그런 후 서울에 올라와 형님과 내 앞에서 어떻든 농경지를 동생들한테도 주어야 하니 내게는 그것으로 상속을 끝내려 한다고 말했다. 이 정도의 일이면 사전에 형님과 의논해야 했는데 사후에 말한 것은 폭탄선언이나 마찬가지였다. 살아서 내게 소유권이 이전된 것이니 증여가 되었다. 이때 형님은 아무 소리도 하지 않았다. 군더더기 이야기 하나 보태자면 그때 논의 평당 가격이 강변 밭의 평당 가격의 20배였는데 현재는 강변 땅값이 3~4배 정도 더 비싸다. 우리 동네가 아파트 단지 등으로 개발되어 경작지보다 대지 특히 한강 조망이 되는 대지의 가격이 훨씬 더 오른 것이다. 60년 전에 내가 살던 동네가 현재처럼 아파트와 일부 상가로 바뀔지는 아마 신도 몰랐을 것이다.

어머니는 다시 돈 버는 일에 열중하였고 우선 이듬해에 형님은 번듯한 한옥에 방 2개짜리 전세로 이사해서 나도 그중 하나를 독방으로 쓰게 되어 행복했다. 작지만 내 방이 생긴 것이다.

이후 어머니는 더 가일층 노력하여 돼지와 소를 계속 키웠고 농사에서 나온 수익은 빚 갚을 일이 없으니 내 큰동생 대학 학비를 대고도 남아서 장리쌀을 늘려나갔다.

형님은 집안이 빚을 지고 있으니 대학 다닐 때 겨울방학이면 큰 그릇에 크림(얼굴에 바르는 크림으로 당시는 구리므라 부름)을 담고, 이 크림을 덜어서 팔 작은 그릇을 가지고 시골로 다니며 장사를 하는 등 내핍을 넘어 적은 돈이라도 벌려고 애썼고 또한 겨울방학의 동안 대부분은 그물을 사서 참새를 잡아 서울에 가서 팔았다. 나의 바로 아래 동생은 태권도 4단으로 대학 다닐 때 태권도 도장에 사범으로 나가 용돈을 벌었다. 나는 입주 가정교사, 그룹 가정교사를 하여 용돈 이상의 돈을 버는 등 모두 절약은 당연하고 한 푼이라도 벌어서 가계에 도움이 되도록 노력했다. 어머니의 희생을 그대로 보고만 있을 수 없다는 긴박감이 모두에게 있었다. 다행인 것은 나와 막내동생의 대학 학비는 거의 들지 않았다. 나는 수업료 없이 4년간 다녔고 막내동생은 수당을 받아 가며 대학 과정을 마쳤다.

1972년 그동안의 장리쌀로 늘린 자산과 저축했던 돈을 모두 정리해서 형님이 1960년 말에 구입한, 마루도 없는 방 2개짜리 작은 집을 처분하여 당시로는 서민의 집으로는 규모 있는 방 4개짜리 양옥을 사서 이사했다. 작은누나도 본인이 살던 전세방과 어머니가 불려준 장리쌀을 다 처분하여 방 3개짜리 집을 샀다. 이로써 어머니 입장에서 보면 아들 넷을 모두 대학 졸업시키는 일을 마쳤고 2차로 형님과 작은누나의 집을 서울에 마련하는 데 성공했다. 집을 사는 일은 당사자가 더 고생했겠지만, 어머니의 도움이 물심양면으로 컸다. 큰 누님은 지방에 이미 아담한 집을 마련하여 잘 지내고 있었다.

그다음부터의 어머니 경제 활동은 6남매들이 이구동성으로 건의하여 논 4마지기와 밭 2천 평은 직영하고 나머지는 모두 큰 사위에게 맡겨서 평범한 농사꾼으로 지내게 되었다. 그러나 여전히 밭에는 어떤 농작물을 심어서 경제성 있는 영농을 할 것인가를 꾸준히 생각했다. 여기에 농사짓는 큰누나를 제외한 다섯 남매에게 나눠줄 농작물도 염두에 두었다. 참깨와 들깨는 영농과 자식들에게 줄 품목과 중복되지만,

검은콩, 서리태, 도라지, 더덕은 자식용 농사였다. 물론 농사꾼은 누구나 어떤 작물을 어디에 심어서 가꿀 것인가를 생각하지만 어머니는 더 많이 생각하며 농사를 지었다.

1953년 아버지가 갑자기 돌아가시고 약 40년간 애초에 배운 지식도 없고 농사에 대해서도 전혀 모르면서 불굴의 정신과 노력 그리고 자식들을 위한 모성애와 열정으로 온몸을 내던져서 자신의 목표를 달성했다. 그렇기는 해도 고생은 평생 끌고 다녔는데 그 시대를 살아온 사람들이 정도의 차이는 있겠으나 대부분 그러했다. 부잣집 입장으로 보면 대수롭지 않을 수 있지만 어머니 혼자 몸으로 6남매를 키워낸 것만으로도 대단한 역사였다. 경제적으로 빚을 청산하고 자식들에게 보탬이 되게 한 것은 누가 뭐래도 대단한 일을 해낸 것이다.

각자 자신이 자신의 책임을 다하고 가정 구성원이 똘똘 뭉쳐서 한 집안이 건실하면 사회나 나라가 무슨 걱정이 있겠느냐! 더구나 여기에 이웃은 물론 어려운 이를 도와가며 함께 살아가면 그게 좋은 세상이 아니겠냐는 어머니의 정신은 소박하지만, 인류에게 가장 근본이 되는 철학이라고 나는 생각한다.

특히 창의력과 불굴의 정신은 현금으로 계산할 수 없는 큰 유산으로 6남매와 그 배우자, 24명의 손주와 배우자들 그리고 20여 명의 증손이 살아가는데 큰 사표의 역할이 계속될 것이다. 이미 직계 6남매는 중산층으로 발돋움했고 손주들도 그런대로 지낼만한데 중요한 것은 모두 성실하고 일에 충실해서 올바른 인성을 가지고 모범적으로 지내는 것이, 모두 어머니의 정신적 올바름, 창의력 그리고 강인함이 그 원천이었음을 누구도 부인할 수 없을 것이다.

한마디 더 보탠다면 어머니의 긍정적인 마음이 자녀들에게 끼친 영향도 컸으리라 생각된다. 어머니는 자식들이 마음에 들지 않게 행동하거나 잘못했을 때 야단을 치거나 소리치지 않았고 알아듣게 이야기했다. 더구나 욕이나 쌍스러운 말은 남에게도 하지 못했고 자식들에게도 평생 하지 않았다. 내가 어릴 당시에는 부모님 특히 어머니가 자식에게 욕하는 일은 다반사였다. 심지어는 저녁 식사 때가 되어 밥 먹으러 오라고 했는데 빨리 오지 않을 때도 일부는 욕을 퍼부었다. 가장 많이 들을 수 있는 욕이 '빌어먹을 놈', '오라질 놈', '육실할 놈' 등이었는데 지금 생각하면 왜 그런 끔찍한 욕을 했는지 이해가 되지 않는다. 자식한테 빌어먹을 놈이라니, 오라질 놈이나 육실할 놈은 뜻도 모르고 오래전부터 내려오는 욕이려니 하고 내놓은 말일 것이다. 오라질 놈의 뜻은 나쁜 짓을 해서 포도청捕盜廳에 끌려갈 놈이고 육실할 놈은 '육시戮屍를 할'의 준말로 심하게 꾸짖거나 저주할 때 욕으로 쓰는 말이니 자기 자식이 그렇게 되면 통곡할 일이었다. 어머니는 '말이 씨가 되니' 말은 조심해서 해야 한다고 하였다. 잘한다고 하면 더 잘하게 되는데 흉을 보면 계속 흉잡힐 일만 한다는 것이다. 최근에 실험으로 증명되었는데 양파, 꺾꽂이 나무를 물에 담가 놓고 긍정적인 말을 한 경우는 그렇지 않은 때보다 더 잘 자랐다. 심지어는 공장의 기계도 긍정적으로 대하면 고장률이 줄었다. 식물과 무생물도 그럴진대 만물의 영장인 사람이야 당연할 것이다.

⟨4⟩

용서

'안나 카레니나'는 '전쟁과 평화'와 함께 문호 톨스토이의 대표적 장편 소설로 영화, 뮤지컬, 연극으로도 공연된 최고의 소설 중 하나로 꼽힌다. 미모의 안나는 오빠 부부의 다툼을 중재하기 위하여 모스크바에 갔다가 젊은 귀족인 장교 브론스키 백작과 사랑에 빠진다. 정부 고관으로 있는 남편과 사이에 아들이 있는 안나는 브론스키의 아이를 출산한 후에 사경을 헤맨다. 이를 본 남편은 안나를 용서한다. 그러나 브론스키의 사랑을 의심하게 된 안나는 달리는 열차에 몸을 던져 생을 마감한다. 안나를 용서한 남편이 대단하지 않다는 것이 아니라 불륜을 저지른 안나를 원죄가 있는 인간이 심판할 수는 없음을 톨스토이는 말해주고 있는 것이 아닌가 한다. 다만 브론스키를 연모했으나 안나와의 관계를 알고 스스로 본분을 지킨 안나의 오빠 부인 여동생이 농촌에서 정직하게 살면서 신앙생활을 하며 행복하게 사는 모습을 보여준다. 이로서 톨스토이는 결국 사람이 살아가야 할 길을 말해주는 것으로 소설의 포인트를 두었다고 할 수 있다. 나는 이 소설이 주는 인간 심리의 묘사와 고뇌에 대한 표현에 빠져들었기는 했으나 결국 그렇게 이해하고 있다.

주기도문과 천주경에서 표현한 정도의 차이는 있지만 '저희에게 잘못한 이를 저희가 용서하오니 저희 죄를 용서하시고'라는 구절이 있다. 이 말에는 인간이 인간을 용서할 수는 있어도 이를 포함한 모든 잘못을 하나님께서 용서해 주십사하는 염원이 들어있다. 우리는 흔히 '과오는 인간의 상사요 용서는 신의 의무다'라고 젊은 호기로 한잔하면 외쳐대던 때가 있었다. 프란치스코 교황은 '신은 누구나 언제든지 용서하고 인간은 때때로 용서한다. 그러나 자연은 결코 용서하지 않고 그 나름의 법칙이 있다.'고 하였다.

때때로 용서하는 인간이 원수 같은 인간을 용서하여 만인의 본보기로 삼은 이야기는 꽤 있다. 그 중에 나에게 익숙한 이야기는 관포지교에 나오는 제나라 환공과 관중의 관계이다. 제나라의 두 공자인 '규'와 '소백'이 서로 죽이려는 난이 일어난 때에 '규'를 섬기는 관중은 '소백'을 죽이려고 활시위를 당겼다. 화살은 정확히 날아가 '소백'의 몸체 정중앙을 가격하였으나 '소백'의 배꼽 부위에 있는 철제 장식이 있어 이를 맞히는 바람에 실패한다. '소백'은 살아서 승리하고 제나라를 차지하여 환공이 되고 관중은 옥에 갇히게 되었다. 이때 포숙아가 친구인 관중을 환공에게 천거하여 관중은 재상이 되었다. 자신을 죽이려 화살을 날린 적장을 용서하여 자신의 최고 참모로 임명한다는 것은 쉬운 일이 아니다. 오죽하면 2,500여 년 전 이야기가 지금도 회자될 정도이겠는가.

가까운 과거인 2013년 12월 별세한 남아프리카연방공화국의 만델라 대통령은 용서와 화해로 '남아공의 성자'가 되었다. 백인 정권의 흑백 차별 정책에 맞서다가 종신형을 받고 27년 동안 옥고를 치르고 후에 흑인 최초의 대통령이 되어 압제자의 한 사람이었던 사람을 부통령으로 하여 흑백 공존의 길을 택하였다. 이로서 만델라는 세계사적 인물이 되었다.

'용서'는 쉽게 정의할 수 있는 단어가 아니다. 진정한 용서는 신만이 할 수 있다는 생각부터 하루에도 한 번 이상 자신이 자신을 용서하며 살아가는 필부들의 용서까지 그 폭과 넓이와 깊이가 끝이 없기 때문이다.

비록 거대 담론이라도 할 듯이 '용서'라는 이야기를 시작했지만, 그와는 거리가 멀고 그저 내게 '용서'란 특별한 의미가 있음을 이야기하려고 한다. 아담과 이브가 에덴동산에서 쫓겨나게 된 원죄와는 전혀 다르고 그만큼은 아니지만, 아니 그렇게 담대하고 씻지 못할 낙인이 박혀 영원히 속죄할 일은 아닐 수 있지만 내게는 참으로 오랫동안 어쩌면 지금도 마음에 남아 나를 좋은 길로 인도하는 사건이 있었다.

6.25 전쟁이 끝난 지 5년이 지났지만 굶기를 밥 먹듯 하던 때였는데 장티푸스라는 무서운 전염병이 휩쓸고 지나가 많은 사람이 죽어 나갔다. 여름에는 동네 안에서는 물론 동구 밖으로 나갈 때도 대부분의 어린이는 맨발로 다녔고 겨울에도 눈이 오기 전에는 맨발로 다니는 경우가 많았다. 어른들은 주로 짚신을 신고 다녔고 젊은이들은 검정 고무신을 신고 다니던 시절이었다. 우리 집과 울타리를 공유하는 이웃집의 취학 전 아이는 맨발로 다녔는데 첫눈이 왔을 때도 맨발로 눈 위를 신

나게 뛰어놀아 발시럽지 않으냐고 물으면 괜찮다며 마당에서 껑충껑충 뛰어놀던 모습이 생생하게 기억된다.

내가 초등학교 6학년 때 서울의 명문고등학교 학생 10여 명이 우리 동네로 '농촌활동계몽대'라는 이름으로 계몽 활동을 하려고 나왔다. 도랑에는 지나다니는 사람들이 각종 쓰레기를 버려 지저분했고 비가 와야 깨끗해졌는데 서울 학생들이 백옥 같은 팔다리를 아끼지 않고 도랑 청소를 해서 깨끗했다. 여름 방학을 이용해 온 이 학생들은 낮에는 동네 청소하고 잡초를 뽑는 일을 하였고 저녁이면 문맹자들을 모아 놓고 한글을 가르쳤다. 당시에 연세가 환갑이 넘는 사람들은 거의 없었고 계시다 해도 눈도 어둡고 귀도 잘 들리지 않는 당시로는 상노인이니까 대상이 될 수 없었다. 40~50대 아주머니를 대상으로 글을 가르쳤는데 사실 거의 모두 한글을 잘 읽지 못했고 더구나 군대에 가 있는 아들에게 편지 한 줄 쓸 수도 없는 상태였다.

지금 되돌아 생각해보면 계몽대로 온 학생들은 어렸으나 열심히 활동하였다. 초등학생을 가르치지는 않았지만 여러 가지 질문을 하면 잘 대답하여 주었고 어린이가 집단을 이루도록 하여 어린이들이 동네 환경을 깨끗하게 하는 데 주력하였다.

초등학생들 손발을 잘 씻고 치아를 꼭 닦도록 지도했다. 물론 이 시절에 칫솔과 치약이 있을 리 만무했고 일부 어른들은 치주염 등이 있어서 칫솔을 구입해서 치분이라는 가루로 된 치약을 사용하여 이를 닦았다. 그러나 많은 사람이 소금을 손가락에 묻혀 이를 닦았다. 그러나 학생들은 치아를 닦지 않았는데 매주 월요일에 용의 검사라 해서 손과 발을 잘 닦았는지, 손톱은 깎았고 치아는 닦았는지를 담임선생님께서 일제히 검사했다. 한가지 위반하면 회초리로 손바닥을 한 대씩 때렸다. 제일 문제가 치아 닦기였는데 소금 대신 등굣길 냇가에서 고운 모래로 이를 닦고 등교했다. 그러니까 계몽대 학생들은 마을 청소하는 일 외에 초등학생에게는 청결을 유지하도록 용의 검사 수준의 지도를 했고 아주머니들 위주로 한글을 읽고 쓸 수 있도록 가르쳤다.

계몽대 학생들이 도랑 치고 풀 뽑고 길 쓸어 동네가 깨끗해졌으나 아주머니들이 한글을 깨쳤다는 경우는 없었다. 아무리 한글이 배우기 쉽다고 해도 짧은 시간에 한글을 사용할 수 있도록 하는 지도는 쉽지 않은 셈이다.

일주일 동안 10여 명의 고등학생이 50여 호 360여 명의 주민이 사는 동네에 와서 계몽 활동으로 뚜렷한 성과를 내기는 어려웠을 것이다. 아직 새마을운동이 일어나기 훨씬 전이었는데 그래도 동네 4H 활동을 하도록 격려하는 등 자활의 씨앗은 심어 놓고 갔다. 내가 중3이 되어 5.16이 일어나고 관제 문맹 퇴치 운동이 본격적으로 이루어져서 농한기인 겨울에 2달 정도 동네 중고등학생들이 동원되었다. 동네 아주머니들을 모아 놓고 한글 읽기와 쓰기를 가르쳤는데 대다수 아주머니가 한글 읽기는 가능해졌다. 자음과 모음 읽고 쓰기를 하였고 '과'자' 밑에 '기역'하면 '곽'하는 형태의 얇은 교재도 배포되어 있었다.

내가 중3이던 겨울에 처음으로 동네에 전기가 들어와 등잔불이 사라졌다. 이때도 멀리 산골짜기에 홀로 있는 외딴 가옥에는 전기 공급이 되지 않았다. 전기가 들어오니 돈을 낸 집에는 스피커를 달아주어

면사무소 소재지에서 스피커를 통해 방송을 내보냈다. 주로 KBS 라디오 방송을 내보냈고 10시가 넘는 심야에는 창, 유행가, 만담 등을 보내주기도 해서 동네가 갑자기 소란해졌다. 물론 이 스피커는 가정에서 켜고 끌 수는 있으나 채널 선택 장치는 애당초 없었다. 무엇보다도 동네 이장 집에 설치된 마이크를 통한 방송이 가능해졌다. 그러니까 지금 빨리 공회당으로 한글 배우러 나오라는 이장님의 말이 큰소리로 방송되어 아주머니들의 출석 상태는 양호했다. '너나 잘해라'라는 핀잔을 듣기도 하고 야단을 맞아가며 동네 중고등학생은 모두 동원되어 가르치는 일을 했다. 지도하는 학생은 중학교 남학생 7명, 고등학생 2명이었는데 꽤 많은 아주머니께서 간단한 단어는 쓰기도 하는 수준이 되었다.

동네 젊은 아저씨들은 군대 입대를 위해 훈련소에 가면 한글을 읽고 쓰지 못하는 사람은 군번을 받을 수 없고 군번을 받아야 그 사람의 국방부 시계가 돌아가니까 보통 하루 종일 1주일 동안 배우면 읽고 쓰기가 가능했다. 이 시절 군대에 간 아들에게 편지를 받아 이를 읽고 답장하려면 비록 한글을 깨쳤다고는 하지만 많은 아주머니가 편지쓰기가 어려워 여전히 우리 같은 학생에게 부탁하곤 했다.

이때 초등학교 졸업하면 남학생들은 반 정도가 중학교에 진학했고 중학교 졸업하면 졸업생의 반 이하가 고등학교에 진학했다. 나와 동급생은 초등학교 남녀 모두 65명이 졸업했는데 남학생은 약 20명 여학생은 약 10명 정도가 중학교에 진학했다. 이 학생 중 고등학교에는 남학생 8명, 여학생 3명이 진학했고, 4년제 대학은 남학생 2명만이 졸업했다. 5년 선배인 누님이 초등학교 졸업하던 때는 전쟁이 끝난 이듬해였는데 초등학교 졸업생 중 여학생이 중학교에 2명 진학했으나 고등학교에는 한 명도 진학하지 못했다. 가난해서 어린 나이에 종업원으로 취직하면 당분간은 밥만 얻어먹고 급여가 없는 때였다.

그때의 생활 이야기를 하면 끝도 없을 지경이지만 이 이야기를 하는 이유는 결국 내 사정 때문이다. 내가 초등학교 6학년 때 서울에서 온 계몽활동대 학생들은 그해 겨울 그들 학교 같은 구내에 있는 중학교에 내가 입학시험을 보도록 원서를 접수해주었고 그 접수증에 쓰여있는 접수번호 49번을 서울 가고 싶었던 마음만큼이나 지금도 뚜렷이 기억하고 있다.

〈경복중학교 시험 보러 가기〉 위해 내가 특별히 준비할 것은 없었어도 며칠 전부터 마음은 들떠 있었다. 별도로 입학시험 공부를 한 적도 없고, 공부할 책이라야 6학년 되어 '전과 지도서'라는 모든 과목의 참고 사항이 들어있는 두꺼운 참고서 1권과 수련장이 있었다. 교과서 외의 참고 도서로 6학년이 되어 처음 갖게 된 책으로 헌책이었다. 우리 동네 6학년 학생이 남학생 6명과 여학생 10명으로 모두 16명이었는데 이 참고 도서를 가진 사람은 나뿐이었고 나도 처음으로 갖게 된 책이었다. 형님이 대학 재학 중 군대에 입대하기 직전에, 우리 동네에 계몽대로 나온 고등학생들과 같은 고등학교를 졸업했으니 형님과 계몽 나온 학생들이 나를 후배 만들기로 약속했다. 그래서 그 학생들이 참고서를 구해서 건네주었으리라고 생각된다. 이미 6학년 재학 중 이 책은 충분히 읽었으니 더 볼 것도 없었고 더 이상 공부할 다른 책은 없었다. 실제로 평소 알고 있는 대로 입학시험을 치면 될 일이지 별도로 입학시험 공부가 필요한 지도 나는 몰랐다.

드디어 오늘 오후에 형이 나를 데리고 서울에 간다고 약속이 되어 있어서 마음은 이미 서울로 달려가고 있었었다. 이런 나를 어머니는 아침부터 걱정이 되어 바라보았다. 아마 어머니는 형이 틀림없이 시간에 늦지 않게 나타날 수 있을까를 더 걱정하고 있을 것이었다. 아무리 동생의 중학교 입학시험을 위해 미리 휴가를 신청했다고 해도 강원도 인제와 원통을 지나 향로봉 아래 최전방에서 복무하고 있는 군대 졸병이 나올 수나 있을까 하는 불안함이 어머니는 더 컸을 것이었다.

목이 빠지게 기다리는 형이 나타나지 않아 아직은 늦추위로 바람이 차지만 안마당에 나가 동생들이 좋아하는 우리 집 개 누렁이와 짚으로 만든 공을 가지고 장난치며 서쪽으로 기울어가는 해를 안타까운 마음으로 자주 쳐다보았다. 해가 기울어져 서산마루에 걸치려 할 즈음이라 초조함이 더해지는 때였다.

일등병 군복을 입은 형은 곧 대학 졸업반이 될 읍내에 사는 절친과 함께 대문 안으로 들어섰다. 같은 고등학교 같은 학년에 다니던 형이 자랑하는 몇몇 친구 중 한 사람이었다. 그분은 형과 같이 당시 최고로 쳤던 대학에서도 가장 인기 있던 전기공학과에 응시하여 합격했다. 형은 아버지가 사고로 돌아가시고 하숙집에서 나와 자취하며 대학에 응시했으나 낙방하여 2차로 다른 대학교 경제학과에 합격하여 재학 중 군대에 자원입대하여 복무 중이었다.

형 친구는 나도 이미 알고 있는 사람이니까 인사를 하며 눈치를 살폈다. 당연히 시험 보러 간다는 내게 덕담할 것으로 기대했는데 분위기가 심상치 않게 느껴졌다. 어머니가 반갑게 방으로 맞아드렸다. 생각보다 이야기가 길어졌다. 군복을 입은 채로 형은 친구와 함께 나가며 친구 집에서 자고 내일 아침에 다시 오겠다며 나갔다. 내게는 아무래도 어려움이 많으니 내일 아침에 보자는 말 한마디가 있었다.

형과 친구가 떠나고 난 후에 어머니가 나를 방으로 이끌고 들어와 너는 아무래도 여기 중학교에 다녀야겠다고 하였다. 형은 별로 말이 없었고 형의 친구 말이 형도 돈이 없어서 대학 다니다가 재학 중 군대에 갔는데 나까지 서울에 있는 학교에 가면 어떻게 감당이 되겠느냐고 적극 말리더라는 것이다. 내게는 내일 형이 들어와 잘 말하겠다고 했다. 아직도 빚을 갚느냐고 허덕이는 집안 형편이 떠올라 어머니께 아무 말씀도 못 드리고 서울 가려고 입었던 옷을 평상복으로 갈아입고 문밖으로 나왔다.

나오자 갑자기 알 수 없는 설움이 솟아 안채 뒤로 가서 언덕을 올라 6.25 전쟁 때 피난처로 땅을 파서 만든 방공호를 지나 읍내가 마주 보이는 곳에 올라 한없이 울었다. 강 건너 읍내에는 전깃불이 들어와 있었고 불 밝힌 여객 열차가 서울 방향으로 가는 것이 보였다. 일이 제대로 되었으면 지금 지나가는 기차나 아니면 막차로 가는 기차에 내가 탈 것이었다.

가슴이 터지는 듯한 아픔과 쓰라린 마음을 달래는데 얼마나 시간이 지났는지는 모른다. 그러나 어머니를 걱정시켜드리면 안 되니까 아무 일도 없었던 듯이 방으로 들어왔다. 어두워진 방에는 내가 들어오는 바람에 등잔불이 일렁이고 어머니와 초등학교 1학년 학생과 미 취학생인 두 동생이 나를 뚫어지게 바라보고 있었다. 어두운 방구석에서 두 동생의 눈이 나를 계속 응시하며 미동도 하지 않고 있었다. 어린 마음에 무얼 안다고 저럴까 생각하고 있는데 어머니는 내 정신 좀 봐 저녁상 차려와야지 하시며 부엌으로 가시고 다시 나오려는 눈물을 감추려 나는 돼지 저녁 주러 나왔다. 그날 밤 나는 밤새도록 뒤척였다.

아직 봄 방학이 아니어서 학교에 갔더니 서울에 있는 중학교에 원서를 써준 담임선생님이 어떻게 된 것이냐며 의아해하며 나를 교무실로 오라고 했다. 자초지종 말씀을 드렸더니 중학교는 서울이나 시골이나 배우는 과목과 책이 같아서 여기서 열심히 공부하고 고등학교 때 서울에 있는 학교로 가도 된다고 위로해 주었다.

그 봄날 학교에서 돌아오면 우리 집 울안에서 가장 높은 뒷 뜰 위에 올라가도 읍내가 빤히 보이지만 그곳에 있는 아름드리 살구나무 위로 더 올라가 강 건너 읍내와 기차역을 바라보며 눈물도 자주 흘리고 나의 앞날에 대하여 그리고 산다는 것에 대하여 생각도 참 많이 했다.

처음에는 형의 친구를 원망했다. 자신은 읍내 부잣집 아들로 호의호식하며 지내며 장래가 촉망되는 명문대 학생이면서 왜 형에게 아니 형을 위하여 나를 이곳에 머물게 하려 했느냐 하는 것이 이유였다. 아버지 돌아가신 후 부당하게 떠안은 빚을 갚느라고 아직도 고생하시는 어머니, 어린 우리를 먹여 살리려고 불철주야 그야말로 뼈가 부서지게 일하시는 어머니를 생각하면 여기 남아 작은 힘이나마 어머니를 도와드리고 동생들을 돌보며 지내는 것이 맞는다고 마음을 돌려먹었다. 그리고 형이 고등학교는 꼭 서울로 보내주마고 철석같이 해준 약속도 일말의 희망이 되어 위안이 되었다.

한편으로는 초등학교 전체 학생 중 고향 밖으로 나가 중학교 진학하려는 학생은 한 명도 없었다. 학급에서 반 정도 학생이 중학교에 진학하고 나머지는 일찍부터 집에서 부모님을 도와 농사를 짓는데 아버지도 안 계신 내가 중학교에 가는 것 만해도 참으로 다행이라고 마음을 돌려먹었다. 그리고 보니 학교에서 1등 하는 학생이 서울에 가서 실력을 길러야 한다고 바람을 넣은 향토계몽대의 말이 맞기는 할지 모르지만 내가 내 처지를 알았어야 한다고 생각하니 마음이 편해졌다. 더구나 어머니와 두 동생이 내가 함께 있게 된 것을 너무 좋아하니 나도 덩달아 좋았다.

후일담 하나 하면 형이 돌아가셔서 모교인 고등학교에 조기를 신청하니 이미 보냈다고 해서 초상집의 바쁜 와중이라 이틀 후 발인하는 날에 조기를 챙기니 없어서 다른 사람이 벌써 조치한 줄 알았다. 장조카가 다닌 연세대의 병원 영안실에서 가까운 벽제 화장터에 09시에 도착, 형님을 위한 마지막 제를 올리고 09시 30분에 화장장으로 운구하였다.

시신이 재가 되어 항아리에 담겨 상주에게 전해질 때까지 기다리는 시간에 모두 차를 마시는 휴게실에 갔다. 그곳에서 형의 고등학교 친구 그러니까 나의 중학교 서울 진학을 저지했던 그분의 사촌 동생을 우연히 만났다. 4촌 동생은 중학교 시절 나와 한 반이었던 친구로 한때는 청량리 우리 집에서 도보로 10분 거리에서 4층 빌딩을 소유하고 그 건물에 건물 수리 사무실을 내고 건축 자재도 파는 부자인데 마주친 것이다. 당연히 서로 어쩐 일이냐고 하면서 이야기를 나누다 보니 한국전력에서 발전소장을 비롯하여 고위층으로 지낸 형님의 친구가 형님과 사망 날짜도 같고 벽제 화장터에서 09시 30분 화장하는 시간까지 같았다. 그러니까 K고등학교 동창회에 조기를 신청한 시간도 거의 같았는데 형님 친구 쪽이 조금 빨리 전화한 것이다. K고는 동창회 사무실이 교내 동창회 빌딩에 있고 그곳에서 형님의 영안실이 있는 연세대 병원과 형님 친구가 있던 서울대 병원 영안실은 거의 등거리일 정도로 가까웠다. 어쩌면 두 분이 고등학교 학생 때부터 이어진 우정이 저승길까지 동행한 것 같아 잘 되었다고 생각했다.

초등학교 졸업식이 그 당시는 3월 하순에 있었다. 복사꽃 살구꽃이 만발하던 그 봄날에, 우리 집 뒤 돈대 위에 있는 살구나무에 올라 강 건너에 서울로 가는 기차며 버스를 바라보며 눈물짓던 때에 나는 이미 서울로 가고 싶은 바람이 들었는지도 모른다. 이곳에서 서울 100리, 읍내에서는 물론이고 기차역에 가까운 곳에 사는 학생들은 당시 2시간 정도 소요되는 증기 기관차가 끄는 기차를 타고 청량리에 있는 서울사대부고, 청량고, 광신상고로 통학을 했다. 6.25 전쟁 후 복구 사업과 경제 개발로 일찍부터 고향 사람들은 서울로 대거 진출해 있었다.

고등학교 진학할 때나 서울로 가는 것으로 어머니와 형 그리고 나 사이에 이야기가 되어 나는 고향에서 중학교에 다녔다. 농사짓는 어머니 밑에서 안팎으로 심부름하며 키가 자라 어른들의 평균 신장이 165cm였던 그 당시 나는 중학교 3학년 때 170cm를 넘어 어른들보다 키가 더 컸다. 신장이 6자에서 손톱만큼 빠진다는 면 내에서 당시로는 가장 키가 컸던 아버지의 영향이었을 것이다.

그럼에도 불구하고 5.16 이후 모든 집마다 나와서 하는 공동 작업이 있을 때 내가 나가면 농담 반 진담 반으로 키만 큰 이 애는 성인 1인 몫으로 쳐주면 안 된다고 말하곤 했는데 그럴 때마다 어린 마음에 상처를 입었다. 농사 일을 한 적이 없는 어머니가 다른 사람과 품앗이로 일을 가면 거머리가 손에 붙을 정도로 느리니 일도 못 하는데 품앗이를 일대일로 쳐주기가 아깝다고 할 때마다 어머니는 주눅이 들곤 했다. 그래서 다른 사람보다 더 악착같이 일했다는 어머니 말씀이 나의 뇌리에 늘 남아있었다. 그렇게 시작된 어머니의 고난은 어머니가 아니면 해낼 수 없었다고 대다수 사람이 그렇게 말했다.

키 크고 건장한 아버지는 일본 순사를 흠씬 때려주고 그 길로 만주로 가서 돈을 벌어 해방 후 돌아와 당시 사업을 했다. 하던 사업이 6.25 전쟁 중에 모두 망가지고 정미소는 다행히 남아있었는데, 1953년 양력 11월에 사고로 다쳐 집으로 들어 오신지 3일 만에 운명하셨다. 아버지가 돌아가셨을 그 당시 나는 8살이었고 막내동생은 태어난 지 25일, 그 위의 동생은 연년생이니 두 살이었다.

내가 초등학교 3학년 때부터 지고 다니던 지게는 중학교 때부터 어른들이 사용하는 지게로 바뀌었다. 동네 어른들은 네가 일도 잘하고 키도 큰데다 힘도 좋아 네 엄마가 좋겠다고 이구동성으로 말하곤 했다. 이런 칭찬을 사람들은 어머니 앞에서는 더욱 신이 나서 해댔고 그럴 때마다 어머니 얼굴에 드리운 수심이 걷히고 환해지는 것을 나도 느꼈다. 친정에서나 시댁에서 농사를 지어본 적이 없는 어머니는 자주 말하곤 했다.

"갑자기 돌아가신 아버지 대신 아버지가 하던 사업 중 산림 벌채 사업, 발전기와 불도저 등 중장비를 이용한 토목 사업은 이미 장비가 파괴되어 할 수도 없었고, 그런 사업 자체를 다시 하려던 아버지의 뜻을 이어가기에는 역부족이었다. 나는 마름 집 맏딸로 태어나 많은 농부에게 밥을 해결하는 일이나 서울에서 오는 귀한 손님 접대하는 음식 만드는 일을 도와봤다. 여기서도 너희 아버지 사업할 때 함바식당 운영하는 곳에서 70~80명 음식 장만할 때 뒷바라지는 해 봤다. 네 아버지 돌아가신 후 정미소에 기술자 모셔다 방아 돌리고 그 사람에게 음식 제공하는 일과 너희들 뒷바라지하는 일은 할 수 있었다.

그런데 너희 아버지가 없다고 말한 빚이 여기저기서 밀려오고 잘못하면 굶다가 땅바닥에 나가 앉게 생겨 닥치는 대로 뭐든 해야 했다. 더구나 농사철이 돌아오니 결국 밥 벌어먹기 위해 할 수 있는 일이 농사였지. 그런데 농사를 지어봤어야 아는 것이 있는 데 우선 새경이 싼 청소년 머슴을 두고 악착같이 농사를 지었다. 농사를 배워가며 익혀서 하는 형편이니 심신이 피폐해지는 것은 당연한데 정신력으로 버텨나갔다. 그리고 농사철이 끝나는 12월부터 1달여를 해마다 몸져누웠는데 나 자신이 생각하거나 문병하러 온 사람들의 공통된 이야기가 일독이 올라서 그렇다는구나. 고된 노동에 마음도 편치 않은데 빚쟁이들은 오고, 귀족처럼 자란 큰아들은 서울에서 큰 고생 해가며 공부 중인데 하고 싶을 때까지 뒤를 봐줘야 하고, 식량도 모자라고 먹는 것 입는 것 모든 것이 부실했다."

어머니는 위와 같은 이야기를 제일 많이 했는데 이 많은 이야기를 한 번에 한 적은 없고 때마다 상황에 따라 한가지 또는 한두 가지를 이야기했다. 학교 가는 일 말고는 늘 어머니 옆에 붙어 다니며 심부름하거나 지게질로 물건을 나르는 일과 닭, 돼지, 소 거두는 일을 하는 나는 위와 같은 이야기를 귀에 못이 박히도록 듣고 또 들었다.

당시 5.16혁명이라 부르는 크나큰 변화가 있었으나 시골 사람들 배고프고 힘들게 일하는 것은 하루 아침에 해결될 수 있는 일이 아니어서 전처럼 어려운 생활은 이어졌다. 큰 동네임에도 이장댁 외에는 신문도 없으니 구전되는 소식이 전부였다. 그래도 5.16이 나고 그해 겨울 집에서 끄고 켤 수 있는 스피커가 생겨 밤이면 동네 한 집 밖에 없는 라디오를 들으러 가는 일은 없어졌다. 물론 이 스피커는 소비자인 가정 사람들은 채널 선택권이 없고 면사무소 동네에 있는 사무실에서 보내 주는 것을 켜고 끄는 정도만 했지만 많은 사람이 집에서 바깥소식을 들을 수 있게 되었다. 특히 5.16 이듬해에는 모든 집마다 전기가 들어와 등잔불이 사라졌으나 아직도 화장지는커녕 휴지가 없어서 뒷간에 가면 짚으라기로 뒤를 닦았고 맨발로 다니는 어린이가 대부분이었다.

내가 중3 때 5.16이 일어났는데 군대에 다녀오지 않은 선생님들이 징집되고 후임 선생님이 빨리 오지 않는다든지 읍내 깡패들이 몇 명 붙들려 가고 시골 장날 촌사람들이 마음 편하게 다닐 수 있는 등 눈에 띄는 변화가 있었다.

그런데 내게는 청천벽력 같은 소식이 날아들었다. 주민등록이 되어 있는 시·도가 아닌 타 시·도로 고등학교 진학을 할 수 없다는 것이다.

잘 사는 집 자녀들은 고향에서 서울 가기만큼이나 더 가야 하는 인천에 있는 고등학교로 진학하기도 했다. 이런 경우는 읍내 사는 학생 중에 있었으나 많지는 않았고 내가 사는 면에 사는 동기생들은 군 내에 하나밖에 없는 읍내 농업고등학교에 원서를 냈다.

읍내 농업고등학교의 우리 바로 위의 선배들은 그 전과 대동소이하게 40명 정도 입학에 20여 명이 졸업하는 정도였는데 내 동기생들은 189여 명이 지원하여 120명이 합격하였다. 갑자기 학생 수가 늘면서 급하게 한 개 학급 증설을 인가받았는데 한 반은 농과이고 다른 한 반은 축산과였다. 서울 진학을 완전히 포기한 것은 아니지만 그런대로 중학교 3개년을 시골에서 잘 적응하고 그냥 농고에 다니다가 5급을[현 9급] 공무원 시험 봐서 군청에 근무하는 것도 방법일 수 있다는 생각도 있었으니 초등학교 6학년 때처럼 마음이 산란하거나 그렇지는 않았다. 더구나 국가가 하는 일인데 이 길이 내게 주어지는 길일 수도 있다고 생각했다. 서울 유학은 가능하지도 않았으니 나는 남학생만 뽑는 농과를 지망했고 남녀 공동으로 지원하는 축산과에는 여학생 19명이 합격하였다.

고1이 되니 당시 어른들 평균 신장보다 키가 10cm가량 큰 174cm였다. 초등학교 저학년 때부터 누가 시키지도 않았고 어머니께서는 위험하다고 말리는 편이었지만 나는 철봉, 수평, 역기(도), 태권도를 해서 몸이 다부졌다. 평행봉은 사촌 형과 동네 형들을 졸라서 밤에 뒷산에 가서 나무를 베어다 나무가 마른 다음에 세웠다. 중학생 때는 낮에 가서 보아둔 나무를 내가 밤에 직접 나무를 베어다 더 크게 세웠다. 역시 역기는 이웃 형들을 졸라 땅에 구덩이를 파고 시멘트를 부어 만들었다. 태권도용 큰 모래주머니도 큰 막대를 세우고 매달아 놓았다. 이 시설은 행랑채가 불타고 겨우 안채만 건져서 사는 우리 집 행랑채 공간에 만들어 놓았다. 물론 행랑채가 타고 없어진 공터에 안 뒷간과 헛간 그리고 소 외양간이 있었으나 공터가 일부 남아있었다.

  평행봉을 세운 곳은 6.25 전쟁 후에 아랫집 부주의로 불이 나서 옮겨붙어 소실될 때 나온 돌을 모아 놓은 돌무덤 옆에 있어서 잘 못하면 크게 다칠 수도 있었는데 지금 생각하건 데 하늘이 도운 모양이라 무사고로 잘 지냈다. 철봉은 우리 집에는 세우지 못했으나 동네 한가운데 있는 우리 정미소 마당 가에 동네 형들이 세웠고 형들의 지도로 철봉을 잡고 크게 한 바퀴 도는 것까지 다 했으나 손 바꿔 돌기만 하지 않았다. 이것은 실수해서 맨땅에 떨어지기라도 하면 크게 부상을 입을 수 있다고 동네 형들도 하지 않았다.

  늦가을이 되어 정미소에서 쌀 찧는 일이 어느 정도 끝나가면 쌀 20말이 들어가는 볏섬이 아닌 쌀가마니가 있었는데 이 가마니의 입구를 단단히 묶기 위해 17 말을 넣고 묶었다. 지게를 진 사람이 잘못해서 쌀가마니를 떨어뜨려도 쌀이 흩어지지 않게 잘 묶어서 튼튼한 지게에 얹어 놓았다. 그리고 쌀가마니가 올려진 이 지게를 누가 질 수 있는지 시험했는데 해마다 가을이면 이런 일이 있었다. 이 쌀가마니가 얹혀있는 지게를 지고 스스로 일어나 조금이라도 걸어가야 하는데 일어나는 사람은 있어도 발을 옮겨 걷는 사람은 없었다.

  어른들이 나보고 해보라고 해서 사양하다가 해보았는데 내가 그 지게를 지고 일어나서 방앗간 마당을 한 바퀴 돌았다. 너는 쌀가마를 집에까지 지고 가면 네 것이 된다면 집까지 갈 수 있다거나, 그러면 20 말도 질 수 있을 거라 하면서 칭찬을 아끼지 않았다. 이 일 이후로 동네 아저씨와 아주머니들은 내 어머니께 좋은 농사꾼 될 아들을 두었다고 많이 칭찬하였다. 어머니는 조용한 성품이지만 그런 소리를 들을 때마다 좋아하였다.

중학교 1학년이 되던 해에 어우리 송아지를 들여와서 학교에 다녀오면 비가 오나 어두우나 송아지가 먹을 풀을 베어 왔다. 그리고 겨울이면 높은 산에 가서 땔나무를 해왔다. 때때로 퇴비장에 있는 퇴비나 외양간을 쳐서 나온 두엄을 지고 논에 내다 두었다. 특히 땅이 녹으면 두엄을 지고 논두렁을 걸으면 무게 때문에 미끄러지거나 논둑이 무너져 할 수 없으니 추운 겨울에 틈틈이 져냈다. 당연히 모든 농사꾼은 논둑과 논이 얼었을 때 지게로 져냈다. 농사철이면 나는 물론 누구나 들에 나갈 때나 들어올 때 안팎으로 지게를 지고 다녔으니 지게질은 나름 이력이 나 있었다.

그런데 나에게는 농사 중에 결정적으로 어려운 일이 있었다. 논에 들어가 하는 일은 그런대로 하겠는데 밭에 나가 호미로 풀을 뽑으며 밭을 매는 일이 너무 힘들었다. 농사에서 제일 힘든 일이라는 콩 밭매기는 말할 것도 없고 보리 밭매기, 채소 밭매기 등 김매기 하러 밭에만 들어가면 너무 힘들었다.

어머니라고 힘들지 않은 것은 아닐 터인데, 그래서 내가 억지로 참고 일하면 처음에는 하늘부터 노래지다가 세상이 다 노래졌다. 어떤 날은 하루 종일 참아가며 밭에서 일하다 보면 세상이 검게 보이기도 했다. 그런 날이면 십중팔구 밤에는 몸살을 앓았다. 그나마 다행인 것은 다음 날 아침이면 언제 그랬느냐는 듯이 몸이 멀쩡했다. 아직 일에 길들여 지지 않아서 그렇다고는 하지만 시간이 지나고 나이가 한 살 들어 성장해도 나아지는 기미가 없었다. 어머니라고 그렇지 않을 까닭이 없고 그래서 어머니는 날이 궂으면 허리와 무릎이 쑤신다고도 했다. 나야 일요일이나 쉬는 날만 하루 종일 일 하지만 어머니는 매일 그렇게 일을 했다. 어머니와 단둘이 일할 때 저녁나절이 되어 힘이 들면 강 건너 지나가는 버스와 기차를 바라보는 시간이 길어지곤 했다. 어머니께서는 나에게 어디 아프냐고 했고 나는 아니라고 하면서 이를 악물고 일을 계속했다.

어느덧 해가 바뀌고 세월이 지나 어른들보다 키도 크고 덩치도 큰 고등학교 1학년으로 외모로는 청년이 되어 있었다. 3월이면 밭일이 많아지는데 생각만 해도 질려서 머리가 아플 지경이었다. 정말 고1 내내 참고 일했으나 굳은 결심을 하고 어머니께 드디어 말씀을 드렸다.
"저요. 서울로 전학하고 싶습니다."
"어느 학교가 받아준다니? 잘 곳은 있고?"
"허락만 해주시면 그건 제가 해결할 것입니다."
어머니와 가깝게 지내는 동네 아주머니와 외삼촌이 특별히 우리 집에 오셔서 말씀이 있었다. 2년 후 고등학교 졸업하면 공무원 시험 봐서 면사무소나 군청에 나가 공무원 하면 그런 신선이 어디 있느냐며 농사는 일꾼 두고 하면 된다는 것이었다. 공무원 아니면 군청 소재지인 읍내에 있는 농촌지도서, 농업협동조합, 보건소 등 어디든 시험만 보면 너는 합격될 수 있다고 했다. 너도 아는 사람인 누구누구가 그렇게 하고 있는데 너도 그 사람 살아가는 형편을 알지 않느냐는 것이었다. 농사지은 곡식은 식량으로 하고 월급은 그냥 남아 논밭도 사고 금방 부자 되는 것을 너도 보잖느냐는 것이다. 그러면 지게질도 안 하고 논밭에 나가 뙤약볕에서 일하지 않아도 되고 고무신 신고 먼지 나는 길을 걸어 다니는 대신 구두 신고 자전거 타고 다니니 얼마나 좋겠느냐는 것이었다.

그렇게 하면 너는 장가 일찍 갈 수 있고 어머니는 며느리와 함께 집 안에서 일하고 손주들 돌보면서 행복한 여생을 보낼 수 있으니 너는 꼭 그래야 하며 그까진 2년 금방 간다는 것이었다. 네 형은 대학도 졸업하고 군대도 다녀오고 결혼도 해서 언론 기관에 취직해 다니니 이미 서울 사람이 되었지. 그리고 말이야 바로 말이지 네 형은 아버지 살아 계셔서 공자님 왕자님 부럽지 않게 자라 농사꾼이 될 수 없다는 것을 본인은 물론 세상 사람이 다 안다는 것이었다.

어느 날 어머니께서 그 아주머니와 외삼촌 말씀 들었느냐고 물었다. 나는 용기를 내서 그러나 기어들어 가는 소리로 대답했다. 들었지만 저는 농사에 적응이 안 되어 농사짓기는 어렵고 그렇다면 서울로 가서 공부해보고 공부가 어려우면 기술을 배워서 살아가고 싶다고 정말 어렵게 말씀드렸다.

아버지 돌아가신 지 어언 10년이 되어가고 그 인고의 시간을 잘 버텨온 보람이 있어 어머니는 빚을 다 청산하셨다. 더 힘이 되는 일은 큰아들은 번듯한 직장에 취직하여 잘 지내고, 큰딸은 세상에 잘 적응하여 어머니를 돕기 시작했고, 작은딸은 오버로크 미싱사로 서울에서 돈 잘 벌고, 두 남동생은 자라서 닭 키우고 돼지가 먹는 풀 베어 오는 정도로 자란 것이다.

특히 이제 장성한 18세 농업고등학생이 있으니 이놈만 농사를 짓는다면 2년 후부터 어머니의 인생은 걱정이 없는 것이다. 더구나 아무리 시골이지만 공부 잘한다는 소리는 들으니 말단 공무원 시험이나 다른 공직자 모집 시험에 합격은 따 놓은 당상이고, 다른 집 아이들보다 깨끗한 옷 입고 자전거로 출퇴근할 터이니 얼마나 좋을까 하고 어머니는 생각하였고 실제로 내게 그렇게 말했다.

나는 우리 6남매 때문에 무던히 고생하셨고 지금도 고생하시는 어머니를 위해 고향에 남을 것이냐, 나를 위해 내 인생을 살아갈 것이냐를 지난 1년간 수없이 고민하고 숙고했다. 그 결과로 첫째 나는 농사짓기가 너무 힘들었고, 적응하려 애써봤지만 안 되었으며 많은 친구가 공부보다는 농사가 편하다고 하는데, 나는 공부가 더 편했기 때문에 친구들의 말을 이해할 수가 없었다. 둘째는 5.16 정부가 실업교육을 강화하는 방안 중에 실습을 많이 하도록 하였다는데 농고 2학년 때부터는 오전에는 교실 수업을 하고 오후에는 농장으로 실습하러 가는데 말이 실습이지 당시에는 농사꾼이 그냥 들에 나가 일하는 것과 별반 다를 것이 없었다. 결국은 오전 수업 말고는 농장에 가서 일하다가 집에 오면 어두워질 때까지 또 일해야 하는데 나로서는 견디기 어려운 것이었다. 다만 어머니의 미래를 보면 내가 더 오래 살 것인데 내가 시골에 남는 것이 답이었다.

그러나 나는 어머니께 앞으로 꼭 9년만 고생을 더 하시면 내가 모실 수 있도록 열심히 살겠다고 말씀드리고 결국 떨어지지 않는 무거운 발길을 돌려 서울로 떠나고 말았다. 주말과 방학 동안에는 어머니 옆에서 열심히 일하며 힘을 보태드리겠다는 말씀도 드렸다.

나는 서울에 와서 받아주는 학교를 찾으려고 발품을 팔았는데 돌아가신 아버지와 형 덕분에 전학이 가능했다. 3월도 다 지나가는 때에 학교 서무과에 들어가 이 학교로 전학하고 싶다고 말했더니 비슷한 수준의 다른 학교와 마찬가지로 전학을 위한 돈이 필요했다. 시골 보통 머슴의 1년 새경과 거의 같은 돈이 필요했는데 그런 거금을 내가 마련할 길이 없어 실망하면서 또 다른 학교로 가보려고 운동장을 가로질러 고개를 푹 숙이고 걸었다. 그때 누가 부르는 소리가 여러 번 들렸는데 나를 부를 까닭이 없다고 무반응으로 걷다가 계속되는 소리에 뒤돌아보니 노신사 한 분이 내게 손으로 오라는 신호를 보내고 있었다.

다가가자 너는 머리가 짧고 입은 옷으로 보아 학생임에 틀림이 없는데 대낮에 사복 차림으로 여기를 왜 왔느냐 하기에 그간 돌아다닌 학교를 대며 여기도 마찬가지로 입학금을 내라고 해서 다른 학교를 가보려 하는 중이라 말했다. 그런데 그 신사가 의외로 놀라며 네 아버지 함자가 이러이러하고 너의 형은 이름이 누구 아니냐는 것이었다. 이야기를 종합해보면 그 노신사는 내가 다니던 시골 학교에서 교장을 하다가 다른 도시학교로 전근해서 정년을 마치고 이 학교에 부교장으로 있다고 했다. 당시 공립학교에는 없는 직책인 부교장 직을 맡아 전문적인 교육에 대해 관여하는 상태인데 내 얼굴이 나의 아버지와 형하고 너무 닮아서 물었는데 너무 반갑다며 부교장실로 나를 데리고 갔다. 10여 년 전 내가 다니던 시골 중학교에서 교장일 때 나의 아버지는 그 학교의 사친회 회장이었고 형은 공부를 잘해서 서울에서 제일 좋은 학교를 보내려 하는데 아버지가 내 아들은 책벌레[벤께무시?]를 만들고 싶지 않고 호연지기를 길러 세상을 넓게 살게 하고 싶다고 해서 당시 두 번째로 좋은 고등학교에 원서를 내서 합격했기 때문에 잘 기억하고 있다는 것이다.

전학 서류가 없다니까 내게 증거가 될만한 것이 있느냐 해서 재학 증명서와 고1 때 통지표를 보여드렸다. 당시 나는 농업고등학교 농과 1학년 때 성적이 1등이었는데 마침 서울서 학교 다니는 선배가 전학을 권유하면서 통지표를 잃었다고 담임에게 말하고 제출하지 말라 해서 간직하고 있던 것이다. 전학할지 모른다는 눈치를 챘는지 네가 잃을 놈이 아니라며 말로 하다가 1학년 마지막 날은 안 가지고 왔다고 뺨을 여러 대 가격했다. 특히 성적표를 본 부교장님은 5월 초에 중간고사가 있는데 거기서 성적이 좋으면 이 통지표와 함께 증거로 내서 장학생으로 만들어 주겠다며 서무과를 통해 전학할 수 있게 조치해 주었다.

이때의 감격을 나는 평생 잊지 못한다. 돌아가신 아버지께서 나를 전학할 수 있게 해주셨다는 생각이 들 때는 눈물이 핑 돌았다. 전학할 수 있음도 꿈 같았지만, 아버지가 저세상에 가서도 도와주시겠다고 유언하셨다는 어머니 말씀이 생각났고 무엇보다도 어머니 곁을 떠난 나를 아버지가 인정한 것으로 생각해서 어머니에 대한 죄송함도 좀 줄어드는 것 같았다. 지금 뒤돌아보면 이 생각은 견강부회하여 나를 조금이라도 합리화하려는 것에 지나지 않는다.

기거할 숙소는 한 살 적은 사촌 동생이 사는 곳에 빌붙어 지내는 것으로 해결하였다. 이 방은 1층 마루에서 사다리를 타고 올라가야 하는 부엌도 없는 다락방으로 삿갓 천장으로 높은 곳만 겨우 일어설 수 있고 다른 곳은 머리를 숙이고 심지어 허리까지 구부려야 이동할 수 있는 방이었다. 그러나 학교와 숙소가 정해지고 나니 마치 천국에라도 온 것처럼 날아갈 것 같았다.

나는 어머니를 생각하면 감히 한눈을 팔 수 없었고 고등학교 학생 때는 물론 대학생이 되어 입주 가정교사를 할 때도 내가 지도하는 학생이 시험 기간만 아니면 주말에는 시골에 가서 서울로 가는 막차인 밤 8시 기차를 탈 때까지 열심히 시골의 여러 일을 힘껏 했다.

어머니가 돌아가시고 돌아가실 때의 어머니보다 더 내 나이가 많아져서 손주들을 바라볼 때 가끔 어머니 생각을 했다. 살아생전에 어머니가 낳은 6남매가 시골 어머니께 자주 가서 손주들 재롱을 보여드리기는 했지만, 아들과 며느리와 함께 살면서 손주들과 같이하는 즐거움을 어머니께 드리지 못한 죄는 씻을 수가 없다. 다시 생각해보아도 어머니가 살아 계실 때 6남매와 그 배우자 그리고 여기서 낳은 손주 14명이 있었고 어머니 말씀을 최우선으로 하며 살았다. 5남매가 서울에서 살았는데 아이들에게 시골 구경시켜 주려는 의도도 있었지만 잠시라도 더 어머니를 도와드리려고 어떻게든 시간을 내서 수시로 찾아뵈었으니 어머니는 아주 외롭다고 할 정도는 아니었다. 어머니가 생생하게 기억하는 일은 많이 있겠지만 첫째는 1979년 당시에는 누구나 하는 환갑잔치를 어머니도 하셨고 음력 7월 5일 생일 때가 너무 더우니 관습대로 6개월 당겨서 1월 6일에 했다. 이때 어머니가 낳은 6남매와 그 식솔이 모두 동원되었고 잔치 음식 만들다 보니 새벽 첫닭이 울 때 끝났는데 그때까지 나의 세 살된 큰딸이 노래 부르고 사람들과 이야기해서 인기를 끌었다. 두 번째로 어머니가 잘 기억하는 일은 자가용도 귀하고 경운기조차 드물던 팔당댐이 생기기 전인 1980년대 초에 여름방학이면 해마다 우리 집 3남매를 데리고 고향에 갔다. 그리고 아이들을 리어카에 태우고 말조개가 많이 잡히는 밤벌 앞 강까지 가서 물놀이도 하고 조개를 잡아 돌아와서 삶아 여름밤에 식구들이 왁자지껄하게 웃으며 먹던 추억을 어머니는 소중한 추억으로 간직했다.

고2 때 서울로 거처를 옮기면서 나는 어머니께 하직 인사를 드렸다.
"죄송합니다. 정말 죄송합니다."
어머니는 힘없이 나직한 목소리로 내게 말씀하셨다.
"아니다. 네 인생인데 죄송해할 것 없다. 건강하게 지내고 열심히 잘 하거라."
그리고 오히려 나를 안심시키려는 말씀도 있었다.
"네 아버지 돌아가실 때 막내는 한 살, 큰애는 두 살이던 아들 형제도 다들 커서 이젠 심부름하고 일도 거들지 않니. 네 아버지 사업하다 갑자기 돌아가시면서 분명히 빚진 것은 없다고 했는데 갑자기 몰려든

채권자에게 빚 갚아 가면서 고생하던 시절도 겪었다. 나도 이젠 농사에 적응되어 지낼만하다. 이제 너는 너 하나 몸조심하고 잘 지내면 된다. 남과 다투지 말고 여기 걱정일랑은 말아라."

남편을 졸지에 잃은 슬픔 속에 어린아이들 키울 걱정에 먹고 살 경황도 없는데 생각하지도 못한 빚쟁이까지 몰려왔다. 이 빚을 6년 만에 다 청산했는데 그때의 어려움을 생각하면 지금은 살아갈 만하다는 말씀이었다. 그리고 내 걱정을 해주셨다.

비록 어머니께서는 네 인생 네가 살아가는 것이지만 어미로서 어린 너에게 경제적으로 힘도 되어주지 못해 미안하다고 말씀하셨으나 나는 내 인생을 위해 어머니를 편안히 모시지 못한 원죄를 지은 마음으로 평생 살았다. 지금은 그런 마음이 많이 희석되었지만 그 마음은 변함이 없다. 어머니께서 죄송이고 용서고 없다고 하였어도 내 삶을 위하여 뾰족하게 집안과 사회에 공헌하지 못했던 인생을 살아보니 어머님께 지은 죄가 크다고 생각했다.

혹자는 아들이 넷이나 되는데 네가 그런 죄의식을 어머니께 가져야 하느냐? 형은 나보다 10년이나 위면서 고등학교 2학년 때까지 귀족처럼 살았고 장남이면서 농사나 어머니를 모실 생각해본 적이 없이 살아가지 않았느냐? 막내동생은 해외 유학파니까 농사꾼이 될 수 없다고 치더라도 셋째 아들이 농사를 지을 수도 있는 것 아닌가 등 이렇게 내게 말하는 사람들이 있었다. 그런데 셋째는 아버지 닮아 어려서부터 사업가 기질이 있는 것을 누구나 잘 알고 있었다. 더구나 나는 아버지가 돌아가시던 초등학교 1학년 때부터 어머니를 따라 안팎으로 다니며 듣고 배워서 농사뿐만 아니라 시골 사정을 가장 잘 알고 있었다. 특히 초등학교 4학년 때부터 하던 지게질은 커가면서 능숙해져서 동네 사람이 모두 칭찬하는데 농업고등학교 농과를 다니고 있으니 유능한 농사꾼이 될 것으로 동네 사람들과 어머니까지 생각하고 있는 터였다.

에덴동산에서 쫓겨난 원죄는 하도 멀고 큰 이야기라서 의식하지 않고 살았지만 어머니를 모시고 사는 농사꾼이 되지 않은 일은 죄지은 것으로 생각하게 되었다. 이를 조금이라도 상쇄하는 길은 바르게 살고 잘 살아가는 일이었다. 그렇지만 부자로 살지도 소위 출세하지도 못했으나 어머니 마음 상하지 않게 하려고 부단히 노력은 했다. 어머니를 잘 모시겠다고 했지만 서울 내 집에 어머니 방을 따로 만들어 놓는 데는 고향을 떠난 지 20년이나 걸렸다.

물론 어머니는 서울 생활이 싫다면서 시골에서 농사를 짓다가 일이 다 끝난 초겨울에 상경하여 겨울을 서울에서 보내고 다시 시골로 가셨다. 그것도 회갑이 지난 다음부터 돌아가실 때까지만 그랬다. 어머니가 상경하면 어린 막내 손주가 베개를 들고 할머니 방에 가서 자겠다고 해서 어머니가 즐거워했고 기특해서 위의 두 누나로부터 남자아이라서 할머니가 편애한다는 소리도 들었다. 그런 손주가 귀여워 어머니께서 끔찍이 아낀 것도 사실이고 남아 선호 사상이 있었던 것도 사실이다. 그러나 시키지도 않았는데 우리 나이로 네 살 때 혼자 주무시는 할머니 방으로 가서 같이 자겠다고 했으니 사랑받을 만도 했다. 이 아이는 자라서 지금까지 제 부모에게도 참으로 잘하고 있고 결혼도 일찍

해서 손자를 둘 낳고 건강하게 살아가서 아내와 내가 고맙게 생각하며 당연히 앞으로도 계속 그러기를 바란다.

  나는 어머님께 그리고 하늘을 우러러 올바르게 살려고 노력했다고 감히 말할 수 있다. 어머니가 돌아가신 후 그때 형편이 되는 집에서 하는 씻김굿을 우리도 했다. 우리 동네에서는 씻김굿을 방가심이라고 부른다. 방가심에서 종이를 가닥이 나게 썰어 막대에 맨 소위 신장을 만들어 이 신장을 붙든 사람이 신이 내려 말을 하게 된다. 즉 돌아가신 분 대신 신장 든 사람이 말을 하는데 말투나 행동이 돌아가신 분과 너무나 같다. 그래서 사람들이 신장 붙든 사람의 말에 몰입하게 되고 그 사람의 말에 '아 그래 맞아', '그랬구나' 한다든지 또는 신세 한탄을 하면 눈물을 흘리기도 하였다.

  나는 이때 신장에 어머니 혼이 실려 내게 했던 말에 위안을 삼는다.

  "내가 사는 동안 너도 고생 많이 했다. 앞으로 동생들 네가 잘 살펴 주어야 한다."

# 어머니와 떠난 여행

## 형 따라 구경한 서울

아버지 상청이 대청마루 한 모서리 두어 평에 차려져 있었다. 상청에는 아침저녁으로 밥과 국을 올려드리는 상식과 음력 초하루와 보름인 삭망에는 삭망 차례가 있게 된다. 삭망 차례 때는 과일 같은 것이나 특별히 올려드리고 싶은 것이 있으면 올리기도 한다. 상청은 뒤주만큼 높은 상에 돌아가신 분의 사진이나 지방을 써 붙이고 흰 광목천으로 만든 가리개를 두른다. 우리 집에 설치한 아버지 상청은 안방 문을 열고 나오면 오른쪽에 윗방 문을 가리지 않을 만큼에서 시작하여 대청마루 위 서까래에 매단 끈으로 90도 꺾어서 마루 뒷문과 겹치지 않게 해서 벽에 고정시켰다.

늘 보이는 상청을 보는 것만으로 어린 마음에도 마음이 무겁게 가라앉곤 했지만 슬프거나 그렇지는 않았다. 물론 삭망 차례 때 어머니 혼자 하는 곡소리가 날 때는 나도 슬펐다. 그렇게 초상, 소상, 대상을 치르고 다시 대청마루가 제 모습을 찾은 것은, 내가 초등학교 3학년 늦가을이었다. 아버지가 돌아가신 날부터 만 2년이 지난 후였다. 매달 초하루와 보름날 어머니의 곡소리와 때로는 통곡 소리를 듣지 않게 된 것은 분명 큰 변화였다.

초등학교 3학년 그해 겨울방학에 서울 사는 이종사촌 형이 우리 집에 놀러 왔다. 어느 날 밖에서 놀이하다 들어오니 내 또래 모르는 학생이 우리 집에 있었는데 형이 서울에서 올 때 데려왔고 나이는 한 살 위지만 학년은 나와 같았다. 그야말로 나는 완전 촌놈이고 그는 서울 토박이였다. 며칠 놀다가 이종사촌이 서울 간다는데 어떤 이유에서인지 형이 나도 함께 데리고 가서 서울 구경을 시켜주었다. 겨울방학이라 매일 얼음이 언 논에 가서 썰매 타기 팽이치기를 하거나 아니면 제기차기, 구슬치기, 딱지치기, 자치기하며 놀고 있을 때인데 내일 형과 같이 서울 갈 것이니 준비하란다. 손과 발을 깨끗이 씻고 바지저고리 말고 양복을 잘 찾아 놓으라고 했다. 초등학교 졸업할 때까지도 바지저고리를 입은 학생이 있었으니 3학년 때는 남학생들 대부분이 바지저고리를 입고 있었고 실제로 깨끗이 다려놓은 바지저고리에 조끼까지 입고 설날 조상님께 제를 올리러 가면 새신랑 같다고 놀리기도 하고 월광단 조끼를 입어서 기분 좋겠다는 어르신들의 덕담이 있었다. 초등학생은 무명 검정 바지에 무명 흰 저고리를 입고 평상시에는 무명 검정 조끼를 입었다. 바지저고리에는 주머니가 없지만 조끼에는 최소한 2개의 호주머니가 있었다. 다만 설날이나 추석 때는 비단 조끼를 입는 어린이가 있기도 했다.

오전 중에 놀다가 점심 먹으러 들어가는 것이 늦으면 식구 중에 누가 나와 '개똥아 밥 먹어~'하고 불러 들어갔다. 점심 식사 후에는 생고

구마를 꺼내 먹고 뒤도 돌아볼 새 없이 또 뛰어나갔다. 이때 겨울이면 기르던 개 두 마리가 함께 뛰어나와 개를 쓰다듬고 뒹굴고 하며 나가면 개는 개 대로 다른 집 개들과 어울려 다녔다. 저녁때는 어두워지는 것도 모르고 놀면 어떤 어머니는 큰 소리로 자식의 이름을 부르며 밥 먹으러 오라면서 욕을 해대는 경우도 종종 있었다. 땅거미 지는 골목에 된장찌개 냄새와 어떤 어머니의 큰소리가 지금도 들리는 듯하다.

학교 다닐 때는 용의 검사라 해서 세수는 했는지, 손은 깨끗이 씻었는지, 이를 닦았는지, 손톱을 깎았는지 검사를 했다. 학교 가다가 다른 학생들과 개울가 고운 모래로 이를 닦고 얼굴과 손을 물로 씻고 가면 합격이었다. 가끔 손톱이 길다든지 용의 검사에서 불합격되면 담임 선생님께서 손바닥을 펴게 하고 준비된 회초리로 정도에 따라 댓 수와 세기가 다르게 때렸다. 그러나 겨울철에는 손등에 묵은 때가 적당히 끼어 있는 것은 그냥 넘어갔다.

손등에 때가 많이 끼고 그래서 추위에 갈라져서 피가 나와 검게 굳은 딱지가 있는 학생단 맞았는데 그 학생은 다음 주 그리고 그다음 주에도 손등을 닦고 등교하지는 않았다. 당시에 목욕하고 발을 닦는 일은 음력설을 쇠기 위해 설 며칠 전에 한 번 그러니까 그 긴 겨울 동안 한 번 목욕하고 발을 닦았다. 부엌문 닫아 놓고 부엌 바닥에서 가마솥에 데워 놓은 물을 퍼서 씻었는데 솔직히 추웠다. 그리고 등에 있는 때는 어머니가 밀어주었는데 몹시 아파서 아프다고 소리치면 엄살 부리지 말라고 하였다.

나는 그래도 손과 얼굴은 깨끗이 씻어서 양호했고 겨울에는 추위를 막기 위해 한복 바지저고리와 손을 넣기 위해 조끼를 입고 다녔으나 추위가 덜한 평시에는 양복바지와 양복저고리를 입고 다녔다. 갑자기 서울에 가게 되니 어린 마음이 설렘은 당연하다. 겨울인데 당연히 춥고 특히 불을 안 때고 사는 서울에 가면 내복을 2개 껴입어야 한다고 해서 그렇게 했다.

드디어 형을 따라 서울 나들이를 처음 하게 된 날이었다. 추운 겨울에 옷을 겹겹이 여러 겹을 껴입은 상태에서 초등학교 3학년이라는 어린 나이지만 들을 수 있을 만큼 쏘시개로 쓸 나무까지 이것저것 들고 읍내로 기차를 타러 갔다. 신나기도 했지만 그보다는 두려움이 더 많았다. 대학생인 형이 있지만 눈뜨고 있어도 코 베어 간다는 서울이 아닌가. 기차를 중간역에서 타니까 당연히 좌석은 없고 좌석 옆모서리에 기대서 2시간 남짓 걸려 왕십리에 도착했다.

기차에서 내려 형이 살고 있는 하왕십리까지 걸어가는데 배도 고프고 걷기도 힘들었다. 도착한 곳은 어느 골목 안 기와집으로 들어가 대문 바로 옆에 있는 방이었다. 방안이라고 해서 따뜻하지는 않았지만 찬 바람막이는 충분히 되었다. 시골집에서도 군불을 땔나무가 없어 겨우 밥만 해서 먹었으니 방이 추워 옷을 다 입고 잤다. 특히 발이 시려워서 잘 때는 솜을 두둑하게 넣은 덧버선을 만들어 신고 잤으니 서울의 방이 더 추울 것으로 생각하지 않았다. 그러나 그렇지 않았다. 시골집은 저녁 식사를 위해 밥을 지을 때 불을 지펴서 아랫목 방바닥은 따뜻했고 낮에는 화로에 화롯불이 있으니 찬기는 없었다. 물론 새벽녘에는 방도 식고 화롯불도 없어 코가 시려워 이불을 뒤집어쓰고 지내기는 했는데 당연히 어제 밤에 먹다 남은 물이 아침이면 꽁꽁 얼었다.

그런데 여기 서울의 방은 일년내내 불을 안 땠으니 그냥 축축한 삼척 냉방이었다. 시골집에서 잘게 쪼개서 가져온 장작으로 밥 짓고 국 끓이는 것을 겨우 해냈다. 너무 추운 날은 아궁이에 재를 모아놓고 여기에 석유를 넣어가며 불을 조금 피웠으나 방바닥이 따뜻하기에는 역부족이었다. 퇴근한 작은누나가 나를 위해 아궁이에 석유를 넣어가며 불을 지피기는 했어도 방바닥이 따뜻하지는 않았다.

밑반찬과 배추김치를 꺼내 작은 상에 차리고 지은 밥을 퍼서 형, 누나와 함께 저녁을 먹었다. 방에서 입김이 나는데 당시 유행했던 유담프라고 부르는 물론 사전에 나오지 않는 단어로, 생철로 만든 3L 정도 물이 들어갈 만한 베개처럼 생긴 물통이었다. 이 물통에 뜨거운 물을 부으면 표면이 뜨거워 수건으로 감싸서 이불 속에 넣어 냉기를 몰아내는 것이 난방의 전부였다. 다음 날은 일요일이어서 누나는 일하러 가지 않고 이웃 아주머니를 따라 송유관이 지나는 곳에 조금씩 흘러나오는 석유를 받으러 응봉동 둑으로 가고 형은 나를 데리고 시내 구경을 갔다. 먼저 간 곳이 화신백화점이었다. 당시 우리나라에서 최고 부자라 나도 이름을 들어서 알고 있는 박흥식이 주인이었는데 일제 강점기부터 한국 사람이 주인인 가장 큰 백화점이라고 했다. 지금 잘 기억나지는 않으나 아마 6층 정도 되었던 것같다. 점원들이 너무 예쁘고 평소 우러러보는 대학생인 형보다 세련된 사람들, 장날 읍내 장바닥보다는 붐비지 않았으나 시골서는 구경도 할 수 없는 신사 숙녀들로 넘쳐났다. 진열되어있는 물품은 무엇인지 어디에 쓰이는 것인지 모르겠고 별

천지라는 생각뿐이었다.

　이곳을 구경한 어리벙벙한 소년이 약 10년 후 대학생이 되어 이곳에서 가까운 옥인동에 입주 가정교사를 하며 살게 되었으니 10년이면 강산도 변한다는 말이 맞는다. 그리고 화신백화점 옆 골목은 소위 방석집으로 유명한 요정들이 있었다. 내가 대학생 때에 마침 대학 선배가 이북에서 넘어온 누님이 하는 집이 있어서 선배와 함께 들어가 본 적이 있다. 이 선배하고 들어가면 밖에 걸려있던 간판을 떼어 들여놓고 점원들은 전화해서 다른 업소로 출장 보내고 음식과 술을 내어 우리끼리만 조용히 먹고 마시고 옆자리에서 두 남매가 옛날이야기와 살아가는 이야기를 하곤 했다. 지금 이 자리에는 1999년 지하 6층 지상 33층의 '종로 타워'라는 이름의 초현대식 건물이 들어서 있다.

　그리고 이어서 바로 옆에 있는 큰길 건너 신신백화점에 들어갔다. 2층까지 있다고 했는데 1층만 둘러보고 나왔다. 지금 이 자리에는 1988년 지하 4층 지상 22층의 현대식 건물로 SC제일은행빌딩이 차고앉아 있다. 1호선 종각역에서 개찰하고 나와서 같은 높이로 편평한 길을 걸어가면 이 건물의 지하 1층으로 많은 음식점과 카페가 있고, 나는 이곳에서 한때는 식사를 자주 한 적이 있다.

　그다음 당시 서울의 3대 백화점 중 하나인 동화백화점을 구경하러 갔다. 사실 이때 백화점들을 구경시켜준 이유를 나는 지금도 잘 모른다. 형이 아이 쇼핑을 하러 간 것은 아닐 것이고 서울의 부자들이 다닌다는 그래서 부자와 멋쟁이를 볼 수 있는 곳을 구경시켜준 것으로 생각한다. 이미 화신백화점에서 놀랐으니 더 놀라운 것은 없었다.

1930년 일본인이 이곳에 백화점을 세웠고 광복 후에 동화백화점으로 상호를 바꿔서 영업하고 있다고 했다. 이 백화점은 1963년 신세계백화점으로 상호를 바꿔 주식회사로 발족하였고 1993년 삼성그룹에서 분리 독립하였는데 그 자리에 골조는 그대로 있고 몇 층을 더 올려 내부 정리하였으며 신세계(주) 소속으로 지금은 신세계백화점 본점으로 부르고 있다. 지하 주차장에서 차를 운전하여 밖으로 나올 때 도로 폭이 넓어 다른 빌딩보다 안정감이 높다.

　서울의 3대 백화점을 촌놈이 구경하면서 사실 얼이 빠진 것이 확실하다. 분명히 형이 점심을 사주었는데 어디서 무엇을 먹었는지 기억나지 않았다. 형은 나를 집에 데려다주고 누구를 만난다고 나가고, 일요일이라 응봉동에 철로가 지나는 둑에서 석유를 좀 구해 온 후 누나는 집에서 저녁밥을 짓고 있었다. 날씨가 많이 누그러졌다 싶기는 해도 한겨울이니까 추웠고 눈이 조금씩 날리고 있었다. 연탄가스 냄새가 너무나 역겹게 났다. 안집과 옆 방에서 연탄을 때는데 날씨가 궂으니까 더 냄새가 나는 것으로 생각됐다.

　누나와 둘이 추운 방에 앉아서 밥을 먹었다. 당시 세는 나이로 새해 들어 11살인 나보다 5살 위인 누나가 서울 사는 이야기를 들려주었다. 아버지 돌아가시던 해에 나는 철부지 초등학교 1학년이었고 누나는 6학년이어서 잔소리도 많았지만 나를 동생으로 많이 귀여워해 주었다. 부지런해서 1살, 2살짜리 어린 동생들도 잘 돌보아주어 어머니로부터 칭찬도 많이 들었다. 중학교 가고 싶다고 아버지를 졸라 승낙받아 놓은 상태에서 옷까지 사다 놓아 즐거운 나날이었던 누나에게 청천벽력이 일어났다. 아버지가 양력 11월에 갑자기 돌아가시는 바람에 중학교 진학은 무산되었다. 그리고 대학생인 오빠에게 밥도 해주고 취업도 할 겸 서울에 왔다. 요즘 같으면 미성년자라 취업할 수 없지만 그 시절은 나이가 문제가 아니었다. 누나는 키도 크고 건강해서 바로 평화시장에 옷 만드는 가게에 조수로 들어갔다. 지금은 재봉틀을 다루어 급여도 괜찮은 편이란다. 하기는 시골 우리 집에는 당시 최고품인 발 재봉틀이 있었고 어머니가 재봉틀질을 잘하였는데 딸들은 물론 나도 간단한 것은 재봉틀로 기워 입기도 했다. 물론 가끔 실을 끊어먹어 고생했고 북통의 실을 얽어 놓거나 심지어는 바늘을 부러트려 야단을 세게 맞기도 했다. 누님도 처음에는 그랬겠지만 어릴 때일수록 기능은 빠르고 쉽게 익힐 수 있다.

누나가 사는 집 바로 옆으로 지금은 없어진 기동차가 다녔다. 기동차가 지나갈 때면 시끄러워 잠시 대화를 멈추어야 했다. 여기 하왕십리에서 청계천 6가 평화시장까지 걸어가면 시골에서 초등학교 가는 정도 거리여서 멀지는 않다고 했다. 1층은 매장이고 2층은 작업장으로 재봉틀이 있고 여러 명이 각기 분담해서 일을 하는데 천장이 낮아서 구부리고 다녀야 한다고 했다. 하는 일은 하루 종일 재봉틀질로 말하자면 미싱사였는데 시골에서 해 뜰 때부터 해가 질 때까지 일하는 것보다는 훨씬 편하고 우선 수입도 괜찮은 편이라 했다. 당시에는 먼지나 작업환경을 생각하기보다 우선 일자리가 시급했던 때였다. 가보질 않아 잘 모르지만, 먼 훗날 전태일이 일하던 곳과 같은 곳이니까 사건이 난 후 신문 보도를 보고 누나가 그곳에서 일할 당시 그렇게 열악한 환경이었구나 생각했다.

 나는 시골 이야기를 했는데 네 살과 세 살인 남동생 둘이 싸우지 않고 사이좋게 지내 어머니가 좋아한다는 이야기를 듣고 누나는 그렇게 좋아했다. 큰누나와 어머니는 여전히 웃고 떠들지는 않지만, 큰누나가 열심히 십자 수를 놓으며 건강하게 지난다는 이야기에 또한 아주 좋아했다. 그런데 내가 조금 전부터 소화가 덜되어 속이 메슥거려 누나한테 말했더니 빨리 밖으로 나가자고 한다. 밖으로 나가 화장실 가는 동안에 좁은 마당에 그만 토하고 말았다. 눈이 꽤 쌓여가는데 누나가 나와서 뒷정리를 하고 밖에 나가 물약 아마 활명수였을 것인데, 사다 주어 마시고 바늘로 손을 따서 피를 내고 등을 두드려주어 좀 괜찮아졌다. 추워서 몸이 얼은 상태에서 연탄가스 냄새로 환경 여건이 안 좋아 체한 것이다.

 다음 날 아침 식사 후 누나는 일하러 출근하고 방학 중인 형은 나를 데리고 고향으로 내려왔다. 이틀 밤을 자고 왔으나 넓은 마당과 넓은 집인 우리 집이 너무 좋았다. 어머니는 초등학교 졸업하자 바로 어린 딸을 서울 보내놓고 2년이 되어가는데 걱정되었는지 누나는 밥은 잘 먹고 다니느냐? 살이 야위지는 않았느냐? 아픈 데는 없고 등등 참 많은 것을 물으셨다. 이미 너무나 춥게 지내고 쌀과 간장, 고추장, 된장 그리고 밑반찬은 충분히 가져갔으니 굶지는 않겠거니 하면서 어린 여자가 타향살이로 고생이 많다고 안타까워했다. 오빠에게 밥이나 해주고 빨래나 해주랬지 누가 일하러 다니랬냐고 걱정했다. 나는 있는 대로 이야기했는데 추위를 잘 견디고 지낸다고 어머니께 말씀드렸다. 사실 당시 시골에서는 작은누나를 부러워하지 않는 그 또래 여자들은 없었다.

누나와 초등학교 동기 여학생 중 중학교에 진학한 일부를 제외하면 누나 선배도 후배도 모두 일자리 얻어 서울로 가고 싶어 했다.

먹을 양식이 늘 모자라 어른이나 아이 할 것 없이 모두 배고프게 살던 시절이어서 어른들은 식구食口 하나 던다든지 숟가락 하나 덜 놓는 것이 얼마냐고 하면서 도시로 보낼 곳이 있으면 보내려 했다. 물론 도시에 연고가 닿지 않으면 당연히 보내지 않았고 어찌해서 보내놓으면 걱정을 많이 했는데 혹시 굶지나 않는지가 첫 번째 염려였다.

나이가 너무 어리면 식모나 잔심부름하러 가는 경우 월급은 없었고 밥만 얻어먹는 것도 다행이라 생각했다. 장사하는 점포에서 심부름하며 지내는 아이들 중에는 그 집 식구와 같이 월급도 없이 지냈다. 하지만 이런 경우 결혼할 때 결혼 준비 다 해주고 그 후에도 계속 일하도록 했고 때로는 조그만 가게를 내주기도 했다. 주인과 점원으로 만났으나 부모와 자식처럼 된 상황이었다. 어떻든 일자리가 있는 도시로 가려고 했고 이미 가 있는 사람을 부러워했다.

## 어머니 따라 첫 번째 외가 구경

며칠 후 설 명절에 작은누나가 내려와 어머니를 만나 두 사람의 회포를 풀었다. 마침 작은누나가 정월 보름 지나 상경한다니까 설지나 5살, 4살 된 남동생을 큰누나와 작은누나에게 맡기고 읍내 장날 어머니는 나를 데리고 외가에 갔다. 어머니는 아버지 3년 상을 치르면서 더구나 1달도 안 된 막내와 2살 된 셋째 아들을 키우시냐고 그동안 마음에 여유가 없었을 것이다. 지금 생각하면 형도 3년 상이 끝난 다음 어머니 심부름꾼으로 지낸 나를 어여삐 여겨 서울 구경을 시켜준 것이 아닌가 싶다.

평소 어머니의 친정 생각은 보통이 아니었던 것으로 생각된다. 6남매 자식에 대한 의무감을 뺀 애정만으로 보자면 그리고 그리움을 합쳐서 보면 오히려 친정이 더 무게가 실린다 해도 이상하지 않을 정도였다. 어머니는 친정에서 첫째 딸이었다. 재산 밑천이라는 첫 딸이라 부모님으로부터 사랑도 많이 받았을 것이고, 시집살이하는 동안은 물론이고 남편을 잃은 후 정신적으로 물질적으로 친정의 도움을 받은 상태에서 친정을 생각하지 않으면 오히려 이상한 일이었다. 이미 6.25 전쟁 기간에 친정 부모님은 다 돌아가셨지만 몇 년 만에 그것도 음력 정월에 친정을 방문하고 싶었던 모양이다. 당시 풍속으로 보면 시집간 딸이 친정에 들리는 일은 설날을 지난 정월이 주종을 이루었고 그렇지 못한 경우는 추석 명절에 방문했으나 추석 때는 바쁜 철이어서 특히 하루 이틀 묵고 오려면 정월이 좋았다.

정월은 농경사회에서 일거리가 없는 시절인 데다 설날이 있어 먹을 것을 충분히 해놓은 상태여서 그런지 설날이 있는 정월은 조상 대대로 내려온 풍습처럼 친정에 많이 다녔다. 신혼 때는 지금도 그렇지만 당시 정월에 친정 갈 때는 부부가 함께 가는 경우가 많았다.

어머니는 읍내 5일 장이 서는 날 어느 가게에 가면 친정 식구들은 물론 친정 동네 사람 사는 이야기를 많이 들을 수 있는지도 알고 있었다. 전화기가 없던 시절에 전할 말이 있거나 간단한 물건을 전할 일이 있으면 어디를 가야 하는지 알고 있었다. 어떤 장날 어머니는 다음 며칠 장날 친정에 가겠다고 이미 연통을 넣었다. 그리고 몇 월 며칠 장날 어머니가 친정에 가겠다고 큰누나와 작은누나에게 이야기하고 두 동생 챙길 일이며 1박 2일 동안 집안일은 어찌해야 하는지 역시 누나들에게 알려주었다.

드디어 출발하는 날이 내일로 다가왔다. 소풍 가기 전날 내일이 기다려지는 경험은 이미 겪었는데 그것과 비교도 할 수 없을 만큼 마음이 들떴다. 어머니와 함께 나들이를 가는 일, 어쩌면 버스를 탈 수도 있겠다는 기대, 외가는 집도 크고 식구도 많은데 외삼촌과 외숙모 만나면 세배 하는 일, 많은 외사촌 동생을 아직 한 명도 못 만났는데 어떻게 생겼을까 등 내일이면 이루어질 일들이 꼬리를 물고 떠올랐다. 출발 당일에는 잠도 일찍 깨서 닭 모이를 준 후에 멍멍이 두 마리와 안마당 바깥마당, 뒤뜰 장독대를 지나 언덕까지 한바탕 뛰어다녔다.

우리 집에서 읍내까지 5km, 읍내에서 외가까지 먼 20리 길이니까 걷기에 만만한 거리는 아니었다. 걸어가지 않고 차를 타고 가면 좋겠다고 마음속으로 빌었다. 읍내 가서 장을 보는 내내 어머니를 졸졸 따라다녔다. 설날 먹으려고 준비하는 음식이 아닌 생선, 젓갈, 과자, 사탕 등을 사다 보니 점심때가 다되어 어머니는 내게 너 배고프냐 하고 물었다. 사실 배가 고팠으나 눈만 껌뻑거리고 있으니까 빈대떡을 사서 어머니와 함께 먹고 외가 가는 반대 방향으로 가서 은근히 기대하며 물었다.

"엄마, 버스 타고 가요?"
"그래"

정말 신이 났다. 평상시에는 누구나 차비 아끼려고 걸어 다니는 것으로 알고 있었다.

"눈이 많이 쌓여서 산길을 걷기 어려울 것 같아."

"네."

서울 가는 버스는 강릉에서도 오고 여주에서도 오니까 자주 있었다. 버스나 군용 지프는 휘발유 냄새가 나는데 이 냄새가 너무 좋아서 아이들은 일부러 차량 뒤로 가서 냄새를 맡기까지 하던 때였다. 당시 차량은 지금처럼 중유를 사용하지 않았고 천연가스는 생각지도 못했다. 버스로 불과 15분 정도 걸리는 거리인데 차 타는 일 자체가 너무 신났다. 다른 친구들에게 차를 타면 그랬다고 자랑하던 시절이었다.

버스에서 내려 외가 동네까지는 오리정도 거리니까 지금으로서는 걷기에 가깝지는 않았다. 외가 동네는 낮은 동산 아래 남향으로 있어서 양지바른 곳인데 고갯마루에서 동네로 들어가는 길은 멀리 돌아서 가던 지 아니면 지름길로 갈 수 있었다. 다만 지름길은 산의 북 사면에 있어서 눈이 꽤 쌓여있을 것이었다. 어쩌면 길이 얼었다가 낮이면 녹아서 질펀한 큰길보다 눈 덮인 오솔길이 좋을 수도 있었다. 돌아가는 큰길보다 오솔길은 가까워서 좋기도 한데 2km 정도 되는 길을 어머니 따라 걸어갔다. 어머니는 이 길이 익숙한 길일뿐만 아니라 그리움이 겹겹이 쌓인 추억의 길일 터였다.

시골 사람들은 산골 눈길을 원래 잘 걸어 가지만 어머니의 발걸음은 분명히 빨라지고 있었다. 눈 쌓인 오솔길을 걸어 산모퉁이를 지나니 겨울의 오후 햇살이 따사롭게 느껴지는 동네 어귀에서 기다리던 셋째 외삼촌이 어머니를 보고 달려왔다.

"넘어질라. 뛰긴 왜 뛰냐."

"버스 타고 오시네. 그럴 줄 알았어. 겨우 내내 눈이 많이 왔거든."

"잘 지냈어?"

나도 인사를 드렸다.

"안녕하세요?"

"둘째도 왔구나. 많이 컸다."

양지바른 외가 동네에 오후 햇살이 비쳐 눈이 부실 정도였다. 긴 겨울도 한고비 넘어가고 며칠 있으면 정월 대보름이니까 겨울 추위에 적응이 되어 깜짝 한파가 오지 않는 한 겨울 중에는 지내기 좋은 시기가 되었다. 안팎채가 모두 큰 외가댁 집은 한 변의 길이가 9자는 됨직한 한 칸으로 지어 우리 집보다 보기에도 널찍했고 기둥들도 굵었다. 후에 들은 이야기지만 우리 집은 아버지가 돈도 잘 벌고 잘 나가던 때인데 좋은 소나무 목재를 쓰기는 했지만 평범하게 짓기로 작정하고 지었다고 한다. 초가삼간에 흙을 발라 지은 머리를 숙이고 들어가야 하는 초가삼간 집들도 많은데 대궐 같은 집을 지으면 안 된다는 것이다. 그래도 소나무 기둥과 서까래 그리고 여섯 자나 되는 당시로는 아주 큰 키의 아버지가 넉넉히 드나들 큰 문을 지닌 그런 우리 집이었다.

외가댁 가옥의 또 다른 특징은 안채가 행랑채보다 적어도 두어 자 이상 높고 안마당에 약간 튀어나온 큰 바위가 있는 것이다. 우리 집은 바깥채가 한자쯤 낮고 안마당이 모두 고운 흙으로 되어 있어서 땅따먹기 놀이하기가 좋았다.

셋째 외삼촌이 떠들썩하게 남시면 누님 오셨다고 해서 첫째 외삼촌 내외가 어서 오세요를 연발하며 나오고 둘째 외삼촌과 막내 이모도 마당까지 나왔다. 안방에 들어가니 어머니가 외삼촌들께 세배드리라 해서 그렇게 했다. 큰 외숙이 내게 물렀다.

"네가 올해 몇 살이냐?"

"설 쇄서 11살 되었습니다."

어머니가 한마디 했다.

"얘가 동생 큰딸하고 동갑이지."

큰외삼촌이 나를 뚫어지게 바라보며 말했다.

"많이 컸구나."

"동생은 겨울이니 신관이 편하겠네. 요즘은 무얼 하고 지내나?"

어머니가 서둘러 말을 돌려서 분위기를 바꾸려는 것이 어린 내게도 느껴졌다.

큰외삼촌의 큰딸은 이미 6.25 전쟁통에 고인이 되었다. 나도 고인이 된 큰딸 '문숙'이를 이름까지 잘 기억한다. 피난지 충청도의 한동네에 있었고 어떤 때는 같은 집 사랑채에서 지내기도 했다. 피난 나간 곳에서 누구나 배고픈 시절에 아무도 배불리 먹은 적은 없을 것이다. 아버지를 비롯한 어른들과 조금 큰 아이들까지 이고 지고 가져간 주식인 곡식은 이미 떨어졌는데 피난민에게는 다행히 인근 쌀 창고가 불이 나서 타는 중 일부 덜 탄 쌀을 구해서 밥이 시커멓지만 그래도 주식을 해결하던 때였다. 그런데 반찬이 없어서 동네에 사는 원주민 집으로 몰려다니며 동냥을 해왔다. 동냥하러 간 우리 피난민 중에 내가 제일 어리니까 첫 번째로 들여보냈다. 특히 지금도 생생하게 기억나는 것은 질그릇이나 바가지를 가지고 들어갔는데 경사가 꽤 되는 동네의 맨 위쪽에 있는 집으로 여럿이 갔던 때이다.

내가 들어가니 머리가 하얗게 센 할머니가 내 머리를 쓰다듬으며 몇 살이냐? 어디서 왔느냐? 이름이 뭐냐? 하더니 내가 가지고 들어간 그릇에 그 귀한 배추김치를 주었다. 이어서 작은누나, 큰누나, 형 그리고 몇이 더 들어갔는데 어떤 사람은 간장, 또 어떤 사람은 된장을 받아 왔고 그 뒤로는 굵은 소금을 받아왔다. 할머니 인심이 좋아서 모두가 조금씩이라도 얻었다고 좋아했다. 문제는 그날 저녁이었다. 김치 냄새가 나니 모두가 먹고 싶었을 텐데 내가 얻어왔으니 아무도 안 주고 나만 먹겠다고 고집을 부린 것이다. 어머니가 나를 달랬다.

"몸이 아파서 밥을 제대로 못 먹는 문숙이 좀 주자."

"싫어요. 지가 얻어다 먹지."

"쟤도 병이 나으면 얻으러 갈 거야. 쟤는 너하고 동갑이잖니."

그러면서 골이 난 내 등을 쓰다듬으며 말했다.

"우리 아들 착하지. 문숙아 김치 해서 밥 먹어, 약이라도 먹으면 나을 텐데."

그러나 탄 쌀로 만들어 삭삭거리며 탄 쌀이 씹히는 검은 밥을 먹으며 내가 바라보니 문숙이는 탄 쌀밥에 김치를 반찬으로 한 두술 뜨고 싫다고 했다. 어른들이 먹어야 힘을 내고 애들과 놀러 다닐 수 있다고 달래고 있었다. 은근히 문숙이에게 미안했다. 얼마 후 문숙이는 저세상으로 갔다.

막상 6.25 전쟁 때는 피난을 가지 않았고, 신작로 따라 남진하는 따발총 든 인민군을 언덕에 올라가서 구경했다고 한다. 당시 이북까지 진격했던 국군과 유엔군이 중공군의 인해전술로 1951년 소위 1.4 후퇴를 하였다. 이때 모든 사람이 그랬지만 고향을 떠나 피난 길에 오른 우리 식구는 아버지 5형제 분들과 그 식솔들이었다. 피난 생활에서 대체로 1년 이내에 귀가했는데 이때로부터 한두 해 지난 후 내가 귀동냥해서 들은 이야기라 어디까지가 진실인지는 알 수 없으나 어머니가 나지막한 목소리로 친정 촌수로 외사촌 오라버니와 나눈 이야기를 듣게 되었다. 내가 어리니까 그렇게 소곤거리며 대화한 것으로 생각할 수도 있다. 너무 놀랍고 다시 생각하기 싫어 훗날 어머니께 여쭤보지도 못한 이야기다.

피난 길에 아버지 5형제 식솔의 리더는 당연히 사업가인 나의 아버지였는데 피난 가다 보니 아버지의 처가 식구들이 합해졌고 아버지의 장인, 장모도 있었다. 사실 외가는 우리 동네에서 이십 리 정도 떨어졌고 피난 가자면 우리 동네 옆을 지나가야 했다. 아버지는 5형제 중 넷째였는데 특히 어떤 형님 되는 분이 아버지에게 우리 일가도 어려운데 처가까지 돌보느냐고 심하게 말을 했다. 이 소리를 어떻게 들은 아버지의 장인, 장모는 당시에도 몸이 불편했는데 외가 식솔을 이끌고 다른 곳으로 갔고 병이 중해지니까 고향으로 들어와 어머니의 친정어머니가 전쟁 중에 돌아가시고 일주일 후에 어머니의 친정아버지도 돌아가셨다. 눈물을 흘리며 친정 부모님의 돌아가심을 외사촌 오라버니와 들릴 듯 말듯 이야기하고, 위로하는 아저씨의 말이 들렸다. 어린 나이의 내가 알아야 하는 일은 아니지만 다시 말하건대 이 이야기는 다시는 누구에게서도 들은 적이 없고 나도 어머니에게 묻지도 못한 채 세월이 흘렀다. 그러나 불과 몇 개월만 피난 길에 함께 계셨으면 돌아가시지 않았을지도 모르고 돌아가신다 해도 옆에 모시고 다닌 것만 하냐는 어머니와 아저씨의 목소리를 분명히 들어서 잊혀 지지 않는다.

우리 집은 정월 초하루와 추석 명절일 때만 하얀 이밥에 고깃국을 먹을 수 있었고 생일인 사람만 하얀 이밥을 먹을 수 있었다. 그런데 큰외삼촌 댁에서 내온 저녁 식사는 하얀 이밥과 고깃국이었다. 외할아버지가 남겨놓은 재산이 넉넉하고 특히 앞에 흐르는 냇물이 크지는 않아도 마르는 일이 없어 주위의 논이 비옥했다.

식사 후에는 어머니가 가자고 해서 외삼촌의 재종 형이 6.25 전쟁 때 월북하고 부인 혼자 남매를 키우고 있는 집에 갔다. 아주머니는 어머니보다 손아래여서 어머니에게 형님이라 불렀는데 딸은 나보다 두세 살 많았고 아들은 나보다 한 살이 적어 나에게 형이라 불렀다. 아들은 아버지 닮아서 영특하다는 소리를 듣는다고 하는데 나와 짧은 만남이었지만 형제애를 느꼈고 그 후에 한동안 그렇게 지냈다. 남매가 모두 붙임성이 있었고 성격도 밝았다.

큰 외숙댁으로 와서 윷놀이하는 등 잔칫집처럼 떠들썩한 밤을 지내다가 어떻게 잤는지 생각이 안 나지만 아침이 왔다. 원래 음력 정월은 대보름 전후까지 손님도 많이 오 가고 떠들썩하니 축제 분위기였다. 그런데 외가 동네는 더 했다. 어머니는 특히 큰 올케와 이야기를 많이 나눴다. 큰 외숙이 정월이면 해마다 초등학교가 있는 동네에 가서 술과 노름으로 소일한다는 이야기를 들었는데 그 후에도 여러 번 내 귀에 들려왔다.

어머니가 장녀로 나이가 제일 많고 어머니 바로 아래 여동생이 아주 부자인 집 그러니까 서울시 전농동 지주댁으로 시집가서 아들 형제를 낳고 일찍 돌아가셨다. 그 밑으로 외삼촌 세 분이 있고 막내로 이모 한 분이 있다. 막내 이모는 나보다 나이가 4살 위였다. 내가 자랄 때도 그랬지만 위로부터 아래로 부모님처럼 동생들을 돌봐주게 되는데 어머니가 외가의 동생들인 5남매를 잘 돌보고 그래서 지금도 형제자매들이 어머니를 잘 따랐다.

어머니는 정든 옛집과 하루 더 계시라는 간곡한 만류에도 사랑하는 동생들을 뒤로하고 다섯 살과 네 살 된 아이들과 아버지가 돌아가셔서 안팎 일을 해야 하는 상황이니 결국 하룻밤을 자고 다음 날 점심 식사 후에 길을 나섰다. 어머니는 뒤돌아보고 또 돌아보고, 외가 식구들은 모두 나와 동구 밖까지 나왔다. 외삼촌 세 분은 동네가 보이지 않는 개울에 놓인 다리까지 나와 배웅했는데 어머니가 산모퉁이를 지나 마지막 보일 때 서로 손을 흔들고 헤어졌다.

당시에 우리 동네도 그랬고 모두 그렇게 헤어짐이 아쉬워 쉽게 떠나가지 못하고 개울이나 다리 등 어떤 상징물이 있는 곳에서 헤어졌다. 그러고 나서도 서로 보이지 않는 곳에 다다르기 직전에 한 번 더 손을 흔들어 작별의 정을 나눴다. 그런데 외가댁은 이것이 우리 동네보다 더 진지하게 보였다. 사람들도 읍내가 가까운 우리 동네 사람들보다 더 순수한 농촌 사람의 정서를 가득 담고 있었다.

고갯마루에서 버스를 기다려 타고 순식간에 읍내까지 왔다. 너라도 더 있다가 가라고 외가에서 나를 많이 붙들었으나 어머니는 내가 아직 어려서 안 된다고 했고 나는 곧 떠날 작은누나를 배웅하고 싶기도 하고 어머니와 함께 다니는 것이 좋아서 외가댁을 떠났다. 우리 집보다 넉넉히 만든 엿이며 차좁쌀 같은 몇 가지 농작물을 친정에서 받아 머리에 이고 어머니는 우리 집에 왔다. 어제부터 오늘까지 버스를 타는 등 너무 신났고 더구나 어머니와의 외출이었으니 더 말할 나위 없이 좋았다.

외가를 떠난 지 불과 2시간 만에 우리 집 바깥마당에 도착하니 누렁이와 검둥이가 먼저 알고 뛰어나와 길길이 뛰어오르며 반겼다. 안마당에 들어오니 다섯 살, 네 살 두 동생이 코를 흘려가며 놀다가 어머니를 보고 반가워서 치마폭을 잡고 좋아했다.

같은 해 봄에 나는 어머니 따라 외가에 가는 신나는 일을 또 한 번 갖게 되었다. 둘째 외삼촌이 군대에 입대한다고 친정에 가서 하룻밤 주무시고 온다고 했다. 전쟁이 끝난 지 채 3년이 덜 되던 때로 살아가기가 모두 어려웠고 전쟁 피해가 복구되려면 아직 먼 그런 때였다. 군대에 가면 아직도 여기저기 산과 계곡에서 불발탄이 터지고, 차량 사고, 총기 사고 등으로 사상자가 생기는데 특히 전방 휴전선에서는 북한군과 큰소리로 대화가 가능할 정도라고 했다. 밤에 보초 서다가 졸면 목을 잘라 가기도 한다고 했고 배가 고프고 고단해서 힘들다던 때였다. 아마 이런 일보다 더 힘든 것은 심리적인 위축이었을 것이다.

거리에 거지가 득실거리고 새벽부터 아침 식사 전에 집 앞에 와서 각설이타령을 하고 "밥 좀 주쇼. 조금 있다 오겠습니다." 하고 맞춰놓고 간 다음 누더기옷을 입은 거지가 오면 초등학생인 내가 주로 가서 보리밥 조금하고 반찬을 거지가 들고 있는 큰 깡통에 부어 넣고 들어오곤 했던 시절이었다. 상이군인이 여기저기 보이고 지난 전쟁에서 당한 무서움이 모두의 마음에 남아있는 그런 때였다.

5월 초 못자리에 싹이 튼 볍씨에서 파랗게 잎이 올라올 때 집에서 늦은 점심을 먹고 나룻배로 강을 건너 걸었다. 어머니는 우리 집에서 기르는 닭 중에서 비교적 살이 오른 암탉 한 마리를 잡아서 삶아 양념을 잘해 머리에 이고 갔었다. 강 건너서 한동안은 차가 지나가면 자갈도 튀고 흙먼지가 자욱이 일어나는 국도를 걷다가 철로를 따라 난 길을 걸어갔다. 기차는 굴속으로 들어가고 어머니와 나는 산길로 들어섰다. 다리가 뻐근하지만 쉬지 않고 산비둘기 울음과 뻐꾸기 울음소리 사이에 이름 모를 산새들이 울어대는 가운데 고개 하나를 넘었다. 날이 덥다. 나는 좋아서 어머니 뒤로 처졌다가 뛰어서 앞질러 갔다가 하면서 나뭇가지에 앉은 새를 날려 보내기도 하고 그랬다. 어머니는 풀섶에 뱀이 무서우니 함부로 천방지축 뛰어다니지 말라며 걱정했다.

높은 산은 아니지만 나뭇잎이며 풀이 한창 자라고 있었다. 두 번째 넘는 고개는 어린 내 마음에 제법 긴 고개였다. 훗날 내가 중고등학교 다닐 때 '바위 고개' 노래를 들으면 이 고개를 연상했을 정도였다. 바위 뒤에 숨을 만큼 큰 바위는 보이지 않았던 기억이지만 꽤 낭만적인 고개로 기억되고 있다. 이 고개를 넘을 때가 초등학교 4학년이었는데 중고등학교 학생 때에 이 고개를 다시 한번 가보고 싶다고 생각했으나 실천에 옮기지는 못했다.

물론 중고등학교 학생 때에도 외가에는 여러 번 갔었으나 집안 형편이 나아져서 읍내에서 8km 이상 되는 곳을, 버스가 다니는데 걸어 다니겠다고 생각하지 않았는데 걸어서 가는 길을 전혀 모르는 것도 또 다른 이유가 될 수 있다. 어떻든 그만큼 여유가 생기면 편리한 수단을 찾게 되고, 결국 오늘날에 이르러서 보면 이만큼 정이 메마르고 능률만 찾는 세상이 되었다고 생각한다.

내가 다니는 초등학교도 학교 가는 길에 상당히 긴 고개 2개를 넘어야 했으나 경사가 완만해서 우마차가 다니는 넓은 길이고 사람 왕래가 많았다. 그러나 외가에 걸어갈 때 넘은 이 고개는 인가도 없고 인적도 드물어서 아무리 농번기가 라고는 하지만 고개를 넘는 전후 5리 정도 되는 동안 한 사람도 못 보았고 고갯마루에는 제법 큰 나무 몇 그루가 서 있었다. 고개를 넘어 얼마간 내려가니 오후 햇살이 외가 동네를 환하게 비추고 밭에는 청보리가 푸르게 잘 자라고 있었다. 밭을 지나 어느 정도 평지가 되면서 논들이 있는 지역에 가니 누님~~ 하고 부르는 소리가 들렸다. 누님을 기다리던 막내 외삼촌의 큰 목소리가 멀리서 들리고 손 짓하며 달려오는 모습이 보였다.

"누님 오신다. 안녕하세요?"

얼굴 가득히 반가움을 담아 어머니 손을 잡는다. 이때 막내 외삼촌 나이는 십대 후반이었고 어머니를 6.25 전쟁 때 여의고 어머니의 정을 그리워하며 자랐을 것이다.

"잘 있었니? 뭐 여기까지 힘들게 오니."

이렇게 말하는 어머니의 표정도 반가움이 넘쳤다.

논에는 모가 자라나고 있고 밭에는 밭작물이 왕성하게 자라고 있어서 농촌은 바쁠 때였다. 둘째 외삼촌이 며칠 후 군에 입대하니 하룻밤 함께 하고 싶었던 어머니였다. 어머니는 아래 윗집으로 인사를 다니고 나는 지난겨울에 하루지만 친해졌던 멍멍이와 장난하며 바깥마당 끝에 있는 연못에 물고기에게 먹이를 주면서 이리저리 다니다가 외 6촌 동생 집에 가서 아주머니께 인사를 드렸다. 마침 외 6촌 남매가 화단을 가꾸기 위해 일하고 있어서 함께 화단 손질을 한참이나 했다.

외 6촌과 이야기를 나누다가 저녁 식사를 위해 큰 외숙댁으로 가니 어머니도 거기에서 외가 식구들과 이야기하고 있었다. 등잔불 아래 군에 입대하는 동생에게 어머니의 이야기가 있었다. 몸 다치지 않게 조심하고 군대 생활에 잘 적응하라는 말씀이었다. 작은 외숙은 어머니에게 며칠 후 입대하는 날 읍내에서 뵐 것인데 농사로 바쁜 철에 왜 오셨냐고 했다. 사실 그랬다. 당시는 군내 각 면에 사는 입대할 장정을 한곳에 모이게 해서 군민 환송회를 대대적으로 열었다.

겨울과는 달리 해가 넘어가서 땅거미가 지기 시작할 때 집에 들어오니 5월의 초저녁은 시간으로 보면 꽤 늦은 시각이었다. 하루 종일 일하고 고단하여 식사가 끝나면 바로 잠자고 이튿날은 먼동이 틀 때 일어나서 또 일하기 시작하는 것이 농촌의 일과다. 일찍 아침 식사하고 어머니는 일이 밀렸다고 친정 식구들과 아쉬운 작별 인사를 나눴다. 그리고 어제 왔던 그 길을 되돌아서 우리 집을 향해 길을 재촉하여 바쁜 걸음으로 걸었다. 나는 어머니 따라 열심히 걸었다. 편도 30여 리 거리로 멀기는 해도 평소 그 이상 걷고 일하니까 힘들거나 어려움은 없고 어머니와 걷는 일은 신나기만 했다. 집에 도착한 날이 일요일이었는데 거의 매일 식전에 못자리 논에 나가 물을 퍼 올리고 일요일에는 더 오랜 시간 일하곤 했으니까 오늘도 도착하자마자 논으로 나가 우물에서 논으로 물을 옮기는 타래박으로 물을 긷는 일을 해서 물을 논에 충분하게 채웠다.

 잘 기억은 나지 않으나 그 며칠 후 아마 토요일 오후이었을 것인데 군 내의 입대 장병 모두가 군청 앞 너른 터에 모이고 가족과 일가친척이 환송하러 나와서 인산인해를 이루었다. 입대하는 장병에게 무운을 빌며 큰 행사를 했는데 나도 그 자리에 있었다. 환송식이 끝나면 역에 대기해 있던 열차를 타고 논산 훈련소로 이동하면 일요일에 도착해서 월요일부터 기초훈련에 들어가지 않을까 생각되었다. 둘째 외삼촌보다 1살 아래인 형은 대략 1년 후에 입대했는데 작은외삼촌 입대 때 같은 그런 형식의 군민 환송식은 없었고 10년 아래인 내가 똑같이 사병으로 입대할 때는 각자 훈련소에 도착하게 되어 있었다. 물론 동네에서 쌀 한 줌과 약간의 금전을 주는 풍습은 남아있었다. 동네에 입대하는 장정이 한 명이라도 있으면 그 동네 모든 집에서 쌀 한 줌과 돈 5원이나 10원을 성금으로 내어놓았다. 그 한 줌씩 모은 쌀로 저녁과 아침을 지어 먹는 것이 장정이 무사히 돌아오게 하는 오랜 전통이라 했다. 그러니까 동네에 입대할 청년이 누구인지 소문이 나고 사람들이 많이 모이는 읍내에 아이들도 덩달아 모였다.

 나는 영장(당시 군에 입대 통지서)이 나오지 않았으나 현지 지원 입대했다. 이때가 1월 21일로 연중 가장 추운 때였다. 입대 이틀 전 시골에 가서 어머니께 말씀드리니 너무 놀라워했다. 이장님의 방송으로 동네 사람들이 알게 되어 입대 전날 저녁과 입대날 아침은 동네 사람이 준 쌀로 밥을 지어 먹었다.

06시 훈련소로 가는 원주행 기차를 타기 위해 새벽 5시경 집을 나섰는데 어머니께서는 남포등을 들고 기차역까지 배웅하겠다고 나섰다. 이틀 전 눈이 내린 후 동장군이 급습해서 북풍이 세게 부는 영하 15℃ 이하의 강추위 날씨였다. 군대 가서 고생할 건대 배웅하는 일이 뭐 대단하냐며 결국 함께 나루터로 나갔다. 약 4km 걸어 강가에 이르니 강물이 꽁꽁 얼었다. 이런 경우 사람이 다니기 좋게 모래를 뿌렸고 이 모래가 햇빛을 받아 얼음이 녹고 또 얼어가면서 미끄럽지 않게 되었으나 갑자기 얼어서 미처 그런 상태가 되지 않았다. 이런 경우 어르신들은 강을 건너는 사람이 붙들고 함께 걸었다.

추운 새벽이라 읍내 쪽에서 이쪽으로 이동할 사람이 없으니 어머니는 강을 건널 수가 없었다. 북풍이 세차게 부는 강변이라 빨리 언덕으로 가서 서둘러 귀가토록 거듭 당부 말씀을 드렸다. 어머니가 빨리 들어가시도록 서둘러 강을 건너 언덕에 올라 뒤돌아보니 건너편 언덕에 아직도 남포불이 깜빡이고 있었다.

후에 들은 이야기지만 어머니는 원주 가는 기차가 들어와 출발한 다음에 집으로 향했다고 했다. 아무리 군대 가는 일이 위험하고 아들 걱정하는 어머니 마음이라도 극한 추위에 강바람 맞으며 그 긴 시간을 기다리신 일을 생각하면 목이 메는 일이었다.

환송식하고 있는 중 증기기관차에 물을 보충하기 위해 기차역에 세워진 거의 20m 높이 되는 물탱크에 극성파 아이들이 올라가 물을 나오게 해서 아까운 물이 폭포처럼 쏟아지는 장면을 보았다. 그날 동네에 들어와 물을 쏟아낸 아이들이 내 친구들 임을 그들이 스스로 무용담처럼 자랑해서 알게 되었다.

못자리 이야기가 나와서 말인데 '모'는 논에 심을 소중한 것이어서 사람들을 힘들게 했다. 4월 중순부터 20여 일간은 못자리에 뿌린 볍씨를 새가 먹지 못하도록 하루 종일 새를 쫓아야 했다. 오전에는 노인이나 여자 어른들이 나와서 새를 쫓고 학교가 끝나고 나면 책 보따리를 마루에 팽개치고 바로 못자리로 가서 학생들이 새가 볍씨를 먹지 못하도록 쫓아댔다. 집에서 싹을 틔운 볍씨는 못자리판에 뿌리고 지온이 오르면서 볍씨에서 뿌리가 나와 모판에 착근될 때까지 물을 볍씨가 잠길 정도만 채우니까 새들의 먹이가 되기 십상이었다. 볍씨에서 나온 뿌리가 어느 정도 자라 땅에 고정이 되면 그때부터는 물을 채워서 모가 자라게 했다. 이때 기온도 높아지고 햇볕도 따가운데 모가 물을 많이 소모하는데 물이 적으면 모가 말라 죽고 가끔 새벽 기온이 낮아지면 모가 동사할 수도 있어 물을 충분히 채워주어야 하는데 물 채우는 일도 쉽지는 않았다.

## 어머니와 누님을 모시고 간 회갑연

지난봄부터 혼담이 오가던 작은누나의 결혼 날짜가 곧 정해질 것 같은 12월 하순이었다. 큰누나는 출가하여 큰딸을 낳아 재롱을 보며 행복하게 살고 있다. 마침 하자포리 후미게 아저씨 회갑연이 있어서 어머니가 작은누나와 나까지 함께 가자고 했다. 이 아저씨는 어머니의 외사촌 오라버니인데 해마다 여름 농한기가 되면 우리 집에서 이틀 정도 주무시고 가곤 했다. 나는 겨울방학 중이고 12월 하순 금년도 가정교사도 끝나서 나야 신나는 일이었다.

회갑 당일만 가는 것이 아니라 회갑을 맞이하는 아저씨의 각별한 부탁으로 하룻밤을 자고 오는 일정이었다. 시골집에서 점심을 하고 어머니와 작은누나를 모시고 집을 나섰다. 그 시절만 해도 겨울이면 눈이 많이 내려서 한 번에 20cm 내외의 눈이 겨우내 몇 번씩 내리곤 했다. 아직 이번 겨울은 큰 추위가 없어서 큰길에는 눈이 없었다. 읍내에 가서 걸어가도 되는 외가보다 가까운 10리 길이었다. 그러니까 우리 집에서부터는 20리 길이었는데 읍내까지 10리 길은 차편이 없으니까 걸어가고 읍내에서부터는 버스를 타고 갔다. 1950년대 초보다는 1960대 후반이 되니까 웬만하면 버스를 탈만큼 사람들의 살림이 여유로워졌다.

아저씨 댁은 읍내에서 버스를 타서 10여 분 가서 내리면 되었다. 버스에서 내려 도보로 10여 분 거리에 있는 동네인데 남한강이 바라보이고 뒤로 나지막한 언덕 같은 산이 있는, 내가 사는 동네보다 운치 있게 보였다. 강가의 너른 들판에 흰 눈이 쌓여있고 들판이 끝나는 곳에 한강 물이 잘 보였다. 겨울이면 늘 그렇듯 한강 물이 하늘과 누가 더 푸른가? 누가 더 짙은 남색인가를 자랑하듯 대비되는데 강과 하늘 사이에 있는 건넌 마을에는 골짜기마다 마을이 보인다. 그곳에서 오른쪽 그러니까 한강 하류 쪽으로 동네는 보이지 않고 뒷산만 조금 보이는데 어머니가 살고 계시는 내가 태어난 마을의 뒷산이다. 강 건너 마을 뒤로는 강에서 멀어질수록 산이 높아져서 광주산맥으로 이어지는 그런 곳이었다.

어머니는 외사촌 오라버니를 우리가 부르는 대로 동네 이름을 따서 후미게 아저씨라고 부른다. 아저씨는 당시 어머니가 49세였으니까 12살이 더 많은 띠동갑이었다. 아저씨가 나의 아버지보다 다섯 살 위였지만 왜정 때는 읍내 장터에서 두 분이 간혹 만나기도 하곤 그랬다. 중앙선 철로 개설을 위한 공사판에서 만나기도 했는데 아버지가 만주로 피신하여 해방될 때까지 여러 해를 살아가는 동안에도 우리 집에 아저씨가 왔었는지는 내가 태어나기 전이었고 이야기 들은 적도 없어서 모른다.

해방 후 귀향한 아버지가 양평군, 가평군, 홍천군, 횡성군에서 산판을 하여 재목과 화목을 뗏목으로 띄워 서울에 공급하는 일을 할 적에, 아저씨는 우리 집 사랑채에서 며칠씩 숙식도 하였다. 나도 초등학교 저학년 학생으로 학교 다닐 때 바지저고리를 입고 다녔지만 당시 남자 어른들은 모두 바지저고리를 입고 다녔다. 아버지는 키가 180cm로 당시 우리나라 남자 평균 신장이 160cm 겨우 넘을 때니까 기골이 장대하다는 소리를 들었고 목소리도 우렁찼다. 나는 해방 이듬해에 태어났으니 나이가 어려서 아버지가 하는 사업에 대하여 알지 못했고 차츰 커가면서 보았다고 해도 6.25 전쟁 후 사업체가 다 파괴되어 우리 동네에 있는 정미소에서 일하는 것을 본 아버지 모습 외에는 기억이 없다. 내가 다섯 살 때 전쟁이 났고 여러 가지 기억나는 일들이 있지만 상황 판단이나 정황의 선 후 등에 대해서는 잘 알지도 못한다. 아버지가 하던 토목 사업에서 사용하던 중장비는 파괴되었거나 없어졌고 유일하게 우리 집 뒷마당에 오랫동안 남아있던 장비는 발전기였다. 뒤주만큼 컸는데 전기가 없던 시절이니까 용접이나 불을 밝혀야 하는 야간작업 시에 사용했다고 한다.

들리는 말로 아버지는 전쟁 전에 산판 사업으로 시작해서 정미소가 서너 곳에 있었고 그중에 하나는 우리 동네 마을 한가운데 있었다. 우리 집 바깥마당에서 정미소가 바로 보였고 여기 마당 끝에서 정미소 마당 끝까지 거리는 약 30m 정도 되었다. 돈이 모이니까 한강에서 물을 끌어 들여 황무지나 다름없는 강변을 논으로 정리하기 위하여 불도저, 발전기 등을 들여오고 인부 70여 명이 매일 일을 하였다고 한다. 동네 사람이 농사지을 소를 원하면 사준 것만 5마리였다고 하는 이야기를 어머니에게서 들었다. 내가 어렸을 때까지도 농가에서 재산 목록 1호는 큰 소였다. 강변 개발 사업 때에 후미게 아저씨는 인부로 중간 관리인으로 우리 집에서 숙식하였다. 아저씨는 키가 작고 목소리는 쉰 소리가 났지만 내 어린 눈에도 강한 인상에 눈동자가 빛을 발할 정도로 형형했다.

이 아저씨는 우리 집 특히 어머니에게 큰 영향을 주었다. 1년에 한 번 농한기에 오셔서 어머니의 어린 시절을 많이 회상시켜 정서적으로 좋은 영향을 주었다고 생각한다. 후미게 아저씨의 어머니는 우리 외할머니의 언니였다. 사람들 대부분이 그러하듯이 우리 어머니는 특히 친정어머니를 많이 생각했는데 장녀이기도 하고 6.25 전쟁 난리 통에 모시고 가다가 헤어졌고 병을 얻어 바로 돌아가셨기 때문에 더 그러한 것으로 생각되었다.

어머니의 친정 둘째 남동생은 아버지 돌아가신 후 가끔 오셔서 일하다 남은 논밭의 자투리를 마무리하는 등 도와주었다. 삽이나 곡괭이를 들고 우리 논밭을 돌아다니며 일해주곤 했지만 후미게 아저씨가 호미나 괭이를 들고 일하는 모습은 본 적이 없다. 그런데 어떻게 해서 어머니에게 영향을 주게 되었는지는 잘 모른다. 다만 전쟁 후에 폐허가 된 가옥을 세우고 논밭을 일구는 일로 고달프고 먹고 살아가는 음식 장만도 녹록하지 않았던 시절인데 아버지는 사업을 일으키려 고생하면서 우리 동네 정미소는 직접 기사로 일하며 운영하였다. 전쟁은 소강상태라고 하던 1953년 봄이나 휴전으로 전쟁이 멈췄다고 하던 그해 여름에도 우리는 솜이불을 옆에 두고 잤고 새끼줄에 깡통을 매달아 이를 흔들어 신호가 오면 솜이불을 뒤집어쓰고 더위를 참았다. 폭격해도 파편이 이불을 뚫고 들어올 수 없기 때문이었다. 밤이면 서치라이트가 동네를 비롯한 이웃의 산들을 환하게 비춰고 낮에는 자주 비행기가 날아가며 소위 '삐라'라고 부르는 전단지를 투하했다. 불타거나 허물어진 집을 아직 완성하지 못한 곳이 많았고 거리에는 거지, 문둥병 환자가 얽혀 있어서 우리 같은 아이들은 늘 경계하며 지내야 했다.

그러한 시절에 1953년 늦가을 후미게 아저씨가 새벽같이 우리 집에 오셨다. 아버지가 돌아가셨다는 소리를 들어서 급히 왔다는 것이다. 그런 분이 외지에서 한 두분이 더 왔는데 아버지는 멀쩡하게 정미소에서 일하는 것을 보고는 괜히 놀라서 허겁지겁 왔다가 놀란 가슴을 쓸어내리고 돌아간 적이 있었다.

그런데 그런 일이 있은 지 채 열흘도 안 되어 정말 그 정미소에서 아버지가 사고를 당하여 집으로 모셔온 사건이 일어났다. 읍내에 딱하나 밖에 없는 병원인 '박의원'에서 한 분뿐인 의사를 모셔왔으나 상처는 없는데 척추가 골절되어 손도 못 쓰고 갔고, 지금 같으면 119를 불러 큰 병원으로 갔을 테지만 그럴만한 시절이 못되었다. 서울 홍제천에 가서 '산골'이란 뼈를 잇게 해준다는 작을 생물을 잡아다 들고 한약재를 잡숫다가 며칠 후 운명하셨다.

어머니는 아버지 돌아가시기 열흘 전 후미게 아저씨 등이 다녀갔을 때 아래 집에 사는 만신에게 가서 물어봤으면 사고를 미리 예방할 수 있었을 것이라고 자주 되뇌곤 하였다. 이 일이 있은 후 어머니는 후미게 아저씨를 신임하게 된 것이라고 나는 생각했다. 외할아버지가 유학자라고 할 수는 없어도 유교 집안에서 자란 어머니는 점을 보거나 하는 일을 미신이라고 믿고 있었고 소원을 빌려면 당시 풍습대로 사월 초파일에 절에 갔었다.

그런데 아버지가 갑자기 돌아가시면서 놀란 가슴은 만신 할머니를 찾는 계기가 되었고 만신의 말을 듣고 따라 했다. 그 할머니는 어머니보다 20세 정도 연장자였는데 80이 넘게 이웃에 살면서 어머니에게 영향을 주었다. 어머니가 회갑 무렵에 만신 할머니가 돌아가셨고 어머니도 그 후부터는 점을 안 보기는 해도 스님이 지나가거나 동네에 점쟁이가 왔다고 하면 관심을 가질 정도로 크게 관심을 두지 않았다.

이와 연결되는 비슷한 이야기가 있다. 어느 날 어머니는 내게 혹시 올해 너희 집에 도둑이 들었거나 큰 손재수는 없었느냐고 물었다. 어머니가 걱정하지 않게 거짓으로 이야기하려다 어떤 예감이 들어 도둑 좀 맞았다고 말씀드리니 귀금속이냐고 반문해서 그렇다고 했다. 그리고 도둑맞은 일과 아들이 입원했던 상황을 모두 말씀드렸다. 그랬더니 어머니는 '그럼 네 아들 목숨은 앞으로 염려 없다'고 했다.

어머니가 새로 지은 우리 집에 아들 돌 때인 2년 전에 오셨었고 올해는 농한기인 8월에 오셔서 그렇게 물었다. 도둑이 들고 아들이 아팠던 그 집은 나와 아내가 마음과 몸 고생하면서 생전 처음 지은 집이었다. 집을 지은 경험이 없었는데 마침 아는 선배가 집을 짓는다 해서 인사 겸 구경삼아 갔었다. 당시에 학생용 참고서 한 권을 무리하게 쓰고 나서 무력감과 소화 불량으로 내과와 신경내과를 다니면서 근무하던 때인데 신경내과 의사 말씀이 지금 하는 일과 전혀 다른 일을 해 보라고 권유하던 차였다. 선배가 집 짓는 현장에 가보니 이상하리만큼 흥미를 자극해서 관심을 가지게 되었다.

그래서 집 짓는 현장에 자주 가서 인부 모시기, 자재 구입, 행정 절차까지 묻고 싶은 말은 모두 물었다. 마침 몇 년 전에 사놓은 임야가 택지로 지목 변경이 끝나고 정지 작업을 해서 대지는 마련되어 있었다. 친절하게도 그 선배는 내가 집을 짓도록 유도했고 자문해주겠노라 했다. 그래서 집을 짓기로 마음먹게 되었다. 아무래도 처음이고 직장에 다녀야 하니 중간 관리인을 두고, 그 사람이 내가 할 일을 대부분 대행토록 하여 집 짓기를 완성했다.

그런데 그해 겨울을 나면서 안방 창틀 위에 결로 현상이 생기고 반지하 포함 3층 집이었는데 반지하 방에 지하수가 비쳐서 수리 작업을 했다. 다행히 반지하 방은 수리가 잘 되었는데 결로 현상은 다음 겨울에도 나타났다. 기왕이면 기력이 쇠잔해 가는 어머니를 위해 그리고 고등학교 2학년 때 서울로 무작정 상경하며 내 마음속에 다짐했던 어머니를 잘 모시겠다는 생각을 잊은 적이 없었는데 이번에 늦었지만, 기회가 왔다고 생각했다.

다행히 지은 집이 배 이상 올라 이 집을 팔면 더 큰 집을 지을 수 있을 것 같았다. 기왕이면 고향이 가깝고 고향에 오가는 버스와 기차가 많은 청량리에 집을 다시 짓고 싶었다. 집을 처음 지은 곳이 강남 3구는 아니지만 그래도 개발되고 있는 강남이어서 청량리보다는 비싼 곳이었다. 돈을 더 확보하기 위해서 가지고 있는 패물을 팔기로 했다. 패물을 전부 모아보니 값이 꽤 나갈 것으로 보였다. 특히 약혼식을 올릴 때 대학 재단이사로 재력과 인력이 우리 집보다는 괜찮은 처가에서 장모 될 사람이 5캐럿짜리 다이야몬드가 박힌 반지와 기타 패물을 요구했다. 사회 신출내기로 박봉에 대학원까지 수료하느냐 모아둔 돈은 없었으나 대학 재학 시절 파월하여 받은 전투 수당 일부 남은 것, 과외 등으로 모은 것 등 내가 가진 모든 것을 탈탈 털어서 그렇게 했다. 결혼 후 신혼여행 갈 돈이 없어서 훗날을 기약하고 가지 못했다. 결혼할 때 나는 형이나 집 안으로부터는 결혼 자금을 전혀 받지 못했다.

결혼 때 내가 아내에게 해준 패물과 결혼 때 내가 받은 금반지, 황금 열쇠 등을 모두 가지고 아내는 종로 3가 금은방에 다녀왔다. 이때가 3월인데 큰아이 둘은 각각 유치원과 유아원에 보내고 막내는 우리 집에 세 들어 사는 사람에게 맡기고 금은방에 갔더니 두세 곳 들어간 상점마다 가격 차가 많이 나서 다음에 다시 가볼 생각으로 서둘러 집에 들어왔다. 점심은 먹는 둥 마는 둥 하고 큰길 건너 유치원에 가서 큰아이를 데리고 집에 들어오니 식탁이며 가구가 어지럽게 흩어져 있고 마루와 방에 신발 자국이 선명했다. 팔려고 모아놓은 패물을 둔 곳에 가보니 그것이 없어졌음을 알고 망연자실해 있는데 자기 방에 들어갔던 큰아이가 방 가운데 똥이 있다고 말하며 안방으로 뛰어와서는 책들도 방바닥에 어지럽게 놓여 있다고 했다.

퇴근해서 집에 들어오니 아내가 울상이 되어 있고 자초지종을 들은 나는 첫째 다친 사람이 없어서 다행이고 둘째는 놀라서 병이 생기지 않은 것만도 다행이라고 위로했고 정말 그랬다. 하기는 집을 지어 증식된 재산에 비하면 적은 액수지만 구입 가격을 따지자면 당시 방 2개의 전세를 얻을 정도의 많은 돈이었다. 월급을 모아 사려면 적어도 1~2년 저축해도 모자라는 정도였다. 동네 파출소에 도난 신고는 했으나 도둑을 잡는다는 것은 기대하지도 않았다.

그때 청량리에 땅을 사려니까 아직 이쪽 집을 팔지 않은 상태여서, 패물을 팔면 마음에 드는 대지의 대금을 치르려는데 보태거나 아니면 집 짓는 자금으로 쓸 생각이었다. 그리고 아파트도 아닌 단독 주택인데 집을 자주 비우고 지내는 상황에서 도둑이 많던 그 시절에 패물을 집에 두는 것은 위험하다는 생각이 더 컸다고 할 수 있다. 원금의 10% 커미션을 주고 은행 융자를 얻는 등 아직 내가 살고 있는 집 판 돈의 잔금도 받지 않은 상태에서 6m×4m 코너에 약 80평 되는 대지에 남향으로 왜정 때 지은 청량리 소재 철도관사를 구입했다.

이 무렵 나는 문교부로 전직하는 경사가 있었다. 세 명의 자식을 돌보는 일로 평일에는 시간이 없는 아내와 나는 토요일 오후와 일요일은 새로운 집을 지을 때까지 살 집을 얻으려 돌아다녔다. 돈이 넉넉하다면 지금 사는 집에 살면서 새로운 집을 지은 다음에 팔고 이사하면 좋겠지만 그런 형편이 못되었다. 당시에는 지금과 달리 집을 두 채 가지고 있어도 중과세가 되지 않았다.

새로운 직장에 적응하기 위해 바쁜 내 생활과 세 명의 아이 엄마가 된 아내가 교사직을 버리고 전업주부가 되었어도 더 바쁘기만 하여 부부가 전투하듯 살아가는 나날이었다. 그 와중에 이사할 집을 구하고 이삿짐을 꾸려가는 중인데 세 살짜리 셋째 아이가 복통을 호소하며 밥을 먹지도 못하는 것이다. 그렇지 않아도 투베르쿨린 검사 결과 예방 접종을 하라고 해서 접종한 후에 왼쪽 겨드랑이 부근에 종기가 생겨 약을 복용하고 있었다. 식욕이 전만 못하고 돼지 소리 듣는 뚱뚱했던 아이가 말라서 걱정인데 복통까지 일어 걱정이 이만저만이 아니었다. 야위어 가는 이유인 임파선 결핵이 왜 걸렸는지 의사는 말해주지 않았고 나을 수 있는 병이라면서 이후에 이 아이는 절대로 결핵은 걸리지 않을 것이라는 말만 해주었다. 몇 개월째 약을 복용하니 임파선 결핵으로 생긴 종기의 표면이 한 꺼풀씩 벗겨져 가며 줄어들고 있어서 그나마 안심은 하는 중이었다. 수년 후 고향 학교 동창인 종합병원 간호사가 우리 아이 임파선 결핵 때문에 오래 고생했다고 하니 불량 예방 주사약이 약 2만 명에게 주사되어 임파선 결핵이 발병된 일이 있었고 서로 쉬쉬하고 보도되지 않았다고 했다. 이 사건은 몇 명이 발병했고 완치율이 얼마인지도 모르는 의료 사고로 의료계의 비밀임을 알게 되었다.

이렇게 임파선 결핵으로 쇠약해진 아이가 복통이 심해서 동네 병원에 갔으나 소용이 없어 다음 날에는 한의원에 가서 치료받았으나 또한 차도가 없었다. 밤에는 더 심해져서 배가 아프다고 외마디 소리를 지르며 뒤로 나가떨어져 방이며 마루 등 모든 바닥에 이불과 요를 깔아서 뒤로 넘어져도 머리를 다치지 않게 했다. 잘 놀던 아이가 약을 먹고 자다가 한밤중에 깨서 울어대니까 이틀 밤을 아내와 나는 교대로 조금 눈을 붙였지만 그야말로 초긴장 상태에서 지냈다. 사흘째에는 주위 사람들과 동네 병원이 말해주어 어린이 종합병원이라는 서울역 뒤에 있는 어린이 전용 병원에 택시를 타고 갔으나 퇴근 시간이라고 진료할 수 없다고 하면서 응급실로 가라고 해서 응급실에 가니까 만원이어서 입원이 안 된다고 했다. 소나기는 쏟아지고 퇴근 시간이라 택시도 잡기 어려운데 세 살짜리 어린 환자를 안고 나와 아내는 발을 동동 구르며 소나기에 구두와 옷이 모두 젖는 것도 아랑곳하지 않고 택시 잡으러 다녔다.

어렵게 택시를 타서 가까운 종합병원에 가자고 하니 택시 기사가 내려준 곳은 서대문 로터리에 있는 적십자병원이었다. 당직 의사인 레지던트가 진찰하더니 장중첩증 같다고 빨리 수술하지 않으면 소장이 여기저기 붙고 그러면 녹아서 오랜 시간이 지나면 목숨이 위험하다고 했다. 이미 시간이 지나 장을 많이 잘라낼 수 있으며 그러면 평생 정상인보다는 힘이 없을 것이라 했다. 그래도 아이를 살려내는 것이 더 급하고 중요하니까 수술하기로 했다.

　병원 측에서 수술할 외과 의사에게 호출전화를 했다. 아이는 못 먹고 2~3일이 지나 거의 까부라진 상태에서 이따금 고통을 호소하는데 그 소리도 작아졌다. 레지던트는 장중첩이 의심되는 곳을 계속 주무르며 두드리고 있었고 자정이 넘어서 등원한 외과 의사가 아이의 상태를 보더니 수술동의서에 보호자가 사인을 하라고 했다. 소장을 얼마나 절단할 것 같으며 그 후 아이가 평생 살아가면서 지장이 없겠느냐고 외과 의사에게 물었다. 의사 말은 얼마만큼 잘라내야 할지는 지금 알 수 없으나 48시간 이상 지나서 창자가 상당히 훼손되어 있을 것이며 짧아진 장의 길이가 다시 길게 자랄 수는 없으나 짧아도 생존에 지장은 없다고 위로인지 겁을 주는 말인지 아리송하게 했다. 다만 섭생에 주의해야 하고 힘을 정상적 사람처럼 쓸 수는 없을 것이라 했다.

　순간 지금 더 견뎌볼 것인가 하는 생각이 스쳤지만 빨리 수술해서 고통을 덜고 당연히 살려내야 한다고 생각했다. 아내도 옆에서 듣고 있었지만 같은 생각이었다. 그런데 당직 의사가 아까보다 딱딱한 부분이 좀 물렁 해진 것 같은데 내게도 만져보라 한다. 사흘째 만지고 쓸어준 아내와 나는 병원 수술대에서 외과 의사가 오는 시간과 수술 수속하는 시간 모두 약 2시간 동안 특히 딱딱한 부분 두 곳을 계속 마사지하고 있었다. 내가 수술 동의 사인을 하러 가고 있는데 아내가 겁에 질려 아이가 똥을 지렸다고 해서 덜컹 가슴이 내려앉는 가운데 겁을 먹고 아이 앞에 다가갔더니 팔을 뻗어 안아달라고 팔을 벌렸다. 많이 소리치고 울고 해서 목이 쉬었는데 힘이 없어 말소리가 거의 안 들리는지도 한참 되었다. 저절로 하나님, 부처님, 조상님 생각이 나며 놀란 가슴에 조심해서 아이를 안았다. 안고 나자 바로 대변을 보는 것이다. 그래서 화장실로 안고 가는 동안 계속해서 병원 수술실 바닥에 묽은 대변을 쏟았다. 그러더니 아이가 내 목을 껴안는 힘이 느껴졌다. 나는 더 놀랐는데 아이가 물을 달라는 것이었다.

급히 아내가 물을 떠 오는 동안에 당직 의사가 오더니 아이를 뉘어 보자 하고 아이 배를 만지더니 고개를 갸웃하다가 큰 소리로 '됐습니다. 살았습니다.' 하는 것이 아닌가. 아내가 떠온 따뜻한 물을 숟가락으로 입에 떠넣으니 아이가 물그릇을 빼앗아 입에 대고 물을 마시는 것이었다. 물에도 체한다고 아내가 그릇을 입에서 떼니 아이는 그릇을 끌어다가 더 물을 마셨다. 시계를 보니 새벽 4시가 되었다.

아이는 먹을 것을 달라고 한다. 당직 의사에게 물어보니 고형 음식을 주지 말고 우유 정도가 좋겠다고 한다. 우유를 상당히 마시고 아이는 잠이 들었는데 편안해 보였다. 수술하는 일은 취소하고 중환자실에 입원이 되었다.

아내는 집에 있는 두 아이를 밥해서 먹여 유치원과 유아원에 보내야 한다면서 걱정하다가 아이가 곤히 잠든 상태를 보고 마침 병원에 온 빈 택시를 잡아 집에 갔다. 나는 병원에서 아이 옆에 졸음을 참으며 대기하고 있었는데, 아이가 배 아프다고 보채기 시작한 후 4일째 아침이 되었다. 간호사가 검사를 위해 채혈하겠다고 채혈실로 아이를 안고 오라고 해서 그렇게 했다. 간호사가 빠른 동작으로 아이를 빼앗듯 해서 바닥에 눕히고 수건으로 아이 몸체를 감아 꼼짝도 못 하게 했다. 며칠을 못 먹고 울부짖어서 목이 쉬어 잘 나오지도 않는 목소리로 '아빠, 아빠~~'를 수없이 부르며 잔뜩 원망하는 눈물 고인 눈으로 나를 바라보았다. 짧은 시간이지만 악을 써가며 원망하는 아이 눈이 내 마음에 각인 되어 있을 정도였다.

아이들이 집에 오면 잘 돌보아 달라고 이웃에 부탁하고 아내가 병원으로 왔다. 나는 이미 9시 반 경 소아과 과장의 회진에서 퇴원해도 좋다는 통보를 받은 때였다. 회진 때 소아과 과장을 따라다니는 의사, 레지던트 사이에 야간 당직 의사도 있었다. 어제 야간 당직 의사가 소아과 의사였던 것도 우리 식구들에게는 행운이었다. 의학 용어를 원어로 사용해서 내가 알 수는 없었지만 친절하게도 여의사였던 과장은 내게 장폐색증은 장중첩증과 구별하기 어려운데, 우리 아이는 장폐색증으로 별다른 치료 없이 정상이 되었으니 퇴원해도 좋다고 했다. 퇴원 수속을 위하여 돌아다니다 보니 죽을 먹은 우리 아이는 휑한 눈과 마르기는 했어도 나를 보자 반가워하며 '아빠~'하고 큰 소리로 불렀다.

입원하기 위해 준비해온 것이 별로 없어서 퇴원할 때 운반해야 할 짐은 없었다. 불과 몇 시간 동안 본 중환자실 유아들은 한동안 내 뇌리에서 맴돌았다. 우리 아이 옆에 있던 아이와 그 어머니는 지금도 나의 마음에 남아있다. 건강해져서 나가기만을 기원하면서 그 아이와 그 어머니, 아니 같은 병실에 있던 아이들과 보호자님께 우리 아이를 안고 퇴원해 나오면서 미안한 마음과 안타까운 마음으로 빨리 쾌유 되기를 빌고 또 빌며 나왔다.

나는 아내와 아이를 택시에 태워 보내고 하늘을 나는 기분으로 발

걸음도 가볍게 걸어서 종합청사로 출근했다. 2일 전 오후에는 조퇴하고 어제는 하루 연가를 냈는데 오늘은 2시간 정도 지각을 했다.

이렇게 유아기 어린아이들이 올해 들어 장폐색에 잘 걸리는 이유가 8월 신문에 보도되었는데 수박이 붉게 보이라고 수박 뿌리 옆에 뿌린 화학 약품으로 인해서 특히 심했다고 했다. 결핵 예방주사가 불량해서 힘들어하고 있는 어린이가 불량 수박을 먹고 장폐색증으로 고생을 한 것이다. 아무리 의술이 발달한 현대를 살아간다고 해도 인간에게는 한계가 분명히 있고 의학적으로 어려운 일은 계속 일어난다. 나는 기억에 없지만 어머니 등에 업혀 다니던 때에 내가 볼거리를 해서 먹지를 못해 뼈만 앙상했다고 한다. 나를 본 동네 아주머니들은 살아나지 못할 것이라고 불쌍해했는데 기적적으로 살아났다는 것이다. 내 아들도 전국에서 2만 명에게 잘못된 백신을 주사해서 그중 한 명으로 이번에 임파선 결핵 때문에 허약해진 상태에서 설상가상으로 장폐색이 되어 너무 힘들었으나 어려운 고비를 넘겼으니 천우신조로 생각한다.

이렇게 어머니가 궁금해하는 도둑맞은 이야기와 그로부터 두어 달 후 우리 집 막내가 죽을 뻔한 이야기를 소상히 말씀해 드렸다. 당시에 내가 한가한 날은 없었지만, 모처럼 시골에서 청량리의 형님 집을 거쳐 먼 신림동까지 일부러 오신 어머니이니 다과와 수박을 먹어가며 지나간 일을 이야기로 풀어서 말했다. 저번 사월 초파일에 가까운 암자에 갔을 때 보살님이 용하다고 해서 점을 보았더니 둘째 아들이 큰 도둑을 맞았을 것이고 그래서 한 아이의 목숨을 건지게 될 것이니 염려 말라고 했다는 이야기를 들려주었다.

아래 집 사시던 할머니가 돌아가신 뒤에는 점을 보거나 그러지 않던 어머니가 동네 아주머니들과 먼 곳에 있는 절에 가는 대신 가까운 곳에 있는 암자에 갔다가 점을 본 모양이었다.

"어머니는 이제는 점 안 보시는 줄 알았는데 어쩐 일이세요?"

라고 웃으며 여쭸다.

"그때는 내가 왜 그랬는지 모르겠다."

하면서 너희 집 셋째는 어린 나이에 예방주사와 불량 식품으로 죽을 고비를 겪었으니 모든 액땜을 다 하고 평생 건강할 것이라고 덕담해 주었다.

사실 살면서 불가사의한 일이 없다고 할 수 없는데 어머니 친정 식구 중에 신기가 있다고 할까 그런 경우가 있다. 우리 어머니는 침술을 배운 적이 없는데 음식 먹고 체했거나 감기 걸린 데 침을 잘 놓고 효과가 높았다. 다만 누구에게나 침을 놔주지는 않았고 온 사람을 그냥 보내기 어려우면 소화가 잘되는 전통적으로 우리 집에 내려오는 식초를 주면서 원래 침쟁이가 아니고 요즘은 침을 안 놓는다고 했다. 둘째 외삼촌은 '쇠침'을 잘 놓기로 그쪽 지역에서 이름이 있는데 배운 적이 없는데, 소가 병이 들면 20cm 정도 되는 길이의 침이 다 들어가게 침을 놓았다. 막내 이모는 역시 배운 적이 없는데 침도 놓고 점도 볼 줄 아는데 아무 곳에서나 누구나 봐주거나 그러지는 않았다. 어떤 때는 묻지도 않았는데 너 요즘 어떻지 하는 말이 정곡을 찌를 때도 있었다. 물론 우리 어머니를 비롯해 세분 모두 돈을 받지도 않을 뿐만 아니라 신기를 숨기려 한다는 공통점이 있다.

후미게 아저씨 회갑연에 어머니는 딸과 아들을 데리고 갔다. 이때 우리 어머니의 친정어머니와 후미게 아저씨의 어머니는 고인이 되셨다. 두 사람이 살아있을 때는 시댁을 두고 마음대로 외출하여 만날 수 있는 시대가 아니였다. 그러나 읍내 장날을 매개로 가끔 만날 수 있었다. 그리고 우리 어머니가 출가 전이나 출가 후에 후미게 외삼촌 댁과 외사촌들을 만난 적이 꽤 있었을 것으로 생각되었는데, 방문한 회갑 집에서 많은 사람과 반갑게 인사 나누는 것이 이를 증명한다.

어머니가 작은누나를 소개할 때 아직 결혼 날짜는 정하지 않았으나 약혼했다고 해서 축하 인사를 많이 받았다. 작은누나의 매력은 아버지를 닮아서 당시로서는 큰 키, 시원한 인상과 말솜씨라고 나는 생각했다. 그런데 회갑 집에서 만난 사람들은 서울에서 오랜 직장생활로 현대화된 매너와 고운 얼굴, 시장조사까지 해서 당시 유행하는 옷을 직접 재단하여 만들어 입었으니 패션 감각도 있는 사람이 멋진 옷까지 입어 내가 보기에도 우리 시골과 비슷한 동네에서 단연 눈에 띄는 인사였다. 나도 키가 큰데 S대학 재학생이라니 대학생이 귀하던 시절이라 좋은 인상을 줄 수 있었을 것이다. 그러나 이보다도 어머니가 청상과부의 몸으로 6남매를 잘 키워 큰아들은 서울에서 좋은 직장에 다니며 손주까지 두었고 큰딸은 출가해서 손주를 나았다며 대단하다고 어머니를 칭찬했다.

어머니가 남편을 잃었을 때 한 살, 두 살이었던 끝에 두 아들이 잘 자라 서울에서 중고등학교 학생으로 있다고 하니 모두 반가워하면서 이구동성으로 어머니는 참으로 대단한 사람이라고 칭찬을 아끼지 않왔다. 특히 우리 동네에서는 어머니를 시기하고 질시하는 사람이 있어서 은근히 가시 돋친 언사를 쓰는 경우를 나도 볼 수 있었는데 여기서 어머니를 만나 대화하는 사람들은 그런 표정이 전혀 보이지 않았다.

여기서 어머니를 아는 사람들은 어머니의 남편이 살아있을 때 기골이 장대하고 돈 잘 벌던 사업가였음을 당연히 알고 있을 터였다. 특히 회갑인 당사자께서 자손과 아는 사람들에게 이 여동생이 자신과는 띠동갑이고 남편은 본인보다 나이가 적지만 존경받을 만한 사람으로 모시고 일을 많이 하였다고 말하니 어머니는 여기 모인 여러 귀빈 중에 한 사람이 되었다.

저녁 식사 후에 더 앉아 있다가 어머니는 다른 여자 손님들과 회갑연 집 안방마님 방에서 모두 함께 주무시기로 했다. 작은누나와 나는 오늘 낮에 버스에서 내려 걸어들어올 때 지났던 동네에 안내되었는데 회갑인 당사자의 출가한 따님의 집이었다. 어머니가 주무시는 집에서 나와 수백 미터 앞으로 강물이 흐르고 강변까지는 농경지로 흰 눈이 덮인 아름다운 야경을 보며 이웃 동네로 걸어갔다.

아저씨 따님 집에도 손님이 들어와 사람이 많았으나 회갑 잔치가 있는 집보다는 훨씬 조용했다. 누나는 역시 여자 손님들과 함께 다른 방으로 자러 가고 나는 남자 손님들과 잤는데 젊은 사람들의 대화와 웃음소리가 들리기는 했지만 잠자는 데 어려움은 없었다. 손님으로 어려운 자리에 있으면서 앉았다 일어서기를 많이 하였으니 고단하기도 했다.

소란한 소리에 눈을 떠보니 밖이 훤하게 밝아오고 있었다. 밖에 나가 바라본 들판과 강이 눈을 시원하게 해서 기분이 상쾌하였으나 먼동이 트는 새벽녘이라 추워서 바로 방으로 들어왔다. 세수하고 옷을 입어 외출 준비하는데 회갑 잔치하는 곳으로 가자고 한다.

잔칫집 대청마루에 각종 과일, 과자, 떡, 고기 등으로 크게 차린 상이 눈에 들어온다. 근래에는 이런 상차림은 없어진 지 오래되었고 초파일에 큰 절에 가서나 볼 수 있게 되었다. 이 시기에 결혼과 회갑 잔치 그리고 초상을 치르면 경비가 많이 나서 빚을 지는 경우가 많았다. 조선시대보다는 덜 했겠지만 소위 관혼상제를 위하여 가난한 살림에 빚을 져가며 치러야 하는 큰일이었다.

시골에서 술이나 식혜 한 동이를 해서 보내주었고 가까운 일가친척은 떡, 고기 등을 나누어 맡아서 부조했다. 농촌에서는 경비 조달을 위해 곡식을 파는 방법밖에는 없었는데 자손이 형편이 좋아 현금으로 해결하면 가장 좋겠지만 그렇지 못하면 곡식을 팔거나 심지어는 빚을 지게 되었다.

결혼 때는 부모가 결혼 비용을 대고 회갑은 자손이 차려드리는 것이 상례였는데 환갑이면 이미 나이 든 노인으로 자손에게 살림을 물려주어 뒷방 신세가 되던 시절이었다. 다행히 오늘 환갑을 맞이한 아저씨는 형편이 좋은 집이었다.

잔치 예식이 시작되어 환갑이 된 아저씨 부부가 좌정하고 직계 자손이 서열대로 큰절을 올려 축하드리고 이어서 당사자와 가까운 일가친척, 친지, 동네 사람들이 인사를 올리면서 선물을 드리기도 하였다. 그리고 큰 교자상을 마루와 멍석 깔은 마당에 놓고 음식을 가져와 차려 놓아 아침 식사를 하였는데 그 후 손님들이 이웃 마을이나 외지에서 계속 오기 때문에 상은 그대로 놓아두었다.

　해가 높이 솟았을 때부터는 한복을 곱게 입은 여자들이 나와 경기민요를 비롯한 여러 민요를 부르고 춤을 추었으며 창을 읊었다. 그리고 일가친척, 동네 사람들이 잔을 올리고 노래를 하며 춤을 추어 점점 흥이 고조되고 있었다. 술에 취한 사람도 보이기 시작하는 오후가 되었다. 음식을 먹고 싶은 만큼 배불리 먹고, 어머니는 여러 사람과 대화를 충분히 하였다고 생각되는 시간이 되었고 하객도 떠나는 사람이 보이기 시작했다. 작별 인사를 하고 떠나는 많은 하객에 휩싸여 어머니는 작은누나와 나를 찾아 떠나자고 하였다.

　석별의 정은 언제 어디서나 각별하지만 만날 기약이 없는 한복 입은 친인척들이 서로 붙잡고 놓을 줄 모른다. 그렇게 석별의 시간이 흘러 우리 일행은 우리 집 방향으로 가는 버스를 탈 수 있었다. 잔칫집에서는 떠나는 사람들에게 잔치 음식을 싸서 주는 소위 봉송을 주는 관습이 있어 우리도 받았는데 내가 들고 왔다. 집에 당도하니 해는 서산으로 많이 기울고 있으나 저녁 식사 준비할 시간이 충분했다. 어머니는 굴속 같아도 내 집이 제일 좋다고 하며 나들이할 때 입었던 옷을 평상복으로 바꿔 입었다. 방학 중이라 서울에서 내려온 동생 둘이 집을 잘 지키고 있었다.


**어머니와 장모 모시고 제주도 구경**

　지난해부터 어머니를 모시고 제주도 여행을 하려고 계획하고 있었다. 어머니는 딸만 둘인 나에게 아들만 둘인 바로 아래 동생의 아들 하나를 양자들이라고 아내와 내게 압력을 넣은 적이 있었다. 1970년대 말부터 '아들딸 구별 말고 둘만 낳아 잘 기르자.', '잘 기른 딸 하나 열 아들 부럽지 않다.' 하면서 산아제한 홍보가 활발했다. 당시는 길거리와 건물 벽에 포스터가 붙어 있고 TV와 라디오 그리고 신문 등 언론 매체에서는 산아제한 홍보가 대단했다.

결국 아내와 나는 어머니의 소원도 들어드리고 양자를 작정하여 들이는 이야기 후 소원해진 동생 부부와의 관계도 개선하기 위하여 특단의 조치를 하였다. 당시 사회 분위기도 자식은 둘만 낳는 것이었으나 하나를 더 낳아 또 딸이라 해도 더 이상 더 낳으라든지 양자라는 말은 일절 하지 않기로 어머니와 약속하고 낳은 셋째가 아들이었다. 어머니 말씀이 아니더라도 대학 은사께서 만주와 미국을 가보면 빈 땅덩어리가 많으니 자녀를 꼭 셋 이상 나서 이민 보내라고 자주 말씀하셨고 이미 셋을 낳은 선배의 권유도 참작은 되었다.

두 번째 지은 집이 완성되어 입주한 때가 1985년 여름이었다. 무엇보다도 내가 꼭 열심히 살아서 어머니 호강시켜 드리겠다는 마음을 먹고 어머니와 고향을 떠난 것이 1963년 고등학교 2학년 때였다. 그로부터 22년이란 세월이 흘렀다. 좋은 집을 지어 어머니를 위하여 멋진 방을 꾸며드리겠다고 생각한 지 그만큼의 세월이 지나간 것이다. 생각만큼 멋지지는 않았으나 주택난이 심한 그때 4평 정도 크기의 어머니 전용 방을 만들어 놓고 나는 마음속으로 아주 기뻐했다. 그리고 1년을 지나지 않아 냉장고, TV 등 가내 전기 기구를 모두 사들였다.

어머니 방은 동쪽으로 커다란 창문이 있고 북쪽으로도 창을 내서 답답하지 않게 만들었다. 거실로 난 문을 열고 나오면 오른쪽에 부엌과 식탁이 있는데 당연히 당시 유행하던 대로 거실과 부엌은 유리 창문이 있는 4개의 여닫이문으로 구분되어 여닫을 수 있게 하였다. 요즘은 거실과 부엌을 터놓아 시원하게 하고 각종 장식으로 치장하여 멋을 내고 있다. 그리고 왼쪽으로는 어머니와 우리 아이들 그러니까 어머니의 손주들이 사용하는 세면대, 욕실, 수세식 변기가 있었다. 아이들에게는 할머니가 화장실에 계시면 안방에 있는 화장실을 사용하라고 일러두었다. 어머니 방에는 어머니용 가구도 준비했고 침대는 싫다고 해서 어머니용 응접세트를 들여놓았다. 이때 우리 동네는 물론이고 대부분 천연가스관이 연결되어 있지 않아 단독 주택 난방은 연탄보일러를 주로 썼는데 우리는 기름보일러를 설치해서 가을에 석유로 탱크를 가득 채우면 보일러실에서 석유 냄새가 조금 나기는 했어도 겨우내 쓸 수 있었다. 몇 년 후 천연가스관이 가정에 연결된 후는 가스보일러로 교체했다.

 신림동에 살다가 청량리역 옆으로 집을 지어 이사 온 이유는 어머니가 시골에서 기차를 타고 상경하면 혼자 걸어서 우리 집에 찾아올 수 있게 하기 위해서였다. 어머니가 시골에서 기차를 타고 오셔서 청량리역에 도착하여 전화하면 모시러 나가는 것이 상례였는데 어쩌다 집을 비워 전화를 받지 못하는 경우 통화될 때까지 청량리역에서 기다리며 계신 적이 있고 누가 마중을 나가도 짐이 많아 서로 고생하는 경우가 있었다. 어머니는 어머니의 자식들이 모여 살기를 원해 형님 집이 있는 곳과 청량리역 사이에 새로 지은 우리 집이 있어서 역과 형님 집을 모두 도보로 다닐 수 있었다. 그 후 작은누나와 큰동생이 이 근처로 이사를 와서 6남매 중 4남매가 도보 거리 내에 살았다.

훗날 형님이 먼저 강남에 살았으면 우리 형제자매가 모두 그 옆으로 가서 강남 사람이 되었을 것이고 강남 부동산값이 폭등했으니 모두 부자가 되었을 것이라 해서 웃었다. 1980년대 초에 강남 개발이라는 기치 아래 그곳 여기저기를 개발할 때 내가 먼저 갈 수도 있었을 것인데 고향에서 기차를 타면, 내리기 쉬운 청량리역 근처에 집을 마련하여 어머니를 모시겠다는 마음이 늘 있어서 청량리로 온 것이니 형님이 역 근처에 살게 된 것을 나는 이해했다. 방을 잘 꾸며 어머니 방이라 정해서 말해도 서울에 오면 늘 형님 댁에 먼저 가서 주무셨다. 형님 집에 전화가 안 되거나 짐이 많아서 먼저 우리 집에 들리게 되어도 상경 첫날 어머니는 형님 댁에서 주무셨다. 자식들의 마음을 불편하게 하지 않으려는 배려일 것이었다.

어머니는 이 무렵 허리와 무릎이 안 좋아 오래 걷기가 힘들었다. 아내가 학교에 다시 근무하니까 우리 내외가 평일에는 시간이 없었는데 다행히 삼육병원 당시 위생병원은 토요일에 쉬고 일요일에 정상 근무하니까 우리 아이들은 어렸을 때부터 위생병원에 다녔다. 더구나 아는 사람이 그 병원에 근무해서 잘 모르면 묻기도 좋았고 때로는 예약을 부탁하기도 했다.

어머니도 위생병원에 가서 종합 검사도 하고 약을 지어드렸다. 그리고 서교동에 허리와 무릎 치료를 잘하는 좋은 한의사가 있다고 해서 그곳도 다녔다. 2~3년 동안 서울에 오실 때마다 꾸준히 병원에 다녀서 걸을 때 허리와 무릎 아픈 것도 어느 정도 치료가 되고 일할 때 숨찬 증세도 없어졌다. 서울에서 병원에 어머니를 모시고 다니고 시골 내려가 계시면 약을 타다 보내드리는 일로 아내가 고생 많이 해서 내가 고맙다고 했다.

이제 어머니 건강도 좋아졌으니 어머니를 위해 할 일은 여행을 모시고 가는 일이어서 지난 1년 동안 나름 준비를 했다. 그런데 내가 해외 연수를 갈 기회가 생겼는데 포기할 수 없는 일이었다. 당연히 욕심이 났다. 그런데 자격시험인 라트[LATT]에 합격해야 했다.

나는 1985년 9월 1개월 동안 도쿄에서 개최되는 아시아-태평양 과학교육 워크숍에 한국 대표로 참석하였다. 17개국과 옵서버 포함 20개국이 왔고 미리 두툼한 질문지가 와서 모두 성실히 작성해서 주최측에 보내고 이를 토대로 공부를 더 하고 갔음에도 영어가 부족해서 힘들었던 경험이 있다. 그런데 국제부흥개발은행[IBRD] 차관으로 우리나라가 실험 기구를 구입하였는데 실험 기구 사용 등 관련 교육 실시를 위해 6주간 해외 연수를 한다고 공고가 나왔다. 당시 문교부 근무자로서 자격시험에 합격하면 당연히 단장으로 가지만 떨어지면 만사휴의였다. 자격시험을 보아 합격하면 7월부터 8월에 걸쳐 가게 되니 여행 가기 전에 합격해 놓고 7~8월을 제외하면 5~6월이 적기였다.

어머니와 아내에게 상의하니 5월 8일 어버이날 전후가 좋겠다고 결론이 났다. 날씨가 춥지도 덥지도 않은데 하루해가 길고 가정의 달이면서 어버이날이니 딱 좋은 때였다. 이야기 중에 장모님도 함께 가는 것이 좋겠다 해서 그렇게 일정을 정해 준비했다. 장인어른이 계시지만 나의 아버지가 안 계시니 잘 말씀드려서 어머니와 장모 그리고 우리 내외가 가기로 했다.

여행 장소는 당시 신혼여행 1번지인 제주도로 정했다. 1988년 서울올림픽 때문에 그해부터 해외여행이 전보다는 쉬워졌다고는 해도 규제가 많고 허가를 받는 일이 쉽지 않았다. 소위 여행 자유화는 1989년부터 실시되었는데 자유화 되었다고 해도 당시는 경제적 여유가 없어 해외여행은 지금처럼 보편화되기 전이었다. 지금 생각하면 호랑이 담배 피우던 시절인데 내가 결혼하던 1975년에 제주도로 신혼여행 가는 일은 경제적 이유로 아무나 갈 수 있는 것이 아니었다. 나도 제주도로 신혼여행을 가지 못했다.

1972년 10월 유신을 선포하면서 1980년대에 마이카시대가 오고 해외여행도 할 수 있게 된다고 정부가 발표했어도 아무도 믿는 사람이 없었다. 86아시안게임과 88세계 하계 올림픽대회가 개최될 무렵 많은 사람이 자가용 차를 구입해서 마이카시대에 진입했다. 1989년 여행 자유화가 되었으나 신혼여행을 해외로 가기에는 금전적 어려움도 있었고 분위기도 그렇지 못해 제주도가 신혼여행지로 유행이었다. 1990년대 중반부터 가까운 괌, 발리, 일본 등으로 신혼여행을 가기 시작하였다.

내가 1985년 1달간 도쿄로 출장 갈 때 아내와 우리 집 3남매가 출국장인 김포국제공항에 나왔었고 귀국 때는 큰딸은 학교에 등교해서 나오지 못했지만 다른 식구들은 모두 나왔다. 관행대로 사무실 동료와 일부 친척도 공항까지 마중을 나왔었다. 주미대사관 직원으로 근무하다가 잠시 들르는 처남과 처남댁 마중을 내가 김포공항까지 가던 그런 세월이었다.

어머니와 장모님 두 분이 우리 내외와 함께 제주도 여행을 가게 된다는 말씀은 사전에 드렸는데 모두 좋아했다. 어머니는 5월 5일 상경해서 형님 댁으로 가셨다. 우리 집에는 5월 8일 어버이날 오후에 오셨는데 아침에 형님 댁에서 달아드린 카네이션을 달고 계셨어도 우리 아이들이 만든 꽃을 또 달아드렸다. 장모님도 오셔서 어머니 방에서 두 분이 함께 주무셨다.

5월 9일 토요일 아이들을 학교와 유치원에 보낸 후 신설동에 사는 아이들 이모가 우리 집에 와서 우리 아이들과 집을 잘 봐주기로 하여 부탁하고 2박 3일간의 제주도 여행길에 올랐다.

두 분 어머니는 초등학교도 못 다녔으니 소풍 전날 들뜬 마음에 소풍 날 아침 설렘으로 좋은 기분을 아실지는 모르겠다. 표정은 아주 밝고 좋았다. 어머니는 69세, 장모는 64세였으니까 당시로 보자면 연로한 셈인데 모두 건강하여 다행이었다.

김포공항 가는 택시 안에서 밖을 내다보는 어머니의 표정은 내 기준으로 보건대 하나라도 놓치지 않고 보려는 기색이 역력했다. 어머니는 암기력이 우리 6남매보다 좋았고 두뇌 회전이 빠른데다 무엇이나 눈여겨보는 성격이었다. 장날 장에 다녀오거나 어떤 일을 하고 나서 우리에게 무엇을 보았는지 그런데 어떻더냐고 질문할 때가 많은데 대답이 시원치 않으면 늘 하는 말씀이 있다.

"눈여겨봐야지."

보고도 잘 모르겠다고 하면 하는 말씀도 정해져 있었다.

"정신 차리고 살아야 해."

아마 지금처럼 학교에 다녔다면 어머니는 최우수 집단에 들었음에 틀림이 없다. 어머니 마음에 꼭 들지 않았을 것 같은 네 명의 아들이 모두 시골에서 학교 다녔음에도 2명은 명문대학을 다녀 박사학위를 취득했고 다른 두 아들이 서울의 이름있는 대학에서 경제학과와 경영학과를 다닌 것은 어머니와 아버지로부터 물려받은 어느 정도의 지능 덕분인지도 모른다. 장모님은 국내외로 다니고 사업하는 입장 이어서인지 침착하게 앉아 있었다.

비행기를 타고 비록 1시간 가는 거리이지만 제주공항에 내리니 두 분 어머니의 기분이 너무 좋아 참으로 모시고 오길 잘했다고 생각되었고 여행을 좀 더 일찍 시작해서 자주 했으면 좋았을 걸 하는 마음이 들었다. 시간과 경비가 많이 드는 제주도가 아니어도 갈 곳, 가고 싶은 곳은 얼마나 많을까 하는 마음에 죄송할 따름이었다.

공항 식당에서 4명이 이른 점심식사를 했다. 그리고 고맙게도 아내와 대학 동기로 고향인 제주시에 와서 모 여고 교사로 있는 김O숙 선생님과 그의 남편이 차를 가지고 공항에 나왔다. 운전하는 한라일보 송O일 기자는 나중에 이사, 편집국장을 하였는데 오늘은 토요 근무를 서둘러 마치고 신문사의 바쁜 일정임에도 시간을 낸 것이다. 우리보다 먼저 결혼한 두 사람의 결혼식에 제주시까지 다녀왔다는 아내는 친구를 빙자하여 자신의 자랑도 했다.

당시 아내가 다닌 서울 소재 여자대학교에서는 해마다 10개 시·도 [서울, 경기, 강원, 충남, 충북, 경북, 경남, 전북, 전남, 제주]에서 4년간 장학생으로 1명씩 추천받아 합격해 다녔다는 것이다. 그리고 이들 10명은 여자대학이니 군대에 입대할 일도 없어 4년간 자주 만났고 학교 자체에서도 이들을 한데 모아 행사를 했다고 한다. 물론 사회생활 하면서도 단체로 정기적으로 만남을 이어 갔다.

차와 비행기 타고 오느라 피곤할 테니 비행장에서 가까운 제주 시내에 있는 관덕정과 삼성혈을 가자고 안내하였다. 두 장소는 제주시 관광의 고전으로 숲속을 정원처럼 거닐면서 휴식할 수 있는 장소라 한다. 관덕정은 조선시대에 지방 관아마다 있었고 활쏘기와 군사 훈련을 하던 곳인데 일제 강점기에 모두 폐쇄되었다. 다만 개성과 제주시에만 남았는데 제주 관덕정이 제일 유명하단다. 보물로 지정된 관덕정은 단층 팔작지붕으로 지어졌다.

이어서 관덕정 가까이에 있는 삼성혈로 갔다. 삼성혈은 국가 지정 문화재 사적으로 지정되었다. 지반이 꺼진 곳에 구멍이 세 개 있고 여기서 제주도의 시조이면서 수호신인 고, 양, 부 삼신이 솟아 나왔다고 한다. 천손강림신화와는 달리 제주도는 대지에서 태어난 점이 특이하고 양, 고, 부 3성이 4300년 전 삼성혈에서 나와 탐라국을 세웠다. 3성의 3인은 벽랑국 3공주와 결혼하고 제주도를 3분 하여 함께 탐라국을 세우게 되었다.

큰 해송으로 그늘진 시원한 장소에서 관광 겸 휴식을 하다가 협재굴로 이동했다. 즐겁고 좋은 분위기 속에서 제주도 서쪽 위주로 구경했다. 내일(5.10) 하는 관광은 전용 관광버스가 다니는 명소와 가능한 한 겹치지 않게 일정을 잡았다고 했다. 셋째 날(5.11)은 나와 아내는 백록담에 다녀오고 두 분 어머니는 사월 초파일(5.4)이 지난 지 얼마 되지 않아 쉬기가 좋은 절에서 쉬도록 할 예정으로 전체 일정은 아내와 아내의 친구 둘이 조율한 것으로 제주공항 도착을 토요일로 맞춘 것도 모두 그 테두리 안에서 이루어진 것이었다. 특히 관광 성수기에 결혼 시즌이 겹쳐 제주도 여행 일정 정하는 일이 쉽지 않았음도 이때 알게 되었다. 고마운 일이었다.

협재굴은 굴의 길이는 짧지만, 용암굴 위에 백석 같은 패사층 등 석회 성분이 스며들어 용암굴과 석회동굴을 연상시키는 부분을 동시에 볼 수 있는 천연기념물이다. 그러니까 용암동굴과 석회동굴의 특징을 한 장소에서 한눈에 볼 수 있다.

나보다 한 살 위인 송 기자와 나는 뒤로 밀리고 아내와 아내의 친구가 두 어머니를 모시고 열심히 설명해주고 있었다. 장모님은 모 사립대학교 재단 이사를 맡고 있는 경제 활동을 하는 사람이니 어느 정도 알아들을 수 있겠으나 어머니는 모두 처음 경험하는 것이니까 아무리 명석한 두뇌 소유자이지만 소화해내기 힘들었을 것이었다. 그렇지만 너무 좋아하고 즐거워하셨다. 이어서 한림공원으로 갔는데 당시는 공원 조성 중으로 정리가 안 된 상태였다. 연로한 두 분을 모시고 어수선한 공원을 잘 보려는 것은 무리여서 대강 보다가 그늘에 편히 앉아 모두 아이스크림을 먹으며 5월의 한낮 열기와 관광으로 힘든 몸을 쉬었다.

삼방산 관광은 내일 코스에 있으니 그냥 지나고 천지연폭포로 갔다.

지금은 많은 시설물이 들어서 있지만 당시에 우리 일행이 찍은 사진을 보면 폭포를 배경으로 사람 키 크기의 표지석에 붉은 글씨로 천지연폭포라고 세로로 쓴 것 외에는 아무것도 없었다. 표지석 주위와 폭포수가 고여있는 물까지는 모두 자갈밭이었다. 이곳에서도 역시 아내와 아내의 친구가 두 분 어머께 설명해드렸는데 시간이 길어졌고 아마 제주도와 사람들 살아가는 이야기도 했을 것이다. 정방폭포로 이동해서 쉬엄쉬엄 구경하고 제주 시내로 이동했다.

용머리와 그 일대 바다 구경을 하고 근처의 횟집으로 가서 느긋하게 싱싱한 해산물과 회를 먹으며 즐거운 대화를 했다. 어머니는 시골에서 보거나 듣지도 못한 많은 경험을 했다. 처음 보는 경치를 감상하고 음식을 들면서 참으로 많은 생각을 하였을 것이다.

❖ 천지연 폭포에서

식사 후 아내 친구 부부의 호의로 우리 일행을 차 태워 숙소까지 안전하게 바래다주고 작별했다. 너무나 고마웠다. 비록 8시간의 서비스였으나 주말 바쁜 일정을 우리 일행을 위해 부부가 차까지 운전해가며 안내한 일은 며칠 동안 시간을 낸 것에 비견 될만했다.

제주도 여행 제2일은 관광버스 예약을 했기 때문에 약속된 출발 장소로 갔는데 숙소에서 도보 거리에 있어서 넉넉한 시간에 도착하였다. 신혼부부들이 탈 버스밖에 없어서 예약할 때 내키지 않았으나 결혼 시즌이면서 일요일이니 다른 어려움이 온다면 감수할 각오를 했다. 결혼 13년 차인 우리 부부의 경험에서 보면, 신혼부부는 참으로 젊고 온 세상이 모두 자기를 위해 존재하는 것으로 생각되는 때에 있는 사람들이다. 이 글을 쓰는 지금은 40세 전후 때 신혼에 드는 사람이 흔하지만 당시는 30세가 넘으면 당연히 노총각 노처녀 소리를 듣던 때였다.

가이드의 안내를 받아 버스에 오르니 신혼부부가 자리를 채우고 있었다. 가이드는 우리 일행 4명을 맨 앞자리에 앉도록 안내했다. 일반 관광객과는 다르기도 하고 어제 토요일에 결혼해서 신혼여행 온 부부들과 같은 버스를 탔다는 것 자체가 부담스러워 불편했다. 이미 예약할 때 예상했었으니 하루를 우리 일행이 즐겁게 여행하면 되었다. 제주 시내에 있어서 버스를 타고 잠시 후 한라수목원에 도착했다. 두 분 어머니가 힘들지 않게 배려해서 걷는 거리를 줄이기 위하여 좋게 보이는 곳만 다녔다.

수목원에서 나와 버스를 타니 성산일출봉으로 가는데 버스가 출발하자마자 가이드가 사회를 보며 멘트를 했다. 의례적인 인사말과 덕담을 하더니 앞에서부터 돌아가며 마이크를 잡고 노래를 하도록 권하고 노래 대신 이야기해도 좋다고 했다. 제일 먼저 앞에 앉은 나에게 마이크가 왔다. 가이드가 입담 좋게 소개해서 분위기를 잘 만들어 주어 고마웠다. 지금은 금지되어 있지만 당시만 해도 버스 출입문 가까이에 가이드가 기대서서 마이크 잡고 말할 수 있게 만든 장소가 있었다. 소위 '묻지마 관광'이라는 형태의 관광은 사회에 물의를 일으킨다고 규제를 했지만 버스 안에서 춤을 추는 일 정도는 허용되었다.

기대서서 말할 수 있는 장소로 가기 전에 어머니, 장모, 아내에게 가이드가 부르면 나갈 것이냐 물었더니 모두 펄쩍 뛰며 나더러 모두 책임지라는 명령이 떨어졌다. 나도 말재주가 좋은 편은 아니었지만 거의 매일 한잔하면 노래방 가던 친구와 동료들 덕분에 노래 실력은 없어도 사람들 앞에 서는 것이 두렵다거나 그런 입장은 아니었다.

나는 우선 사과와 감사 말씀부터 드려야겠다고 운을 뗐다. 환 진갑이 넘은 어르신 두 분과 40대 구혼 부부가 신혼부부가 탄 관광버스에 타게 되어 죄송하고 한편 본인으로서는 당황스러우면서 큰 영광으로 생각한다고 말했다. 제가 네 사람을 대표해서 마이크를 잡았으니 조금 시간을 써도 양해를 부탁한다고도 했다. 어머니를 조심해서 잠시 일어나시도록 하고 이분이 저의 어머니로 내일 모래면 70세가 되고 그 옆에 앉아 계신 분은 연세가 조금 아래인 저의 장모님이며 네 사람 중에서는 제일 나이 어린 사람이 나의 아내라고 소개했다. 그런데 내 말이 끝나기도 전부터 박수가 나오더니 말이 끝나자마자 우레와 같은 박수 소리와 함께 함성이 터져 나왔다. 박수와 함성에 감사드리며 여러분도 이다음에 꼭 저와 같이 두 분 어머니를 모시고 여행하실 것이라 했더니 또 박수와 함성이 터졌다. 이렇게 열렬하고 역동적인 미남, 미녀만 모이셨으니 나보다 더 양가 부모님을 잘 모실거라고 했더니 박수와 함께 '노래해. 노래해.'를 외치며 박수를 쳐서 결국 노래를 불렀다.

이후 성산일출봉에 도착할 때까지 신혼의 기분을 만끽하는 젊은이들의 신나는 노래와 이야기를 듣는 행운이 있었다. 무엇이든 좋을 신혼에 양가 어머니를 모시고 여행 다니는 것이 그렇게 좋아 보였나 본데 그들이 나중에 모두 그렇게 하기를 바랬다.

버스에서 내려 점심을 하고 오후 관광이 이어지는 동안 우리 일행 네 사람 특히 어머니와 장모를 모시고 사진을 찍는 신혼부부가 많았다. 그리고 신혼부부가 두 분께 넙죽 인사를 하니 무척이나 기뻐하셨다. 신혼부부들이 집에 계신 부모님 생각에 그랬으리라 생각되니 나도 흐뭇했다.

첫날에 이어 둘째 날에도 뜻하지 않은 환대 속에 멋진 관광을 하였다. 두 분을 위한 관광이 너무 환상적인 이틀이 꿈같이 지나고 관광 사흘째(5.12)가 되었다. 아침 일찍 식사하고 미리 말씀드린 대로 어머니와 장모님은 한라산 초입에 있는 관음사에 모셔드리고 점심 식사용 도시락도 드리면서 따뜻한 물은 절에서 드시도록 했다. 마침 지난 5월 6일이 사월 초파일이어서 6일이 지났는데도 연등이 그대로 걸려있고 축제 분위기도 유지되고 있었다. 두 분 모두 특정한 종교는 없었지만 굳이 말하자면 유교라고 할까 아니 유교는 종교가 아니라지만 그 당시 어르신들 특히 할머니들은 민간 신앙에 가까운 유불선에 잘 적응하여 지냈다.

어머니는 시골 동네에서 사월 초파일이면 편도 오리길인 구적굴 암자, 10리 길인 사넷절[사나사], 심지어는 왕복 60리 길인 여주 벽절[신륵사]까지도 동네 사람들과 함께 다녀온 적이 있다. 절에 다녀오려면 평상복이 아니라 치마저고리에 버선을 신고 고무신을 신어 걷기도 불편할 터인데 아침 일찍 나가서 어두울 때 집에 들어왔다. 특히 신륵사를 다녀오면 많은 사람이 발에 물집이 생기는 등 후유증이 있었다.

두 분 어머니를 절에 계시게 하고 잠시 전 시내에서 타고 와서 대기시켰던 택시를 타고 등산하기 좋은 곳으로 이동했다. 날씨는 맞춤형으로 화사한 봄날, 그중에도 계절의 여왕이라는 5월다웠다. 중간에 철쭉이 핀 곳에서 사진을 찍으면서 여유를 부렸다. 그러나 한라산은 역시 높았다. 두 분 어머니를 모시고 제주공항에 갈 시간을 생각해서 서둘러야 했다. 아내와 나는 그때만 해도 40대 초반이니까 마음만 먹으면 얼마든 빨리 걸을 수 있었다. 그래도 한라산 정상 옆으로 난 전망대와 백록담 안에 가니 시간이 생각보다 많이 지났다. 백록담은 봄 가뭄으로 물이 멀리 조금 있었는데 물에 손 씻는 것은 포기하고 사진을 찍자마자 서둘러 되돌아왔다. 백록담까지는 도전 정신을 발휘하여 잘 올라갔으나 관음사로 내려올 때는 지치기도 해서 속력을 낼 수 없었다. 더구나 관음사까지 얼마나 시간이 걸리는지 잘 모르니까 두 분 어머니와 만나기로 한 시간보다 늦어서는 안 되어 힘들어도 **빠른 걸음으로** 내려왔다.

내려오면서 아내와 이야기하는 중에 두 분 어머니께 즐거운 추억의 여행을 만들어 드린다고 하고서 우리가 더 그런 여행이 되는 것이 아니

나며 즐거워했다. 철쭉 동산과 백록담을 배경으로 찍은 사진은 천연색으로 크게 뽑아 액자에 넣어서 37년이 지난 지금까지 우리 집 안방에 걸어두고 있다.

하산하는 내내 당연히 두 분 어머니는 어찌 지내시는지 궁금하기도 했다. 아내와 내가 힘들어도 한라산 정상과 백록담 안까지 가는 등산과 하산 길을 서두른 이유는 두 분 어머니가 안심하도록 좀 더 빨리 뵙기 위한 것이기도 했다.

하산하여 관음사 방향을 바라보니 두 분 어머니는 산나물을 뜯고 있었다. 피곤한 기색은커녕 만면에 웃음도 가득하고 좋아 보였다. 우리와 헤어진 후에 불공드리고 시주하면서 오전을 보내고 절 밖으로 나와 나무 그늘 아래로 가서 시원하게 부는 바람을 맞으며 도시락으로 점심 식사를 근사하게 했다고 하셨다. 그리고 이야기하면서 처음에는 쑥을 뜯다가 산으로 들어가 산나물을 하는 중에 우리와 만나게 됐다. 나무 그늘에서 이야기하며 쉬고, 서울 가는 보따리를 점검한 후 택시를 타고 제주공항으로 향했다.

공항에서 탑승 수속을 마치고 공항 내에 식당으로 가서 저녁 식사를 한 다음 비행기에 올랐다. 여행이 어떠했냐고 여쭈니 좋았다고 만족해해서 우리 내외도 너무 좋았다. 어머니와 장모님 모두 우리 집으로 모시고 갔다.

집에 들어서니 3남매가 아주 반가워하고 식구들이 모두 모이니 좋아했다. 2박 3일의 빡빡한 일정을 마치고 어머니 방에서 두 분이 주무셨다. 이때의 두 분 어머니를 지금 생각하면 모든 것이 그립다. 이때로부터 어머니는 3년 반 후에 그리고 장모님은 16년 반 후에 저세상으로 가셨다. 살아계실 때 잘 모셔야 한다는 진리를 살아가기 바쁘다고 지나친 일들이 하나둘이 아니지만 영원히 떠나보내 드리고 보고 싶어 하는 마음이 그저 야속할 뿐이다.

나는 다음날(5.14)까지 휴가를 냈으므로 집 안 정리하며 지냈고 어머니와 장모님은 점심 식사 후 어머니는 시골 일이 많이 밀렸겠다고 하면서 가셨고 장모님도 댁으로 가셨다. 나는 그동안 하던 영어 공부 정리를 했다. 7~8월에 미국으로 연수를 갈 수 있느냐 못 가느냐가 결정되는 영어 시험인 라트[(LATT) 시험이 5월 19일에 있기 때문이다. 시험에 합격 될 자신은 있었지만 그래도 마음 모으는 준비를 하지 않을 수 없었다.

시골에 계신 어머니께 다녀온 동생 말에 의하면 비행기도 타고 제주도까지 다녀왔으니 동네 사람들이 이야기해달라고 해서 여러 사람에게 말해주었다고 했다. 그런데 어머니가 가보았던 곳의 이름과 특징을 연결해서 알면 좋겠으니 써 보내라고 해서 보기 좋게 큰 글씨로 잘 써서 바로 전달했다. 어머니는 이를 벽에 붙여놓고 틈나는 대로 지명을 외운 다음 다른 사람들에게 이야기하니까 훨씬 자연스럽고 시원하다고 하셨다. 벽에 붙어 있는 종이는 돌아가신 후에도 여전히 벽에 남아 어머니를 더 생각나게 했다.

집 안팎은 물론이고 개인의 대소사도 윤달이 든 해를 당시의 어른들께서는 이런 일을 따져보는 경향이 있었다. 특히 살아가는 동안 윤달이 든 해에 여행하면 좋고 특히 윤달이 든 해에 절 구경을 세 군데 다니면 사후死後에 극락왕생한다고 어머니는 말씀하신 적이 있다. 다행히도 올해는 윤달이 든 해였고 이미 사월 초파일에 다녀오셨고 초파일 6일 후 제주도 관음사에 갔었으니 후에 분명 한 곳을 더 다녀오셔서 삼세번을 채우셨을 것으로 생각된다. 비록 이런 생각이 현대인들이 말하는 미신이라고 하더라도 당사자인 본인이 그렇게 믿으면 그런 것인데 이런 일도 해소되어 더 좋으셨을 것이다.

어머니께서는 해외여행 자유화가 시작된 다음 해인 1990년에 운명하셨다. 그렇게 제주도 여행을 좋아하시는 모습을 보면서 국내 여행도 자주 모시지 못한 점을 뉘우쳤다. 더구나 이제야 나도 자리가 안정되고 아이들도 자라서 제 앞가림을 할 때 어머니가 돌아가셔서 더 아쉽고 애석하다. 단언컨대 조금 더 사셨으면 사람들이 잘 가는 국내 명소는 물론이고 1990년대에 유행하던 가까운 이웃 나라 여행은 모시고 갔을 것이다.

아쉬운 마음에 김노주(2019)의 '반중 조홍감이'라는 제목의 글이 내 마음과 같아 일부를 인용하면 다음과 같다.

"어버이는 자식을 마음속에 품고 살지만 자식들은 생업에 쫓겨 그러지 못하는 것이 대부분이다. 그래서 효를 행하려 할 때는 이미 돌아가셔서 그 뜻을 이룰 수 없음을 나타내는 '풍수지탄'風樹之歎, 즉 '바람과 나무의 탄식'이라는 말이 회자하는 것같다. 한시외전에 나오는 말로 "나무가 고요하고자 하나 바람이 그치지 않고, 자식이 봉양하려 하나 어버이가 기다려주지 않는다"는 문장에서 유래했다.

풍수지탄의 회한을 가장 절실하게 나타낸 시조는 노계 박인로가 그의 나이 마흔하나였던 1601년에 지은 '조홍시가'早紅枾歌의 첫수이다. 쟁반에 담긴 일찍 잘 익은 홍시를 부모님께 가져다 드리고 싶지만 이미 세상을 떠나고 안 계셔서 그럴 수 없음을 한탄하는 시조이다.

반중盤中 조홍早紅감이 고와도 뵈이ᄂ다/ 유자 아니라도 품엄즉도 ᄒ 다마는/ 품어가 반길 사람 없으니 그걸 설워 ᄒᄂ이다."

'조홍시가'早紅枾歌의 첫수를 거듭 떠올리며 400여 년 전에도 나와 같은 생각을 하였고 뒤집어 생각하면 그때나 지금이나 자식의 상황은 다를 것이 없다면서 마음을 달래본다. 또한 어머니를 비롯한 당시 어르신들이 '사랑은 내리사랑'이라고 한 말씀을 생각해 보았다. 그러나 나는 어머니가 한 자식 사랑만큼 하고는 싶기는 했어도 어머니처럼 자식을 사랑했다고 할 자신은 없다.

# 나의 서울특별시 교육감 도전기

    이글을 이 책에 싣는 것이 타당한가 하는 의문을 갖게 한다. 그러나 내가 사회에 나와 가장 많이 고민하고 힘들었던 때가 서울특별시 직선제 교육감에 도전하던 일이고 따라서 어머니를 가장 많이 생각했던 때여서 여기에 올리게 되었다.

    사실 나는 내 일에 대하여 자문해주거나 참고될 만한 말씀을 해줄 사람이 제법 있다. 그럼에도 결정할 일이 많았고 그럴 때마다 신앙에 입각하여 기도하는 것이 좋은 길임에도 습관이 되지 않아 쉽지 않았다. 어머니는 서른다섯에 남편을 갑자기 잃고 혼자가 되면서 참으로 어려운 일이 많았음에도 아주 좋은 결정을 내려 시행함으로써 가정과 6남매의 앞일을 잘 열어주셨다. 어머니가 했던 것처럼 나도 할 수 있어야 한다는, 내게는 가장 현실감 있고 자신감을 주는 일이 어머니의 사고를 본받는 일이어서 교육감 선거 내내 어머니를 많이 생각했다. 그래서 여기에 싣기로 했다.

    선거와 관련해서 어머니가 기억나는 일은 내가 중학교 2학년 때이다. 제2공화국의 탄생을 알리는 가장 중요한 것이 당시 선거였다. 특히 내각 책임제로 민의원 선거에서 이기는 정당이 정권을 쥐게 되어 더욱 그랬다. 당시 민의원과 참의원 그리고 서울특별시를 비롯한 각도에서 시(도)의원을 투표로 뽑았는데 당연히 선거 운동이 치열했다. 고향 읍내에는 현수막과 입간판이 여러 곳에 널려 있었다.

가장 나의 눈에 잘 띄었던 현수막과 입간판은 나루터 언덕에 있었다. 특히 하나밖에 없는 배가 한 번 건너갔다 오는데 학생들 등교 시간에는 20분~30분 정도 소요됐지만 다른 시간대에는 보통 40분~50분 걸렸다. 삿대와 노만 가지고 움직이는 나룻배의 출발과 도착 시간이 정해져 있는 것도 아니어서 운이 좋으면 바로 탈 수도 있었지만 막 떠나고 나면 많은 시간을 기다려야 했다. 등하교 시간에 배를 기다릴 때는 친구들과 제기차기하던가 장난치다 보면 지루한 줄 몰랐다.

그런데 7월 하순에 선거가 있었고 7월 20일에서 24일에 여름 방학이 시작되니까 읍내 장날 나는 채소를 지게에 지고 읍내 시장에 가서 난전을 해야 했다. 물론 평소에도 일요일이 장날이면 그랬었다. 시장 한 모퉁이에 펼쳐놓고 어머니와 채소를 팔았는데 나는 수줍어서 말도 제대로 못 하니 결국 자리만 지키고 서 있고 어머니가 주로 손님을 상대했고 채소도 팔았다. 어머니가 생활용품을 사기 위해 장 보러 잠시 자리를 비울 때면 파, 열무, 고구마 줄기, 고추 등의 값은 아니까 손님에게 얼마라고 말은 했지만 대부분의 손님은 옆에 있는 다른 아주머니가 파는 채소를 흥정하여 사서 갔다. 그러나 나 같은 또래의 자녀를 둔 고객은 학생이 고생한다면서 내가 부르는 대로 흥정도 하지 않고 사 가기도 했다.

여기 장터 바닥에 보자기 깔고 채소 등을 파는 사람들은 보통 점심 식사로 미리 준비해온 개떡이나 찬밥을 먹었지만, 시장 뒷골목에 가서 장국밥을 사서 먹는 경우도 있었다. 어머니는 내가 지게를 지고 가는 날은 꼭 내가 먼저 먹고 오라고 돈을 내 손에 쥐어 주셨다. 이때 먹었던 장국밥은 얼마나 맛있던지 지금도 잊지 못한다. 이런 날은 점심 먹을 것을 준비해 가지 않으니 어머니도 장국밥을 드셨다.

채소 등 준비해 간 물건이 일찍 다 팔리는 때도 있었지만 집에 가서 쇠죽 쑤고 식구들 저녁 지어 먹을 시간이 빠듯하면 읍내 가게에다 싼값에 넘겼다. 말하자면 떨이를 한 것이다. 읍내 장터에서 우리 집까지는 4km가 넘으니까 읍내 쪽 나루에 오면 해가 서산에 한 발쯤 남아 있었고 7월 하순 어느 장날은 배가 강 중앙을 지나 건너가고 있었다.

시간의 여유가 있었는데 어머니가 입간판을 일으켜 세워 쓰다듬고 있는 어떤 아주머니를 보고 그리로 가서 나도 따라갔다. 고개 넘어 사는, 어머니보다 나이가 더 든 아주머니는 어머니와 서로 알고 지내는 사이였다. 어머니가 인사를 건네니 아주머니는 눈에 눈물이 글썽이는 채로 말했다.

"내 아들이 도의원이 되겠다고 후보로 나왔다우. 그런데 염려 말라 하더니 알고 보니 서울 제집을 잡혀 돈을 빌려서 선거를 치룬다고 해서 가슴이 덜컥 내려앉았지 뮈유. 엊그제는 막판에 돈이 좀 모자란다고 집에 와서 소를 팔아달라고 제 아버지에게 말했는데 당연히 안 된다고 했지만 자식을 어떻게 이겨유. 결국 우리 집 재산 1호인 소를 팔았어요."

그리고 훌쩍이며 코를 풀었다. 어머니는 어찌 말해야 좋을지 몰라 그 아주머니 손을 두 손으로 잡고 "어쩌겠어요. 꼭 당선돼서 다 채워

놓고 효도하겠지요." 하셨다.

"이 간판이 그렇게 해서 마련한 돈으로 만든 것인데 애들이 여기에 돌 팔매질을 안 하나 어떤 놈이 이렇게 칼로 쭉 찢어놓지를 않았나."

어떻든 배가 와서 어머니는 그 아주머니 손을 잡고 함께 언덕에서 내려와 배를 탔다. 흐르는 눈물을 닦아가며 아주머니는 계속 어머니에게 말했다.

"사람들이 그러대유. 노름판에 나서는 아들과 선거판에 나서는 아들은 낳지도 않아야 한다고요. 그런데 제 팔자지 어떻게 그걸 알아요."

이 장면과 대화는 그 후 오랫동안 내 뇌리에서 떠나지 않았다. 그러나 그로부터 45년이 지나 이제 내가 선거판이 된 서울시 교육감이 되려고 예비 후보자가 된 것이다. 아마 어머니가 계셨다면 당연히 말씀드렸을 것이고 어머니는 극구 말리지 않았을까 생각된다.

두 번 예비 후보 등록하고 선거 운동을 했으니까 서울시교육감 도전기를 2회로 나누어 쓰려고 한다. 그리고 도전기 끝에는 인터넷 신문인 실버넷 신문의 칼럼니스트인 내가 2024년 3월 그 신문에 실었던 '교육감 직선제를 개혁하자'는 글을 올렸다. 내게 가장 강력하게 선거에 나서지 못하게 제동을 걸 수 있는 어머니를 생각하면서….


**서울특별시 직선제 교육감 도전기 1**

서울특별시 교육감 직선제 선거 투표일은 2008.7.30.일이었다. 지방자치제에 교육감 직선제를 가미한 확대 법안 개정은 2006년 12월 30

일 국회 본회의에서 통과되었다. 연말에 무더기로 많은 법안이 통과되었는데 이때 교육감 직선제 선거에 대한 법안이 충분한 여론 수렴과 논의도 없이 졸속 처리되었다고 뒷말이 무성했다. 정치인들이 자신들의 영역을 넓히기 위해 그랬다는 등 여러 가지 미확인 소문들이 난무했다. 그 뒷말 중 하나가 부산 지역구 국회의원과 부산시 교육감의 의기투합이 큰 역할을 했다는 소문이 파다했다.

법 통과로 2009년까지 현 교육감의 잔여 임기가 1년 이상인 때는 그 교육감의 임기가 만료되기 전에 해당 지역의 교육감을 직선제 선거를 통해 뽑도록 하였다. 결국 2007년 부산시 교육감, 2008년 서울시 교육감, 2009년 경기도 교육감을 주민 투표로 선거하는 등 지역마다 교육감 선거일이 달랐다. 쉽게 말해 2010년 지방선거에서 같은 날 시·도지사 및 의원, 시·군·구 지자체의 장과 의원, 전국 시·도의 모든 교육감을 직선제로 선출하기 위한 사전 조치였다.

2008년 서울에서 실시되는 직선제 교육감 선거에 출마하는 일은 평소에 생각한 적이 없었다. 나는 당연한 일이지만 교육공무원으로서 주어진 일에 최선을 다해 임했다. 또 다른 일은 2007년 11월에 입후보하여 전국 140여 대의원이 우편투표로 12월 하순 총회에서 개표되어 확정하는 한국과학교육단체총연합회 회장 선거에 입후보한 상태였다. 1990년 이 연합회가 창설될 때부터 계속해온 활동으로 만일 회장 선거에서 낙선되어도 인생 2모작으로 우리나라 과학교육 진흥에 매진하려고 했다.

2007년 12월 초부터 우리 집을 방문하는 사람이 갑자기 많아지면서 교육감 출마를 권유하기 시작했다. 선거 사무실 제공, 음식점 알선, 심지어는 여러 종류의 직선제 선거출마자들이 가장 고심하는 선거 자금 확보까지 구체적인 이야기가 나오기 시작하면서 정신없이 지냈다.
   2007년 12월 하순 총회에서 개표한 결과 다행히 한국과학교육단체 총연합회 회장 선거에서 나는 압도적 표 차로 당선되었다.
   나는 시종일관 교육감 선거 출마를 고사했다. 바쁜 일정 속에 교육감 출마 문제로 고민하면서 왜 중학교 2학년 때 어머니와 함께 보고 들었던 선거 홍보 입간판 앞에서 눈물 흘리던 아주머니와 어머니의 대화가 전혀 생각이 나지 않았는지 모른다. 1990년 늦가을에 돌아가신 어머니가 잊혀 질 리가 없으면서 선거와 관련된 45년 전 상황은 내 기억에서 왜 나타나지 않았는지 지금도 모를 일이었다.
   1월이 되자 평생 처음 감기에 걸려 병원에 다녔는데 낫지를 않았다. 고뿔이라는 콧물이 좀 나오는 정도나 몸이 으스스하고 근육이 아픈 몸살이 오면 하룻밤 푹 자고 나면 말끔해지는 정도로 지냈는데 의외였다. 아마 이때가 내가 살아 온 동안 제일 힘든 시기였던 모양이다.
   아무튼 12월, 1월, 2월 3개월 동안 시달리고 고민한 끝에 내가 측근에서 모시던 당시 교육감께 말씀드리고 출마하는 것으로 결심했다.
   2008년 3월부터 선거 사무실을 구하러 다니는 한편 예비 후보 선거사무 요원을 물색하러 많은 사람을 만났다. 선거 사무실로 제공하겠다는 곳을 두 곳에 가보았는데 서울시 전체를 커버할 위치로는 마땅치 않더라도 감수할 수 있었는데 크기가 최소한 40평은 넘어야 할 것이고 60평은 되어야 쓸만하다고 하는데 30평도 안 되어 처음부터 자금과 연결되는 난관에 봉착했다. 관리비도 받지 않겠다던 그곳을 포기하고 광화문 종로구청 근처에 60평을 7월 말까지 1억 원에 깔세로 얻었다. 이 돈부터 내 저금통장에서 나갔고 선거 사무실에 필요한 집기를 드려 놓았다. 비서실장 겸 기사, 선거총괄본부장, 차 대접 등 심부름하는 여직원 등 3명의 월 급여와 하는 일 등을 정해서 우선 채용했다.

직선제 교육감에 도전하려면 투표일 4개월 전부터 선거 운동이 가능한데 선관위에 예비 후보 등록을 해야 공식적이고 공개적이면서 본격적인 선거 운동을 할 수 있어서 4월 1일에 하려다 만우절이라서 4월 2일에 서울시선거관리위원회에 1천만 원을 내고 예비 후보 등록을 했다.

서울시 교육감 예비 후보로서 준비된 명함을 들고 시내 거리, 전철역, 조기 축구회를 비롯한 아침 운동을 하는 곳부터 거의 모든 행사장에 다니기 시작했다. 자원봉사자도 들어오고 이럭저럭 모이다 보니 사무실 상주 선거 운동원도 10여 명이 되었다. 사무실에서 취사도구를 마련해서 음식을 만들 수 없다고 해서 근처에 있는 봉사자 집에서 만들어 사무실로 운반하여 식사하도록 하여 경비가 많이 절감되었다.

우리나라 선거 사상 처음으로 선거 홍보 책자를 페이지 제한 없이 만들 수 있다고 해서 이 책자를 만드는데 너무 많은 에너지를 소모했다. 특히 이것을 책임지고 만든다는 사람이 선관위에 허가도 받지 않고 물론 내게도 보여주지 않은 채 약 300쪽짜리 책을 인쇄했고 인쇄된 책은 선관위가 부적격 판정을 하는 통에 1만 권의 인쇄된 책을 폐기하는 첫 번째 시련을 겪었다. 결국은 내가 평소 생각한 것을 기준으로 전문 회사에 맡겨 제작하니 홍보 책자 만드는데 1억원이 소요되었다. 홍보 저서는 내게서 시간, 자금, 건강 에너지까지 피해를 많이 주었다.

후보의 선거 홍보 책자는 지방선거, 총선, 대선에서도 적용될 것이라면서 내가 만든 두툼한 홍보 책자가 전국 최초인 1호라고 서울시선거관리위원회가 좋게 말해주었으나 나는 기분이 좋지 않았다. 다음 선거에서 내가 만든 책을 교육감 예비 후보자들이 많이 가져갔으나 점차 sns가 선거 운동의 대세가 되면서 두꺼운 홍보 책자를 만드는 후보자는 없었다. 그래도 예비 후보로 100일간 뛰고 본 등록 후 선거일까지 20일 전에 그만두어 이 책은 수백 권이 남아 있었다. 최근 교육감 선거 때까지도 이 책을 참고하겠다고 교육감 후보자는 물론 여러 사람들이 달라해서 이제는 보관본밖에 없다.

선거에서 15% 이상 득표하면 환수받을 수 있는 돈 외에 만만치 않은 자금이 더 지출되었다. 이때 모든 가정에 배달될 선거 홍보 유인물, 유세 차량, 유세 기간에 동원되는 선거 운동원 등 이렇게 모두 교섭이 진행되었는데 여기에 각각 10억 원씩 총 30억 원 정도가 지출되어야 했다.

처리해야 할 일도 많았지만 홍보가 최대 관건이라 홈페이지, 싸이월드, 카페를 개설하였다. 여기에 올릴 사진은 기백만 원을 주고 찍은 명암판 사진을 이용하기도 했고 후배들이 찍어준 사진을 사용하기도 했다. 당시에는 현재와는 달리 후보가 직접 명함을 돌리면서 가능하다면 악수하는 일이 가장 중요했다. 요즘은 유튜브가 홍보에 상당한 위력을 발휘하는데 당시에는 없었다. 선거 운동원과 함께 사람 많이 모이면서 명함 돌리기가 가능한 곳을 다니다 보니 그동안 내가 살아온 세상이 얼마나 협소했던 가를 알게 되었다. 사실 모르고 살아도 삶에 큰 지장을 주는 것은 아니지만, 아니 오히려 모르고 단순하게 그리고 슬로 라이프가 더 행복한 인생이 될 수도 있다고 생각한다.

선거 출마 전에 나와 함께 근무하거나 지냈던 사람들이 얼마나 젠틀하고 소중한지 깨닫게 되었다. 매일 아침 5시경 집을 나서서 밤 10시경 들어오는 일과를 소화하는데 가장 큰 고민은 광우병 시위가 매일 밤 광화문 일대에서 열리고 있는 것이었다.

과학도인 나는 미국산 수입 소고기를 먹어도 광우병과 관계없다고 믿고 있었지만 날이 갈수록 시위는 더 거세지고 이에 따라 경찰의 수도 늘어갔다. 참고로 2022년 1월 11일 조간신문 1면에 "광우병 소동 13년 후…한국, 미국 소고기 최대 수입국 됐네"라는 기사가 실렸다. 양은 일본이 약간 많지만 금액으로는 한국이 종전의 1위인 일본을 능가한다는 것이다.

미국산 소고기를 먹으면 광우병에 걸리고 그러면 뇌에 구멍이 숭숭 나서 죽는다고 현수막과 피켓을 들고 마이크로 소리치는 시위대는 나의 선거 사무실 근처에서 늦은 오후부터 밤까지 아우성이었다. 이런 시위가 있으리라 예상 못 하고 광화문 중심에 선거 사무실을 차린 것이 애당초 잘못이었다.

전경과 경찰도 북적댔고 차량 접근이 거의 되지 않았다. 사무실 밖에서 선거 운동하다가 귀가할 때 사무실에 들려야 선거 상황 파악이나 논의도 할 수 있는데 접근이 되지 않았다. 선거 사무실에 있을 때는 광화문에 있는 정부 종합청사 건너편 사무실 근처에 차량 접근이 안 되고 대중교통인 버스나 전철이 서지 않아 서울역 앞까지 걸어가서 차를 탄 적이 많았다.

무엇보다도 심각한 것은 내가 모시던 현직 교육감이 돌연 출마한 것이고 그런 이유는 2023년 그분께서 돌아가신 후에 알게 됐다. 더욱 황당한 것은 프랑스 유학 중 공산당에 가입하여 활동한 경력이 있다고 소문난 모 대학 교수가 소위 진보로 출마한 것이었다.

5월이 되니 낮에는 걸어 다니기가 더웠으나 열심히 명함을 돌렸고 특히 서울의 25개 구청이 하는 구민 체육대회장을 모두 다녔고 생각보다 월등히 많은 향우회 체육대회장에도 찾아 다녔다. 어깨띠를 두르고 명함을 주면 교육감도 있어? 뭐 하는 사람이야? 교육감도 선거로 뽑아? 열 사람이면 열 모두 그랬다. 올해는 대통령 선거, 국회의원 선거, 시장과 시의원 선거도 안 하는데 뭐가 잘나서 교육감 선거 하나만 달랑하느냐고 따지는 사람도 있었다.

이렇게 지나면서 보니 15% 이상 득표하면 돌려받을 수 있는 자금을 벌써 3억 원 이상 썼다. 당연히 돌려받을 수 없는 돈도 나갔는데 이것은 액수에 따라 또는 액수와 관계없이 지출 형태에 따라 선거법 위반이 되어 문제가 될 소지를 제공할 수 있었다. 이러한 지출 외에 선거 홍보 유인물, 유세 차량, 선거 운동원 등 최소한 각각 10억 원씩 총 30억 원 정도가 소요된다. 표를 찍을 사람도 만나고 자금도 마련해야 하고 홍보물도 만들어야 하니 몸이 열이라도 모자랄 판이었다.

특히 오라는 곳이 많아져서 선거 캠프 사람들과 나누어서 가도 다 못 가는 경우가 생겨났다. 이때 나는 아내와 함께 명함을 돌렸는데 명함을 받자마자 그 자리에서 땅바닥에 버리는 사람을 보고 나도 마음이 상했는데 아내는 더 그랬다고 말했다. 그러나 땅에 명함이 떨어져 있으면 더 많은 사람이 보니까 줍지도 말고 속상해하지도 말라고 말해주었다.

아내에게 미안하고 고맙고 그랬다. 아내는 유학 간 딸 챙기랴 남은 두 남매 뒷바라지 등으로 고생이 많았다. 교육부에 근무하던, 나보다 나이가 두세 살 위인 김 모 전 원장도 교육감에 출마하여 사람들이 모이는 곳에서 명함을 돌리다 만났는데 그 후보는 지병이 있어서 그늘에서 자주 쉬고 그 후보의 아내와 나의 아내는 서로 다른 명함을 행사장에 오는 사람들에게 열심히 건냈다. 이 후보자의 아내는 일찍 돌아가셨는데 여러 가지 말들이 돌았지만 남편의 교육감 출마가 단초일 것이라고 많은 사람이 말했다. 물론 이 후보도 몇 년 전에 운명을 달리했다.

많은 어려움이 있었지만 2007년 12월에 당선된 이명박 대통령의 선거 운동 조직 중 일부인 경주 이씨 조직의 도움이 컸다. 서울의 경주 이씨 청년회, 장년회, 부녀회가 사심 없이 선거 운동을 해준 것은 감격적이었고 평생 잊지 못할 것이다. 그 인연으로 경주 이씨 중앙화수회 자문위원으로 지금도 회비를 내며 나가고 있다.

교육감 예비 후보들의 여론 조사 결과가 간간이 언론에 보도되는데 미미하던 진보 후보의 지지율이 계속 올라오고 있었다. 큰 고민이었다. 내가 본청 국장으로 있을 때 직접 모시던 교육감도 뒤늦게 예비 후보로 등록하여 여러 번 우려의 말을 했다. 당신과 내가 끝까지 가면 둘 다 분명히 떨어진다는 것이다. 물론 나도 같은 생각이었다. 이것은 예비 후보인 두 사람만의 생각이 아니라 선거 캠프에서 일하는 운동원도 알고 있고 유권자인 관심 있는 시민들도 모두 느끼고 있었다.

소위 진보로 나온 예비 후보는 유·초·중등 보통교육과 전연 연관이 없는 사람인 것도 문제인데 유학생 때 이미 이념에 물든 사람이 교육감이 되면 안 되겠다 싶어 현 교육감께 사퇴할 것을 애원했지만 요지부동이었다. 중간에 사람을 넣어 몇 차례 은밀하게 만나서 의견을 나눠봤으나 끝까지 갈 것이 확실했다. 4월 2일부터 꼭 100일 선거 운동을 하고 본등록 하는 마지막 날, 이제 19일 남은 상태에서 둘이서만 08시 모 호텔 로비에서 만나 내가 사퇴하기로 하고 09시 현 교육감인 차기 교육감 후보를 지지하는 기자 회견을 하기로 했다.

당시 현금 보상 등 여러 가지 말이 나왔고 다음 교육감 선거 때는 연세도 있고 해서 절대로 출마하지 않겠다는 각서를 쓰겠다고 했으나 두 사람의 명예를 걸고 약속을 지키기로 하고 조건 없이 사퇴했다. 사퇴 기자 회견에서는 왜 사퇴하고 누구를 지지한다는 내용을 했고 내가 지지하는 현 교육감인 예비 후보의 선거대책위원회 공동선대위원장이 되었다. 그리고 다음 날부터 나의 선거 사무실은 폐쇄하고 2명만 남아서 잔무 정리를 하도록 했다. 그리고 나와 19명의 선거 요원이 당시 교육감인 차기 교육감 후보 선거 사무실로 출근하여 선거 운동을 하였다. 그렇게 하였음에도 불구하고 내가 미는 후보가 소위 진보라는 후보에게 겨우 1.78% 차로 어렵게 당선되었다. 선거 운동 중에 별도로 여론 조사 기관을 정해서 시중에 나도는 여론 조사와는 설문부터 다르게 조정해가며 조사한 결과는 2% 내 근소한 차이로 수없이 1~2위가 바뀌었고 따라서 초긴장 상태가 지속되었었다.

　선거법 위반을 의식하지 않은 것은 아니지만 나는 늘 정도를 걷겠다는 생각으로 살아온 것이 선거가 끝난 후 여러 가지 잡음 속에서도 자유로운 사람으로 지낼 수 있었다. 참고인 진술을 서울시 경찰청에 가서 하는 외에 여타 전화도 받았으나 나는 당당할 수 있었고 사실을 왜곡하거나 누구에게 편파적으로 불리하게 말하지 않았다.

　2010년, 2014년, 2018년, 2022년 선거에서 전국적으로 교육감 후보와 당선자가 당선 무효 더 나아가 영어의 몸이 된 사람이 많았다. 이 경우 15% 이상 득표하여 정부로부터 돌려받은 선거 비용도 소위 전두환법에 의하면 강제로 환수해야 하는데 교육감 선거에서는 정부가 전액 환수한 예가 없다. 많은 후보자가 자신의 재산을 이미 배우자 등의 이름으로 옮겨 놓아 재산이 없어 무탈하나 당사자는 자신의 이름으로 통장 개설이 불가능해서 동산 거래가 불편한 상태이다.

　예비 후보 사퇴 당시 추진 중이던 선거 홍보물, 선거용 차량 계약 등을 하려던 사람에게 계약 해지로 인해 그들도 손해 보았겠지만 나는 위약금으로 그들에게 기 천만 원을 지불했다. 선거 운동을 위해 일선에서 선거용 어깨띠를 두르고 선거 운동을 할 요원으로 확보한 1,000명은 아직 준비 중이던 다른 후보에게 약 400명, 내가 공동선대위원장으로 있는 캠프에 100여 명 등 800여 명은 자리 마련으로 다행히 해결되었으나 해결 과정은 아주 힘들었다. 나를 위해 깨끗이 포기한 200여 명에는 지금도 생각하면 죄송한 마음이다. 그때 선거 운동원은 일당 7만 원, 선거 유세하는 사람은 10만 원을 지불하게 되는 데 15% 이상 득표자는 정부가 준다.

　당시 서울특별시 48개 국회의원 선거구에 개인적으로 사무실을 확보하는 등 교육감 후보가 할 일은 너무 많았다. 반면에 서울시장으로 입후보 한 사람은 당으로부터 현금 지원을 받고 48개 당협 사무실과 연계를 하며 특히 선거 운동원은 당원으로 충당하고도 넘칠 것이었다. 지방선거니까 같은 당에서 출마하는 시의원 후보, 구청장과 구의원 후보가 서로 끈끈하게 연결되어 서로 위로와 격려도 될 것이다.

　서울시장과 서울 교육감 후보는 같은 지역, 같은 시민, 같은 기간, 같은 선거비로 선거 운동을 하거나 할 수 있는데 여러 조건에서 두 후보 간의 차이는 너무나 컸다. 정치 행위에 무경험인 교육전문가는 마치 고립무원, 광야에서 혈혈단신으로 싸우는 외로운 전사나 다름 없었다.

　2008년 선거에서 진보 단일 후보 말고는 내가 평소에 다 잘 아는 사람들이었는데 사실 현수막도 일부 지역에만 거는 등 선거 운동을 열심히 하지 않아 왜 후보로 나섰는지 의문이 들기도 하였다. 그렇게 된 큰 이유는 선거 자금 확보가 문제일 것으로 보는데 그렇다고 단일화에 응하지도 않았다.

　참고로 이때의 서울시의 유권자 약 808만 명 중 1,251,218명이 투표하여 투표율은 15.4%였다. 내가 사퇴하여 공동선대위원장으로 선거 운동에 힘을 보탠 후보가 당선되었는데 개표 중 계속 엎치락뒤치락하다가 득표율 40.09%로 2위 38.31% 와는 1.78%의 차이를 보였다. 3위는 6.55%, 4위 6.01%, 5위 5.84%, 6위 3.16%였는데 내가 다른 후보처럼 끝까지 갔다면 결국 2위인 후보가 당선되는 것이 분명하다고 많은 칭송을 들었으나 좋아할 수만은 없었다. 다만 지금도 끝까지 갔으면 나도 빚깨나 졌을 것이란 말에, 내가 득표율 15%야 안 넘겠나 생각하기도 하지만 어떤 때는 빚질 가능성이 충분할 수 있겠다고 생각한다.

자정이 넘었는데 TV 방송사가 많이 나와서 개표 상황의 마지막 부분을 생중계하였다. 중계 중에 당선자가 확실시되자 당선 예정자와 나에게 큰 화환을 목에 걸어주고 교육감 당선 확실자와 나는 한쪽 손을 잡고 남아 있는 선거 참모와 운동원과 함께 목청껏 만세를 불렀다. 그리고 엄청난 열기가 계속되는 와중에 이를 배경으로 당선자의 당선 소감 발표가 있었다. 다음 날부터 당선자가 당연히 많은 인사를 받았겠으나 나도 평생 처음 인사를 많이 받았다.

8월부터 12월까지 내 생애 처음으로 내 마음 가는 대로 지냈다. 빈둥거리며 지내기도 하고 먹을 것을 싸서 들고 관악산 험한 능선 길을 따라 천천히 걷다가 요즘 말로 멍때리고 하늘만 바라보는 등 그렇게 지냈다. 다만 초등학교와 중학교용 보건 교과서 수정 의뢰가 들어와 성심성의껏 보았다. 나의 전공은 아니지만 과학과 관련되어 보겠다고 했는데 시간이 많으니까 여기저기 찾아봐 가면서 나름 내가 지은 책 교정볼 때보다 더 열심히 보았다.

그리고 5개월 동안 피고 싶을 때마다 피우던 담배를 똑소리 나게 끊어 오늘에 이른 것은 참 잘한 일이다. 12월 31일 오후 9시에 마지막으로 담배를 피우고 남은 담배는 라이터와 함께 책상 위에 놓고 담배 1보루를 책상 설합에 넣은 채로 담배를 끊었다. 그리고 지금까지 술을 마실 때 친구들이 유혹해도 담배를 한 번도 입에 댄 적이 없다. 교육감 선거와 관련해서 7개월 고생하거나 다양한 환경에 접하면서 이처럼 나의 마음과 나의 생활에 바뀐 것이 상당했다. 그만큼 시간과 선거 자금 등 비용도 많이 들었지만 인생도 많이 공부한 셈이었다. 물론 이 고통스러운 공부는 하지 않아도 되고 하지 않는 것이 좋다.

마치 월남에 파병한 군대에 지원하여 15개월 만에 귀국했을 때 내가 크게 성장했다는 느낌이 들었는데 선거 운동은 그 이상이었다. 다른 것이 있다면 파월 장병으로서는 다른 사람에게 인적, 물적 피해를 주지 않았고 당시로는 내게 경제적으로 큰 도움이 되었는데 이런 점에서는 교육감 직선제 예비 후보 100여 일 동안은 그게 아니었다.

즉 다른 후보를 비하하는 발언을 했고 이기기 위하여 마음에 없는 이야기도 많이 했다. 순수하게 나를 위해 힘써준 사람들을 생각하면 지금 생각해도 무척 고맙고 한편으로는 죄송하기가 말이 아니다. 돈을 벌어오는 대신 봉급 생활자 입장으로 보면 거금을 썼다. 당시 4억 3천만 원이면 서울의 웬만한 지역에서 아파트 한 채 값인데 이걸 쓰고도 중도 하차하여 한 푼도 돌려받지 못하는 상태였다. 인세와 강의 등으로 오랜 기간 어렵게 모은 돈을 선거 운동하면서 너무나 쉽게 써버렸다.

특히 저금통장을 깰 때마다 가슴이 두근거리고 겁이 났다는 아내에게는 제일 미안했고 100여 일 동안 선거 운동도 함께 다녀 고마웠다. 세월이 흐른 지금 아내는 당시 부동산을 팔겠다는 나를 말렸더니 들어준 것과 저금통장을 마이너스로 만들지 않은 것에 대해 고맙다고 말해서 서로 웃을 때가 있다.

**서울특별시 직선제 교육감 도전기 2**

　2008년 12월 하순 연하장 889장을 발송하고 오후 5시 반 프레지던트호텔에서 평소 함께 해주신 분들과 송년회 모임을 하고 귀가했다. 술기운이 어느 정도 없어지자 목욕재계하고 과거의 잘못된 점을 묻고 업그레이드된 나를 만들기 위해 묵상했다. 단기적으로는 2009년 새해를 위한 것이고 길게는 내가 새로운 사람으로 거듭나야 한다고 생각했다. 우선 12월 31일에 마지막으로 담배를 맛있게 피웠다. 담배를 끊고 맑은 정신과 깨끗한 몸으로 2009년을 맞이하는 것이 새로운 내 인생의 출발을 알리는 신호로 생각했다. 그래서 담배를 오늘날까지 끊었고 죽는 날까지 피우지 않을 것이라 했다.

　새해 첫날이 되었다. 대한노인회 논단에 정기적으로 싣는 글을 쓰고 내가 회장으로 있는 늘푸른교육포럼에 실을 글에 사용할 설문지를 마지막으로 가다듬으며 하루를 보냈다. 1월 2일에는 회장으로 당선된 한국과학교육단체총연합회 사무실로 회장으로서 첫 출근 했다. 지난해까지 만 4년 동안 상임부회장(현재는 수석부회장으로 명칭 변경)으로 있었기 때문에 회장실 옆 방에서 사무원들과 함께 있다가 독방인 회장실로 옮겼다. 지난해와 거의 비슷한 일을 해서 새로운 것은 별로 없었다. 다만 일정 금액의 수당과 소위 판공비를 받았기 때문에 상근하는 점이 달랐다. 공무원이 아닌 사단법인 단체의 전일제 근무자가 된 것이다.

　아직 세종시라는 말도 없던 시기라 16개 시·도 회장 및 전국 회원 단체가 230개인 큰 조직의 일을 해야 하지만 1990년 창립되면서 계속 보직을 받아 일을 해왔기 때문에 업무는 익숙했다. 다만 회장 입후자로서 했던 가장 큰 공약인 회관 매입이 큰 과제였다. 그러나 회장이 되고 보니 당장 눈앞에 급한 일은 2008년으로 중앙부서의 특별교부금이 마지막 지급되었고 앞으로 특별교부금은 없어져서 2009년 한국과학교육단체총연합회의 1년 예산이 정해지지 않은 것을 어떻게든 확보하는 일이었다. 특히 예산 확보 문제로 교육부에 오래 근무한 경력 때문에 140여 명의 대의원 투표에서 137대 7이라는 압도적 지지로 당선된 것으로 생각되어 큰 부담을 갖게 되었다. 3월에 예산이 확정될 때까지 교육부를 들락거리며 담당 과장과 담당자를 어렵게 여러 번 만났으나 정말 수모를 당해가며 사정해서 확정된 예산이 특별교부금으로 해마다 나오던 예산의 50% 정도였다. 감액이 예상되던 것이기는 하나 너무 예산이 감소 되어 전국적인 각종 사업과 행사를 어떻게 이끌어 가야 할 것인가가 난감하였다.

사실 나의 꿈은 서울시 교육감이 되어 우리 학생과 학부모들을 위한 교육, 국가 백년대계를 위한 교육을 위해 혼신의 힘을 다해 이들이 가정, 지역사회, 국가, 세계의 역군이 되게 하고 싶으니만큼 매사에 한 치의 어긋남이 없이 활동해야 했다.

1주일에 최소 1~2회는 다른 단체가 주최하는 조찬회에 참석하고 저녁 식사를 겸한 만남까지 쉼 없이 움직였다. 현직에 있을 때도 특별히 휴식 시간이 있다든지 쉬지는 않았지만, 공무원으로 공식적인 일에 매진하였다면 여기서 나의 근무는 자유로웠고 공약 사업 외에는 해결해야 할 크게 부담되는 일도 없었다. 1년 반 후인 2010년 교육감 선거 대비 활동하기에 너무 안성맞춤이었다. 고유 업무인 과학교육 진흥 업무에 쏟아붓는 시간 중에도 업무와 관계없는 사람들의 방문을 받는 등 여러 가지로 바쁜 생활이었다.

  크고 작은 단체들 신년 하례식과 각종 신년 모임 참석으로 바쁜 와중에 아주 매력적인 탐나는 자리를 제의받았다. 이름을 대면 알만한, 아니 회사 이름을 대면 누구나 아는 그런 유명한 회사의 회장이 누추한 내 사무실에 비서를 대동하고 왕림하여 명문 고등학교를 창립하기 위한 일을 진행 중으로 1년 후인 내년에 개교하려는데 개설 교장이 되어달라는 것이었다. 교육과정 편성, 인사 등 설립 목적 범위 내에서 전권을 주고 사택까지 제공하겠다는 좋은 조건이었다. 대학생 때부터 엔리코 달가스와 페스탈로치 두 사람의 뜻을 모아 인재를 양성하는 것이었는데 창립 학교 교장이 그런 뜻에 일부 부합하기는 하지만 장차 서울시 교육감에 뜻이 있으므로 정중히 사양하였다. 엄청난 부와 힘을 가진 저명인사임에도 부드럽고 품위 있는 대화를 하는 것이 아마 이분의 장점일 것이란 생각이 들었다. 후에 비서의 연락이 더 왔었으나 장차 나의 희망을 이루고 싶다고 완곡하게 거절하였다. 을지로에 있는 회장실에서 한 번 더 만나자고 하여 뵈러 갔었다. 퇴임 후 내가 관심이 많은 천문대를 학교 부설로 지어줄 테니 더 생각해보라고 하였다. 아마추어 천문가가 되고 싶기도 하였으니 평생 천문대에서 사는 것이 멋지게 생각되어 마음에 동요가 있었다. 그러나 당시만 해도 서울 교육이 전국 교육에 미치는 영향을 생각하면 나를 위한 일보다 공공을 위한 일인 서울시 교육감 외에 다른 길이 없었다. 그 학교는 명문대 대학교수가 개설 교장으로 부임하여 이듬해 개교하였고 지금 전국의 최상위

명문고가 되었다.

1년 전 교육감 선거에서 내가 차렸던 선거 캠프 사람들과 인연을 계속 이어가면서 고마웠던 분들께 인사하며 지내고 중앙대학교 교육대학원 겸임교수는 '우리나라 교육의 문제와 해결 방안'이란 멋진 강의명으로 계속하였다. 학교, 학부모 단체를 상대로 하는 특강은 당연히 공무원일 때보다는 더 많이 다녔다. 이 와중에 대표 저자로 공동 집필한 중학교 과학 교과용도서가 검정에 합격하는 경사가 있었다. 그리고 고등학교 공통과학 교과서 저술도 대표 저자로 계속하였다.

2008년 2월 말 출범한 이명박 정부는 교육부와 과학기술부를 합쳐서 교육과학기술부(이하 교과부)로 출발하였다. 그리고 직제 개편에서 보통교육을 총괄하는 1급 상당 교육정책실장 직을 폐지하고 1년 동안 교육개혁을 하다가 보통교육을 총괄하는 부서가 다시 필요하여 이를 신설하기로 하고 이 부분 책임자를 공개 모집했다. 이미 공무원에서 퇴직한 나에게 주위 인사들이 논의하여 내린 결론은 공모직에 지원서를 내라고 하는 것이었다. 보통교육 개혁을 하겠다는 것이 솔깃했지만 역시 서울시 교육감에 마음이 있어서 주저했는데 아직 1년 반이나 투표 날짜가 남았으니 그때 가서 결정하고 우선 지원하라고 과거 내 선거 캠프에 있던 사람들도 그랬다. 처음에는 내가 교육감 선거에 출마하는 데 모자람이 있어서 그러나 하는 마음이 들어, 그렇게 말하는 것이 서운하게 들렸다. 어떻든 시간이 있으니 생각해보기로 했다.

이해 4월 초에 아들 결혼식이 있었는데 당시는 호텔에서 예식을 올리는 것이 유행이라 호텔 예식장에 예약이 안 돼 반년이나 기다려 정했다고 한다. 나는 이해가 안 갔지만 당사자들이 그렇게 원한다는데 결혼하는 것만으로도 반가워서 뭐라고 말하지 않았다. 그런데 예상보다 3~4배 이상 하객이 많이 와서 호텔 내는 물론 인근 식당까지 급하게 정했어도 식사를 못한 하객이 많았다. 나를 보고 온 하객이 1천 명이 넘었고 아들 하객도 학교 동기 중 처음 결혼하는 것이라 300여 명, 사돈 측도 개혼이어서 생각보다 많이 온 것이다. 이때 고등학교와 대학 동창 및 동문은 물론 지난 교육감 선거에서 중요한 역할을 했던 사람들이 하나같이 점심을 다른 곳에서 스스로 해결했다는 것을 후에 알게 되었다. 여기서 주위 사람들이 아직도 나를 장차 교육감 후보가 될 것으로 믿고 있다는 생각에 감격하면서 결국 교과부에 지원서를 제출했다. 고위공무원단 가급(1급 상당)으로 교육부 장관을 모시고 우리나라 보통교육을 총괄하는 자리였다.

교과부의 공개모집에 나이 제한이 없어서인지 39명이나 되는 많은 사람이 지원했다. 차관을 위원장으로 외부 인사가 면접위원이 되어 개별 면접을 보고 여기서 선정된 6명에 대한 면접이 장관실에서 6월 초에 있는 등 일정이 늦어졌다.

운 좋게 장관 면접 대상자가 되었는데, 1인씩 장관의 면대 면 면접을 보는 중 교과부에 임용이 되면 한국과학교육단체총연합회 회장은 그만두어야 할 것이라고 해서 과학기술 진흥은 나라의 장래에 중차대한 일로 취임 반년도 안 되었는데 그만두어서는 안 된다고 했다. 고위공직자 가급(1급)이 얼마나 대단한 줄 아느냐며 의외라는 말씀이었고 결국 회장을 비상근으로 하면 겸임할 수 있다는 결론이 났다. 물론 그렇게 면접시험을 보았다는 것이지 최종 합격은 청와대 보고 후 이루어질 것이라는 말들이 있었다.

그리고 나는 당시 좌파들이 그렇게 칭찬하는 핀란드의 교육을 보고 배우기 위해 계획대로 과학교육 전문가들과 북유럽으로 연수를 떠났다. 9박 10일 연수 기간에는 당연히 청와대에 보고하는 문제 등으로 발령이 안 날 것으로 예상했지만 다녀온 후로도 열흘이 지났는데 연락이 없어 다른 사람이 되었다고 보고 포기하고 있었다. 당연히 청와대에 보고된 후보자 3명에 대한 하마평이 소문에 떠돌고 유력 지원자 중 한 사람은 현직에서 여러 가지 비위가 있다고 중앙 일간지에까지 보도되었다. 3명 중 퇴직하여 현직이 아닌 사람은 나 하나여서 발령을 기대하지 않고 있었다.

그런데 7월 초 합격 연락이 왔고 바로 발령받았다. 내가 현 서울시 교육감 당선에 공이 많아서 임용되었다는 설로부터 2010년 서울시 교육감 선거에 뜻이 있는 인사들이 경쟁자를 줄이기 위해 적극 추천했다는 설까지 다양했으나 당연히 교과부 장·차관의 의중이 가장 중요했다고 생각한다. 아마 당시 차관이 국회의원 시절에 공립학교 교장 중에 서울고등학교 교장인 내가 국회에 올릴 안건 토의를 위한 회의 멤버였던 것이 영향이 있었을지도 모를 일이었다. 심사위원 중에 내가 이메일 주소를 갖고 소통하며 블로그를 하고 있고 저술과 논문 발표 등도 많아서 점수를 후하게 주었을 수도 있다. 이런 사항들이 모두 발령받는 데 영향을 주었을지도 모르지만 일단 발령을 받으니 기분이 좋았고 갑자기 할 일이 아주 많아졌다. 내가 본부장으로 있는 본부 소속은 3국

17개 과(팀)에 157명이 소속된 큰 규모 조직이었다.

2010년 교육감 선거철이 닥쳐오니 직선제 교육감 선거에 출마하라는, 과거 교육감 예비 후보로 등록했을 때 인연 있는 사람들의 열화같은 요구로 많이 고민했다. 그러나 대통령 공약 사업인 고교 다양화와 외국어고 정상화 및 자립형사립고 지정을 진두에서 맹렬히 추진하다 물러서는 것으로 보이게 될 일이 가장 괴로웠다. 그 외에도 좌파 교육감들의 무상급식과 학생 인권 조례추진 문제, 2009 개정 교육과정 추진, 사교육비 감소 정책 등 이명박 정부가 추진하는 중요 교육 현안들을 추진 중에 떠나기가 괴로운데, 짐작인지 소문 때문인지 장·차관님이 모두 일하다 그만두려면 아예 공모에 응모하지 말았어야지 않으냐는 정중한 말씀도 있다고 하여 눈물을 머금고 하던 일을 계속하였다.

내가 임용될 당시의 교과부 주요 현안들이 거의 마무리되고 한 숨 돌릴 때인 2011년 6월 임명된 지 24개월 되었는데 현직에서 물러나 산하기관으로 가도록 이야기가 나왔다. 낙하산 인사란 소리 듣기 싫었고, 그러려면 내가 박사학위를 한 한국교원대학교 교육정책전문대학원 초빙교수로 가고 싶다고 해서 그렇게 되었다.

교과부는 가지 많은 나무처럼 바람 잘 날 없고 일도 많지만 24개월 일하는 동안 참으로 열심히 근무했고 그 과정에서 고마운 사람이 너무 많았다. 직업 공무원으로서 자질과 열의가 있었고 무엇보다도 자기 일을 성심을 다하는 마음이 고마웠다. 미안하게 생각되는 사람도 물론 많고, 고맙고 미안한 사람도 많은데 꼭 한 사람을 들라면 외국어고 교장협의회 당시 회장이던 최 교장님을 생각하지 않을 수 없다. 외고를 외고답게 개혁하려고 추진할 때 많은 외고로부터 싫은 소리를 들었을 터인데도 교육자적인 자세로 임했던 그분을 지금도 잊을 수 없다. 그분은 외고를 외고답게 하려는 교육부 정책을 성공시키는데 1등 공신 중 으뜸이었다.

교원대학교 교육정책전문대학원에서는 대학원 교수동 3층에 연구실을 주었는데 1주일에 2일 출근했고 첫 학기에는 과목 당 주 3시간 하는 2과목의 강의를 맡았으나 그 후는 계속 한 과목의 강의를 했다. 사람 만나는 일과 머리 아픈 일에 매일 시간을 쏟아붓던 시기에 주 2일 교원대학교의 한적한 연구실에 조용하게 나만의 시간을 가지고 지낼 수 있었던 그 시절은 내 생애에서 또 다른 축복의 날들이었다. 아주 가끔 교원대 교수로 있는 대학 동기동창이나 후배들과 식사하는 경우가 있었지만 단순한 친분 때문이었고 어떤 일을 이루어야 하는 일은 없었다. 마음에 여유가 생기니까 계절에 따라 변하는 아름다운 캠퍼스 경치도 눈에 들어와 만끽했고 수필도 썼다.

그런데 의외로 교육감에 도전할 기회가 빨리 왔다. 2010년에 당선된 서울시 교육감이 교육감 선거에서 위법한 일을 해서 2011년 구속되었다가 2012년 봄 직무 복귀되었으나 2012.9.27. 일자로 실형 선고를 받고 영어의 몸이 된 것이다. 그래서 2012.12.19일 대통령 선거일에 서울시 교육감 보궐 선거를 하게 되었다.

평소 꾸준히 연락하며 지내던 선거 관련 지인들과의 만남과 전화 연락이 빈번해졌다. 지난 교육감 선거에서 교원답게 했던 선거와는 달리 이번에는 정치인들이 하는 선거와 유사한 그러니까 정치인이 하는 형태와 유사하게 움직였다.

사실 4년 만에 다시 본 교육감 선거는 상당히 정치화되었음을 느꼈다. 당시 집권당에서 정치 활동하던 사람을 선거총괄본부장으로 영입하고 2008년 교육감 선거에서 만나지 않던 정치인을 많이 만났다. 자연히 여의도에 자주 갔고 현역 정치인 만나기가 많아졌다. 주로 국회의원들이었는데 선거에 대한 경험과 지식이 많아 나보다 먼저 상황에 대한 이해를 많이 해주었다. 10월 16일 경희궁 정문 건너 대로변에 50평을 깔세로 1억 원에 계약했다. 선거 운동 중에 공간이 더 필요하면 30평 정도는 언제고 더 확장할 수 있는 여유도 있었다. 1천만 원 주고 사무실 집기와 컴퓨터 등을 설치하고 선거 대책을 세울 사람, 손님이 오면 맞이할 실무 요원, 차 접대를 하는 사람 등 많은 사람을 모셔 왔다. 물론 1천만 원을 드려 서울시선거관리위원회에 가서 교육감 예비 후보 등록도 했다.

정치하는 사람들이 원래 사람 만나기로 바쁜 사람들이지만 더구나 같은 날 대통령 선거가 있어서 선거에 관련되는 사람은 모두 자신의 시간을 마음대로 쓸 수 없는 시기였다. 나도 현역 국회의원과 당료들을 만났고 나와 내 선거를 위해 여의도에 상주하면서 국회의원과 당료 그리고 관련 인사를 만나는 사람을 정했고 당연히 활동비를 주었다.

1주일에 한 번은 교원대에 강의하러 가고 다른 날은 교육감 선거를 위한 활동으로 분주하게 지냈다. 그런 어느 날 나에게 가장 호의적이었던 정0언 국회의원이 10시에 여의도가 아닌 모래내 소재 당협사무실에서 만나자고 하였다. 사무원도 없고 단둘이만 있는데, 국회 교육위원회 위원이었던 의원께서 내가 교과부에 있을 때 협조를 구하면 도와주고 해결해 주었던 보통교육 정책, 교과서 편찬 업무 등 여러 일들 이야기를 새삼스럽게 꺼냈다. 그리고 사무실에 있는 화분과 꽃에 대한 여러 가지 이야기를 했다. 나중에 이해가 되었지만 나에게 차마 하기 어려운 이야기를 하기 위하여 그렇게 뜸을 들인 것이었다. 그 어려운 이야기는 정의원이 앞으로 나를 위하여 아무 도움도 줄 수 없게 되었다는 것이고 그 이유도 비공개라는 전제하에 친절히 말했다. 선거 사무실도 이미 마련했다니 교육감 예비 후보로 계속 활동하는 것은 후보자 마음이나 많이 검토해보라는 뉘앙스의 말도 하였다. 내가 만나 공들였던 중진 국회의원의 마음도 모두 그럴 것이라는 생각이 드니 하늘이 노래짐을 느꼈다. 내 선거 사무실로 돌아와 총괄본부장에게 이런 사실을 이야기하고 더 알아보도록 하였다.

교육계 중진 한 분이 내게 교육감 후보 단일화를 논의하자고 연락이 와서 만났다. 소위 보수계라고 하는 인사들이 아직도 선거 사무실을 차리지 않고, 예비 후보 등록도 하지 않은 채 교육감 후보 출마 의사를 밝힌 사람들이 몇 분 있었다. 그럴 수는 있지만 시간 적으로 현재까지 아무 준비 없이 말로만 출마한다고 선언하는 것은 아주 막강한 후보로 자신 있거나 막강한 후보의 들러리이거나 그렇게 볼 수 있다. 그러는 동안 교육감 후보 단일화 후보에 후보가 직접 참석하라는 연락이 왔다. 누가 참석할 것인가를 탐문 해보니 예비 후보로 등록할 사람이 아닌 사람을 출연시켰다고 생각되는 사람이 여럿 있었다. 주요 선거 참모들은 물론이고 내 주위의 가까운 사람들과 이틀간 회의를 했다. 지난

번 만났던 정0언 의원의 이야기와 여의도 정치인들 사이에서 활동하는 사람의 이야기가 가장 마음에 걸렸다.

역시 교육감 선거가 정치화되었구나 생각하면서 나는 단일화 회의에 참석하지 않겠다고 통보했다. 단일화 주체도 급조된 임의 단체로 분명하지 않고 단일화 추진위원들이 단일화할 수 있는 위치에 있는가도 의문이었다. 특히 이미 누구를 단일화로 밀어서 명분을 주기로 했다는 소문과 나의 판단도 그러해서 참석하는 것을 포기했다. 그리고 예비 후보 사퇴에 대한 언론에 배포할 글을 직접 작성하였다. 야합이니 폭거니 하는 자극적은 말을 삼가고 내가 작성한 글을 선대본부장 등과 다듬은 후 언론사에 보냈다. 전과 달리 교육계 언론들도 2곳을 제외하고는 모두 실어주지 않았다. 이틀 후 단일화 기구에서 위원들의 투표 결과 문0린 예비 후보를 추대했다고 발표했다. 급조된 단일화 기구에서 후보 추대 위원으로 참여한 인사들도 책임 있는 또는 알려진 기구에서 위촉한 것도 아니어서 그야말로 정치적인 행위였다.

대통령 후보 선거 본부 책임급 인사와 교육계 원로 사이에 대통령 선거와 관련지어 보수계 교육감 후보 단일화했다는 소문이 무성했다. 보궐 선거로 선거 일정이 늦게 공고되기도 했지만 문0린 예비 후보는 준비 없이 있다가 보수 단일 후보가 되어 내가 선거 사무실로 얻은 곳을 사용하겠다고 내게 직접 전화했다. 그리고 신장 수술 후 6개월밖에 지나지 않았으며 출마 의사가 없었다는 사정 등을 전해 왔다. 사무실과 집기 등은 아깝지만 1억여 원을 버린 셈 쳐야 양쪽 진용 간은 물론 대외적으로도 잡음이 없을 것이라 말하면서 단호하게 거절하고 깨끗이 물러났다. 이번 선거가 끝나면 다음 선거일인 2014년 6월까지 1년 6개월 후이니 그때를 보자며 정치적인 역학 속에서 나는 또 분루를 삼켰다.

소위 보수 단일 문00 후보는 선거사무소 개소식에 나와서 단일화와 찬조 연설을 한 후 자신의 손을 들어 달라고 간곡히 말했고 선거 운동도 잘 부탁한다고 했다. 이때의 내 심정을 잘 이해해주는 사람이, 선거에 관련 있는 사람 중에 있었고 위로해 주는 주위 인사들이 있었다. 그러나 이때 나는 아내에게 몹시 미안했다. 자녀들을 돌보고 가사를 전담하는 사람이 두 번에 걸쳐서 선거 운동도 하고 6억 원 이상의 현금을 통장에서 꺼내 건네줄 때마다 애써 태연 하려던 모습을 잊을 수 없다. 당시로는 아파트 한 채 값인데 저금한 돈은 모두 썼으니 이래저래 속상했을 터인데 오히려 나를 위로해 주어 감사했다.

나는 두 번의 서울시 교육감 선거에 출마하여 내 생애 최고로 비싼 월사금을 내며 그야말로 비싼 공부를 했다. 하기는 안 해도 될 공부이기는 하지만 내가 하고 싶은 일을 했다는데 큰 의의가 있다. 두 번 모두 내가 사퇴하고 밀어준 후보가 당선되었으니 실패는 아니라고 많은 사람이 하는 말이 대의로 보면 맞지만 내 개인으로 보면 실패한 것이다. 실패해서 뜻을 펼쳐보지 못한 아쉬움이 컸으나 도전해보지 않았으면 모르고 지나갈 세상을 알았다는 것도 큰 소득이라 생각한다. 어차피 짧은 인생에서 모든 것을 경험하고 살 수는 없겠으나 안 해본 것보다는 좋았다.

나는 이번 교육감 선거에서 내 선거 캠프에서 일어난 모든 일의 원인 행위자이고 장본인이니 당연히 중심을 잡고 뒷마무리를 잘해야 했다. 지난 첫 번째보다는 선거 운동 기간도 짧고 일찍 그만두었으므로 돈도 훨씬 덜 썼고 마무리할 일도 비교가 안 되게 적었다. 선거 운동원들은 내가 그만두자 바로 대통령 선거 캠프로 갔고 나를 위해 영상 자료 만드는 등 고생하는 사람들에게 흡족하지는 못했겠으나 원가 정도는 모두 지불했다. 내 것을 모두 내어주는 심정으로 임했다.

마음은 한없이 허전하고 힘들었지만 문후보 출정식에 가서 환호 속에 한마디 연설 후 함께 손잡고 잡은 손을 높이 들었다. 우뢰와 같은 박수와 환호성이 터져 나왔다. 물론 이것은 나를 위한 함성은 아니었으나 단일화를 환영한다는 뜻이 컸으리라고 본다. 이어서 나는 문OO 교육감 후보 지지 발언을 하고 열렬한 박수를 받으며 물러났다.

문 후보 선거사무실에서 감투를 쓰기 위해 단일화한 것은 아니고 당선 후 어떤 혜택을 받을 생각은 추호도 없었으나 선거대책위원회에 상당히 중요한 직책을 주었다. 후보의 당선을 위해 일할 필요가 있었기 때문이었다. 단일화 과정이 정치적이면서 석연치 않기도 하여 지난번 교육감 선거 때와 같은 사명감이나 열과 성을 다했다고 하기에는 스스로 부족하지 않은가 생각되기도 했으나 최선을 다해 운동하기로 마음은 굳게 먹었다.

그래서 박근혜 대통령 후보 유세 후 같은 자리에서 하는 문후보 서울시 교육감 선거 유세에 찬조 연설자로 연단에 올라가 후보를 위해 연설했다. '네가 나오지 왜 들어갔어'하는 소리도 들렸지만 '잘했어'하는 소리가 많이 들렸다. 기왕지사 내가 교육감 예비후보 사퇴하고 단일화해준 후보가 교육감에 당선되어야 하는 것은 불문가지였다. 이 선거에서 문 후보는 넉넉한 표 차이로 교육감에 당선되었다.

지금 생각해보니 2008년 서울시 교육감 당선자와 나만 꽃목걸이를 목에 걸고 만세 부르던 장면의 사진을 보관해 두었으면 좋았을 것이란 생각이 든다.

인생 여정에는 여러 갈래 길이 있고, 모든 길에 나름대로 의미가 있음을 아는 현재 뒤돌아보면 나와 선거에서 관계되었던 모든 사람에게 죄송하다는 말씀을 드리고 또 한편으로 진심으로 감사드린다.

다른 한편으로 하늘에 계신 어머니께서 '건강하면 되었다. 이제부터 앞으로도 열심히 살거라'하는 말씀을 들려주는 것으로 알고 위안을 삼았다.

**교육감 직선제를 개혁하자 - 교육자치의 완성도를 높이기 위하여**

2,600여 년 전 춘추시대 관포지교로 이름난 관중은 1년의 계획은 곡식을 심는 것과 같고, 10년의 계획은 나무를 심는 것과 같으며, 평생의 계획은 사람을 심는 것과 같다고 했다. 여기서 '교육 백년지대계'라는 말이 유래되었다. 우리나라같이 천연자원이 부족한 국가는 인재가 핵심이고 국가 경쟁력이라 인재 양성이 중요하여 '교육 백년지대계'는 유행어가 되었다. 그리고 교육계가 그 선봉에 있었고 학부모의 교육열이 컸음은 말할 나위가 없다. 물론 정치가 훌륭한 선도와 지원 역할을 할 때 목표를 이룰 수가 있음도 분명하다.

이승만 정부는 '아는 것이 힘 배워야 산다'라고 홍보하며 교육하도록 독려했다. '배워야 산다'는 바람은 낫 놓고 '기억' 자도 모르는 문맹자가 대부분이었던 건국 초기 국민을 눈 뜨게 했다. 그 시절부터 그 이후에 재산 1호인 소 팔고 땅 팔아 자녀를 도시로 보내 공부시키게 했다. 당시 우후죽순처럼 치솟는 대학 건물을 우골탑이라고 불렀다. 박정희 정부는 '과학 입국'과 '체력은 국력'을 국시처럼 받들어 선전하고 실천했다. 이러한 분위기에 노동자와 농민의 희생적인 삶이 함께 힘이 되어 소위 '한강의 기적'을 가져왔고 오늘날 선진국으로 세계적인 과학기술 강국을 이루고 스포츠와 문화예술 강국을 만들었다는 것에 크게 이의를 달 사람은 없을 것이다.

세계 최빈국에서 빠른 속도로 발전하여 세계 10위 권을 넘나드는 국가와 개인의 부가 쌓이면서 이에 걸맞은 제도 개선이 지속되고 있다. 자유와 민주주의의 꾸준한 쟁취로 소원을 이루는가 싶은데 곳곳에 마찰도 많은 시점에 있다. 학교 위주의 교육 현장을 봐도 군사부일체 정신에서 노동자 정신을 앞세운 세력의 발흥 속에 학생과 학부모가 교육계와 한 팀이 되지 못하고 있다. 가정교육이 거의 실종된 상태에서 코로나 시대를 거치며 개인주의와 내 가족 내 자녀 중심주의가 급속하게 퍼진 것도 공교육을 어렵게 함을 간과할 수 없다.

여기에 어려움을 더 한 것은 교육의 정치화이다. 학교 현장에서 땀 흘리고 있는 교원과 교육연구자들이 줄기차게 주장해온 큰 화두가 교육의 탈정치화 요구이다. 이점은 많은 사람이 공감하는 사항이다. 한 예로 어떤 대통령이 '대학 설립 준칙주의'라는 다분히 정치적 시혜성

정책을 펼쳐 잠만 자고 나면 신설되고 증설 확장된 많은 대학이 생겨났고 이들 대학의 대부분은 교육부의 계열사처럼 교부금의 노예가 되었다. 결국 많은 대학이 연구보다 직업 준비 학교가 되어 존립 근거가 휘청이는 데다 급감하는 학생 수로 인하여 존폐의 기로라는 구조 조정의 역풍을 맞고 있다.

또 다른 중요한 예로서 교육 방향을 바꾸어 개혁하겠다는 교육감들이 교육의 질 향상보다 정치적 어젠다에 더 경도되어 우려를 낳게 하는 경우가 많다. 기왕 교육감 이야기가 나왔으니 더 말하자면 준비도 안 된 상태에서 교육의 특수성을 감안하지 않고 정치권이 밀어붙인 교육감 직선제는 유지이든 폐지이든 당장 개선할 여지가 많다. 시도지사 선거 후보자는 정당이 있어서 인적, 물적, 법적 지원을 받는데 교육감 선거 후보자는 아무런 지원 없이 혼자 모든 것을 해결하면서 선거 비용은 똑같이 드니 출발부터가 문제가 많았다.

교육감 직선제를 4회 이상 실시해보니 더 많은 문제가 나타났다. 교육적인 교원보다 시류에 밝은 정치적인 후보나 특정 교원단체에 관련된 후보가 대거 당선되는 현상, 선거 비용으로 어려움을 겪거나 선거 후 구속되는 사례가 많다는 것이 이를 증명한다. 더 심각한 것은 과거 임명제 시절에 교원과 동료적, 동지적 관계였던 교육감이 선출직이 되면서 막강한 권력을 가진 상관이 된 것이다. 따라서 교육자치, 자율화가 이루어져야 할 단위 학교는 오히려 퇴보되었다. 대한민국 개발 시대 교원의 위상은 저임금 속에서 존경받았는데 그런 상황도 아니고 평생 직장으로 선망하던 직업인으로서의 위상도 심히 흔들리게 되었다.

2023년 7월 18일 2년 차 초등교사가 교실에서 극단적 선택을 함으로써 교권에 대한 관심과 더불어 학생인권조례가 연일 신문 등 공공 매체와 sns를 뜨겁게 달군 때가 있었다. 교육계에 오래 몸담았던 사람으로 이 지경에 이른 교육 현실이 슬프고 스스로 자책과 송구함을 지금도 갖고 있다. 며칠 전 이 교사가 순직으로 확정된 것은 다행하기는 하지만 당시에 제기되었던 많은 문제점이 확실하게 개선되기를 간절히 바란다. 산업화와 민주화, AI 도입을 거치며 교사에 대한 존경심은 많이 사라져갔다. 학부모의 학력과 전문성이 신장 되어 교사를 능가하는 세상이 되면서 교사의 교육 전문성까지 무시 또는 매몰되는 세태가 되었다. 큰 집단의 교사들이 스스로 스승이기를 포기하는 사태도 있었고 2천 년을 전후하여 교사의 교육력과 신뢰를 잃게 하는 큰 정치적 사건이 있었다.

즉, 교원 정년 단축, 교육감 직선제 도입, 학생인권조례 제정 등이다. 교원 정년 단축 시에 젊은 교사는 폭력적이고, 나이가 든 교사는 무능하며 전체 교단이 부패하였다고 '학교 부정부패 고발센터'라는 현판을 학교에 걸게 하여 교사와 학교를 동시에 무력화하였다. 교육자치의 완성도를 높이려면 학교에서 자치가 이루어져야 하는데 직선제로 선출된 교육감은 학교 위에 있었고 더 큰 문제는 직선제 선거로 인하여 교육이 정치화되었고 학교의 무력화가 가속되었다.

교권 추락의 결정타는 직선제 교육감 선출인데 놀랍게도 이들에 의해서 도입된 학생인권조례는 교육 현장을 침몰시키는 결과가 되었다. 조례 도입 과정에 갑론을박은 학생 인권을 과도하게 강조하고 전국 교육계가 이 열풍에 휩싸이게 하였다. 교권과 학생 인권은 상생 관계이며 교사와 학생 절대로 대립 구도가 아니라 함께 하는 것이다. 그럼에도 직선제 선출 교육감 그중에서 소위 진보를 자처하는 교육감은 학생의 책임과 의무에 대해서는 언급 없이 학생의 권리와 인권만으로 구성된 학생인권조례를 만들었다. 2010년 경기도와 다음 해 서울, 광주가 비슷한 내용의 조례를 통과시켜 전국 학생의 반이 이에 해당되었고 이어서 전북, 충남, 제주 순으로 시행되었다. 시도 의회에서 조례가 부결되는 경우도 이미 이 분위기는 전국을 휩쓸어 영향을 주었다. 특히 소비자가 왕이라는 인식이 확산하던 때에 학부모와 학생이 학교 교육을 하나의 서비스 상품으로 인식하게 된 것이 아닌가 생각될 정도다.

정권이 바뀌면 바뀔 수 있다는 상식의 한도를 벗어난 큰 변화가 교육 현장을 어렵게 하던 관행은 더 심화되어 간다는 생각이다. 정치적으로 해야 할 일은 그야말로 국가 백년대계를 위하여 시대 변화와 국민의 여망을 담아내는 일을 할 수 있어야 하고 그런 다음에 행정 기관은 학교에게 최대한의 자율권을 주어야 한다. 이미 2,300여 년 전 아리스토텔레스는 인간은 사회적, 정치적 동물이라 했다. 홀로 살 수 없고 더불어 살아야 한다는 의미이다. 따라서 정치가 해줄 일은 하되 전문가를 앞세워 추진하고 직접 하려 하지 말고 지원하도록 해야 좋은 교육이 될 수 있다. 2006년 국회가 법으로 교육감 직선제를 졸속으로 밀어붙였으니 이제는 결자해지 정신으로 이를 개혁해야 한다.

❖ 인터넷 신문 '실버 넷 뉴스' 2024.3. 이규석 컬럼

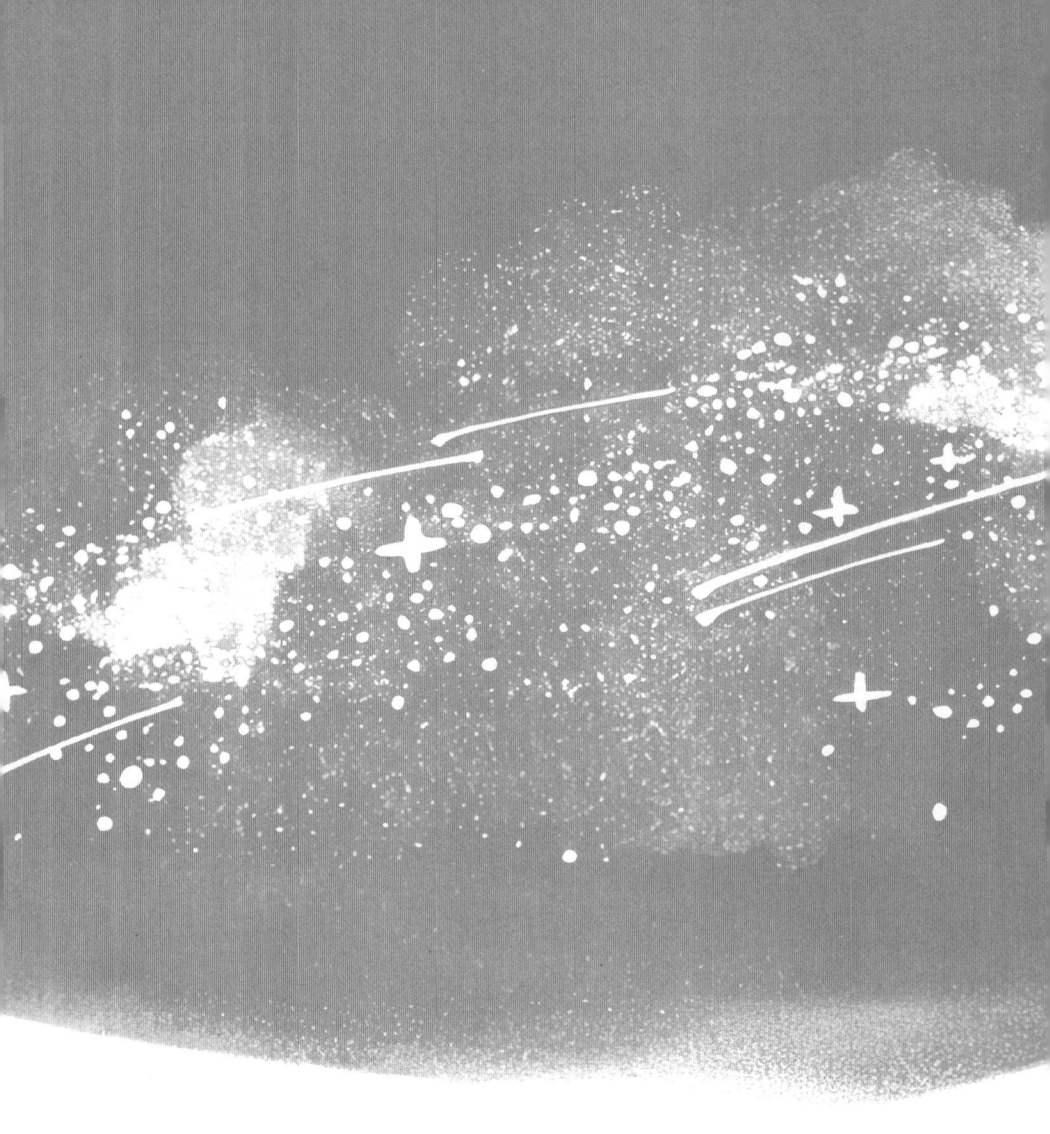

7

어머니의 은하수

## 어머니가 들려준 이야기

우리가 어렸을 때 어머니는 더운 여름밤이면 방이나 마루가 너무 더워서 마당에 멍석 깔고 식구들을 모두 그곳으로 오게 했다. 아니 더우니까 알아서 모두 마당으로 갔다. 모기가 오지 못하게 해가 넘어가자 바로 마른 쑥에 불을 붙인 다음 깜부기불을 만들어 마당 가 여러 곳에 놓았다. 잘 마른 쑥은 다 탈 때까지 그 불이 꺼지지 않는다.

삼복더위 때는 농한기라서 농촌은 시간의 여유가 있는 때이다. 저녁 식사로는 옥수수, 감자, 보리 개떡 등을 여유 있게 쪄서 먹고 남은 것은 안 마당에 깔은 멍석 위에 있을 때 간식으로 제격이었다. 이때 먹은 옥수수와 감자 그리고 체로 곱게 쳤다고는 하지만 목을 넘어갈 때 껄끄러웠던 보리 개떡 안에 든 강낭콩의 맛은 얼마나 좋았는지 지금도 생각하면 침이 고일 정도였다. 강에 나가 다슬기를 건져온 날은 삶아서 멍석 위에 둘러앉아 까먹기도 하고 이도 저도 없을 때는 울 안에 있는 밭에서 토마토, 오이, 가지 등을 각자 입맛에 맞는 것을 따서 먹었다. 당연히 먹으면서 여러 가지 이야기를 나누었고 자연스럽게 누웠다.

멍석에 그냥 누우면 아프니까 돗자리를 멍석 위에 깔았다. 잠이 들어 밤이슬 맞으면 사람이 힘을 잃는다고 홑이불을 옆에 두고 누워서 어머니 이야기를 들었다.

처음에는 오늘 무엇을 하고 지냈느냐고 돌아가면서 이야기하게 했다. 웃고 떠들고 동생들은 장난치고 그러다가 어머니의 칭찬과 주의할 일 이야기를 듣다 보면 끝에 두 동생은 조용해지면 잠이 든 것이고 큰누님과 나는 이어지는 이야기를 들었다. 옛날이야기는 재미있었지만 거의 해마다 듣던 이야기가 대부분이었다. 그래도 이야기 듣는 일은 언제나 즐거웠다.

어떤 날은 별이 총총한 하늘을 보며 이것저것 우리가 묻는 말에 대답했다.

"외할머니는 언제 돌아가셨어요?"

"그때를 생각하면 지금도 가슴이 멘다."

이런 종류의 질문은 사람들 이야기를 하다가 상황에 따라 나올 수 있는 것인데 좋은 질문은 아니었다. 그러나 누구 엄마는 어머니하고 몇 촌 간이야 하는 질문에는 답이 길었고 어머니도 신이 나서 이야기했다.

"너희들 외가에 가면 개울 건너 큰 집이 있잖니. 그 집에 계신 어른이 내 6촌 오라버니 되는데 그 오라버니의 6촌 여동생이 우리 동네로 시집왔으니 나한테는 먼 촌 동생뻘이 된다. 그 동생이 낳은 애가 바로 너희들하고 잘 지내는 그 애들이란다."

어떤 때는 어머니께서 수수께끼를 내었다. 제일 많이 들었던 수수께끼는 그 당시 그게 무슨 수수께끼냐고 어머니께 항의 형태로 웃으면서 말했는데 지금 생각하면 지당한 답이라고 생각되고 어머니의 당시 생각이 이제야 옳다고 생각한다.

"이 세상에서 제일 큰 새는?"

"나는 새인가요?"

"그래."

공작새, 봉황새 등 생각나는 대로 많은 새 이름을 댔지만 결국 맞추지 못했다.

"그럼 어떤 새예요?"

"하늘과 땅 새."

"그건 말도 안 돼요."

하며 웃었다. 지금 생각해도 즐거운 시간이었다.

어머니는 또 물었다.

"그러면 하늘과 땅 새 그러니까 하늘과 땅 사이가 얼마나 떨어져 있는지 아느냐?"

"여기서 땅끝까지 만큼요."

"땅끝을 지나서 하늘이 나오는데 그게 말이 될까?"

결국은 어머니께 말해 달라고 조를 수밖에 없었다. 어머니의 이야기가 기억이 잘되지 않아서 나무위키에 실린 글을 참고해서 복원해 보면 다음과 같다.

"처음에 지금 같은 세상이 없고 세계가 커다란 알처럼 둥글고 혼돈 상태였는데 이것이 깨지면서 속에 있던 것이 세상에 흩어지며 하늘과 땅이 되었다. 이때 '반고'라는 최초의 사람이 태어났는데 계속 자라서

어머니의 은하수 231

땅과 하늘 사이가 자꾸 벌어지게 되었다. 반고가 다 자라서 하늘을 더 밀어 올리고 살다가 늙어 죽으니 이때 하늘과 땅 사이가 9만 리가 되었다. 그래서 하늘과 땅 사이는 9만 리란다."

"그건 거짓말 같아요."

여기서 제일 먼 곳은 하늘인데 9만 리나 된다고 했다. 하기는 박목월 시, 김성태 곡으로 한국 가곡 100선에 드는 '이별의 노래'에 보면 '기러기 울어 예는 하늘 구만리 바람이 싸늘 불어 가을은 깊었네'라는 구절이 나온다.

땅과 하늘 사이가 9만 리 된다는 것은 그냥 멀다는 뜻이려니 하면서도 가끔 생각이 나면 궁금했다. 그 이후 하늘까지의 거리는 늘 의문이었고 결국 이 세상의 끝이 어디인지 알고 싶었다. 마침 후일 어느 출판사가 내게 우주에 대하여 집필하도록 해서 공부해가며 꽤 많은 분량의 글을 썼다. 이때 우리가 볼 수 있는 우주의 크기와는 다르지만 사상事象의 지평선을 일단 우주의 끝으로 보기로 했는데 반지름이 무려 137억 광년이다. 그래서 물리적으로 가장 먼 하늘 끝까지의 거리는 40대에 마음의 정리가 되었다.

"그럼 너는 하늘과 땅, 강과 바다, 산과 언덕, 들과 흙이 어떻게 생겨났다고 생각하니?"

"모르겠습니다."

"나중에 생각해 보고 책을 읽어보고 그래라."

이런 이야기는 상당히 황당하게 느껴졌으나 상상력을 키우고 알아보아야겠다는 마음을 일깨웠음이 분명했다.

"그러면 세상에서 제일 무서운 것이 무엇이냐?"

도깨비, 허깨비, 호랑이, 귀신, 닭이 귀신, 용 등등 그 외에도 많이 답이라고 말했으나 모두 답이 아니어서 결국 또 맞추지 못했다.

"세월이란다. 천하장사 항우도 나이 들어 봐라. 세월 이기는 장사 없다."

"그래도 왜 세월이 제일 무섭다고 하세요?"

이런 질문에 네가 크면 알게 된다고 했는데 당시의 어르신들은 물으면 살아가면서 알게 된다고 하는 것이 많아서 그러려니 하고 지냈다. 내가 자라면서 힘이 솟구치고, 군대 생활 마치고 나니 마음 근육도 강해져서 세상에 무서운 것이 없다고 생각하던 때가 있었다. 세월이 지나 장성해서 세월이 왜 무섭다고 했는지 알게 되었다고 생각하였다. 이런 생각을 했던 때로부터 반세기가 흐르고 나서 평범한 모든 것을 잠재울 수 있는 것이 세월이며 왜 세월이 정말 무서운지 느끼게 되었다. 평범하게 그냥 '나' 하나만 놓고 보아도 이제 다툴 것도 두려워할 것도 없을 정도로 마음을 비웠으나 '내 발로 걸어가 내 돈으로 음식을 사서 스스로 먹을 수 있음에 감사해야 한다'라는 말에 공감하면서 세월은 역시 무서운 것임을 더 잘 알게 되었다.

달이 없는 밤에 전깃불이 없었던 당시 하늘 가득히 촘촘히 떠 있는 별빛만으로도 사람 구별이 잘 되었다. 칠흑같이 어두운 밤은 흐린 날 밤이거나 건물 안이나 숲속 같은 곳에서나 느낄 수 있을 것이다. 불을 켜면 모기와 풍뎅이 같은 날것들이 오니 안 되나 떨어진 옷을 꿰매거나 뜯어진 솔기를 기우려면 어쩔 수 없는 때가 있기는 했다.

다른 어느 여름날 밤은 별이 화제가 되었고 어머니가 늘 여러 가지 이야기를 했다.

"초승달 옆에 좀생이별이 있는데 정월 초순에 초승달보다 앞에 가거나 가까이 있으면 흉년이 들고 뒤에 떨어져 가면 풍년이 든단다."

"왜 그런데요."

"초승달을 밥그릇이라고 하고 먹이라고도 하는데 저 좀생이별이 먹을 것이 없어 배가 고프면 밥그릇보다 먼저 가서 기다리거나 가까이 있는 거지. 풍년이 들면 먹을 것이 넉넉하니 밥그릇에 그렇게 신경 쓰지 않게 되겠지."

"그러면 올해 정월에는 초승달과 좀생이별이 어떠했나요?'

"풍년 들을 거야. 풍년 들어야지."

한여름이니 7월 7석 이야기가 당연히 나오게 된다.

"은하수 건너에는 옥황상제가 살고 있는 하늘나라 궁전이 있단다. 은하수 어느 곳에 견우라 부르는 목동이 살고 있었는데 옥황상제의 손녀인 직녀와 서로 좋아하게 되었다. 견우와 직녀는 결국 결혼하였는데 견우는 짐승 기르는 일을 게을리하고 직녀는 베 짜는 일에는 관심이 없이 지내 옥황상제가 노하셨지. 그래서 옥황상제는 손녀 부부가 은하수 양쪽으로 떨어져 살라는 벌을 내렸다. 이런 벌을 받게 된 일을 안타깝게 여긴 까마귀와 까치가 의논해 은하수에 다리를 만들어 만나게 해주자고 옥황상제께 탄원하여 '1년에 한 번 만날 수 있다'라는 허락을 받았다.

만나는 날짜는 홀수가 겹쳐 좋다는 음력 7월 7일로 정했다. 3월 3일은 삼짓날, 5월 5일은 단오, 9월 9일은 구구절이라 해서 명절이었지. 그래서 7월 6일 밤에는 세상의 모든 까마귀와 까치가 은하수로 날아와 날개를 펴고 몸뚱일 붙여서 오작교烏鵲橋를 만들어 견우와 직녀가 만나게 한단다. 그러니까 칠석날 내리는 비는 견우와 직녀가 오작교에서 만나 기뻐서 흘리는 눈물이지. 비는 세 번 내리는데 만나기 전날 견우와 직녀가 타고 갈 수레를 씻는 비[세거우洗車雨], 만나서 내리는 비, 만난 다음 날 새벽에 내리는 헤어져야 할 슬픔의 눈물인 비[쇄루우灑淚雨] 이렇게 세 번 내린다."

"그런데 장마도 끝났는데 그렇게 사흘이나 비가 오나요?"

"그러게 말이다. 해마다 흘리다 보니 눈물이 말랐는지 누가 아니. 그곳은 은하수가 있는 하늘나라지."

어느 날인가는 '삼태성'에 대해서도 이야기했다.

북두칠성 아래에 있어서 좀 신경을 써서 일어나서 보면 잘 보이는 별인데 위치만 말하고 그냥 이야기를 이어갔다. 물론 좀생이별도 견우와 직녀 별도 가르쳐준 적은 있지만 찾을 줄은 몰랐고 그냥 이야기만 재미있어서 작년에 들었어도 해마다 또 이야기해달라고 어머니께 조르곤 했다. 삼태성 이야기는 그 이야기대로 재미있게 들었다.

"북두칠성의 국자 부분 그러니까 북두칠성의 아래쪽에 밝은 별이 나란히 세 개가 있는데 이 별들을 삼태성이라 부른다. 옛날 어느 강가에 유복자로 태어난 3형제가 있었는데 어머니가 이 아들들을 교육받아 오게 하려고 각자 떠나게 했다. 집을 나선 세 아들은 각자 스승을 만나 공부하고 약속한 대로 10년 후 어머니에게 돌아왔다. 그런데 어느 날

일진광풍이 불고 비가 세차게 내리면서 해님이 사라졌다. 어머니는 해를 찾아오라고 3형제를 보냈는데 맏이의 스승에게 3형제가 찾아갔다. 스승에게 까닭을 물으니 흑룡 두 마리가 하늘에서 행패를 부리다가 암놈이 해를 삼키고 멀리 가버렸는데 수놈도 뒤를 따라서 갔단다.

3형제가 흑룡을 찾아 피 튀기는 싸움 끝에 암놈이 해를 토하게 하여 세상에 다시 밝은 해가 뜨게 되었다. 그런데 흑룡 한 마리는 죽였으나 한 마리가 도망가서 3형제는 도망간 흑룡이 다시 해를 삼키지 못하도록 지금처럼 하늘에 나란히 서서 해를 지키고 있는 것이란다."

여기서 잠시 좀생이별, 은하수, 견우와 직녀에 대한 다른 이야기들과 현대 천문학에서 알고 있는 이야기를 간단히 알아보고자 한다. 어머니는 전해 내려오는 이들의 이야기를 기억 나는 대로 우리에게 이야기 해 주어 가족으로서의 유대감을 갖게 하고 흥미와 호기심을 일으켜 주었다. 비록 이 별들에 대한 다른 이야기와 현대적인 내용을 전혀 모르는 대로 이야기했고 당시를 다른 입장으로 본다면 다른 정보이기는 했다.

우선 좀생이별부터 보기로 한다. 좀생이별은 음력 정월 초승달과의 위치에 따라서 뿐만 아니라 별의 색깔에 따라서 색깔이 붉으면 가물어서 흉년, 투명하고 밝으면 비가 풍부히 와서 풍년이라고도 했다. 이렇듯 좀생이별과 달과의 위치, 색깔, 밝기에 따라 한 해 농사를 예측하는 좀생이별 보기는 전국적으로 널리 유행하고 있던 것으로 짐작된다.

좀생이별은 서양에서는 산개성단으로 이름은 플레이아데스(Pleiades)라고 부르며 황도12궁 가운데 하나인 황소자리에 속하는 별이다. 좀생이별은 육안으로 보면 6-7개의 별이 보여 일곱자매별[Seven sisters]이라고도 불렸다. 우리은하에는 구상성단과 산개성단이 있는데 구상성단은 늙은 별의 집단이고 산개성단은 젊은 별의 집단이다. 즉 산개성단인 플레이아데스는 젊은 별이어서 표면 온도가 높아 푸른색을 띤다. 좀생이라는 작다는 뜻을 가지지만 실제로는 수천 개의 별들로 이루어진 밝고 뚜렷한 별의 무리이다.

　은하수(銀河水, the Milky way)는 지구에서 관측하는 우리은하의 모습이다. 밤하늘에 투영된 우리은하의 단면이 마치 은빛 강처럼 보이는 데서 유래한 전통적인 명칭이다. 은하수의 별은 대부분 우리은하 내부의 별로, 우리은하 밖에 있는 별은 안드로메다 성운이나 마젤란 성운 같이 성운으로 보이고 관측하기 어렵다. 실제로 안드로메다 성운은 우리은하보다 더 큰 우리은하 밖에 있는 외부은하로 우리은하와 약 250만 광년 떨어져 있다.

　흔히 말하는 은하수는 전갈자리와 궁수자리 사이에 있다. 한밤중에 잘 보이는 위치는 봄에는 북쪽, 여름에는 북동에서 남쪽, 가을에는 동서, 겨울에는 북서에서 남동으로, 계절마다 변한다. 북반구 기준으로 여름철에 보이는 은하수가 가장 밝고 두터우며, 겨울철이 가장 어둡고 얇은데, 그 이유는 우리가 여름철 밤에는 우리은하의 중심부를 바라보게 되고 겨울철 밤엔 은하의 바깥 부분을 바라보게 되기 때문이다.

　고대인들은 밤하늘에 대해서 많은 이야기를 지어냈는데, 은하수 역시 그 예외는 아니었다. 은하수는 견우성과 직녀성 사이에 위치하기 때문에 이 두 별은 서로 떨어져 있다가 1년에 한 번 7월 7일에 만난다는 이야기가 있다. 중국과 일본에도 비슷한 이야기가 있다.

그리스 신화에서 제우스는 헤라클레스에게 헤라의 젖을 물리기 위해 헤라가 잠들었을 때 몰래 젖을 물렸다. 하지만 헤라클레스의 힘이 워낙 쎈 것에 놀란 헤라가 그를 밀쳤고 이때 뿜어져 나온 젖이 은하수가 되었고 땅에 떨어진 젖 몇 방울은 하얀 아이리스가 되었다고 전해진다. 그래서 은하수는 영어로 젖(우유)의 길이라는 뜻인 '밀키 웨이(milky way)'라 불리게 되었다고 한다.

아랍 설화에서는 한 가난한 베두인의 집에 여행자가 방문하였는데 주인은 손님에게 내어줄 음식이 없어 괴로워하다가 결국 외아들을 죽여 대접하기로 하였다. 이를 지켜보던 신은 천사 가브리엘에게 흰 새끼 양을 대신 가져다주도록 하였는데, 다행히 가브리엘은 참극이 벌어지기 직전 아들을 밀치고 새끼 양을 그 자리에 두는 데 성공했지만 서둘러 날아가다가 양의 털이 빠져 은하수를 이루게 되었다고 한다. 아랍 문화권의 손님 대접 문화를 드러내는 설화이다.

우리은하는 늙고 오래된 별들이 공 모양으로 밀집한 중심핵을 이루고 그 주위를 젊고 푸른 별, 가스, 먼지 등으로 이루어진 나선팔이 원판 디스크 형태로 회전하고 있다. 그 외곽에는 주로 가스, 먼지, 구상성단 등의 별 및 암흑물질로 이루어진 헤일로(Halo)가 타원형 모양으로 은하 주위를 감싸고 있다. 우리은하의 지름은 약 10만 광년으로 중심핵은 지름이 약 10,000광년, 두께는 약 15,000광년이며, 나선팔의 두께는 별들의 영역만을 고려하면 약 1,000광년이지만 최근의 관측 결과 가스 등을 포함한 전체 디스크의 두께는 약 12,000광년으로 예상한다(위키백과). 우리은하에는 약 2천억 개의 별이 있다고 예상하며 그중 하나의 별이 태양이다.

물론 태양은 우리 지구와 같은 행성을 거느리고 있고 지구 같은 행성들은 달과 같은 위성을 가지고 이들 모두가 태양을 중심으로 돌고 있다. 태양 역시 우리은하의 중심부를 돌고 있으며 태어난 지 약 50억 년 되었고 앞으로 남은 수명은 50억 년 정도로 보고 있다.

칠월칠석에 대하여 네이버에 들어가 동방가인과 세시풍속을 참고하여 보기로 한다. 칠월칠석은 다른 이름으로 칠성날ㄴ星-, 농현, 풋구[경상북도 북부], 호미씻이[경상북도 문경], 꼼비기[구미 선산지역], 호미걸이[전라북도 군산] 등의 여러 이름으로 불려진다.

견우로 부르는 알타이르와 직녀로 부르는 베가는 데네브와 함께 여름의 대삼각형[Summer Triangle]을 이룬다. 이 세 개의 1등성을 이어서 만들어지는 삼각형은, 천체관측에서 천구상의 방위를 잡는 대략적인 지표 가운데 하나이다.

찾는 방법은 맑은 날 여름 은하수 굵은 쪽의 하늘에서 유난히 밝은 별 3개를 찾는 것이다. 하나는 은하수 바깥에 있을 것이고 하나는 그 별 반대편 은하수 가장자리에 있으며 다른 하나는 은하수에 잠겨 있을 것이다. 은하수 관측이 불가능한 곳에서는 여름철 천정 부근을 올려다보면 삼각형을 이루는 별들이 보인다.

일단 세 별을 찾았을 때 가장 밝은 것이 베가이고, 삼각형의 뾰족한 부분에 있는 것이 알타이르이고, 나머지 하나가 데네브이다. 참고로 알타이르가 베가 쪽으로 치우친 거의 이등변삼각형 모양이다.

견우와 직녀 설화를 바탕으로 헤어져서 못 만나던 견우와 직녀가 1년에 한 번 까마귀와 까치들이 만들어준 오작교 위에서 만나는 날이다. 또한 칠석에는 까치와 까마귀가 오작교를 만들기 위해 하늘로 올라가기 때문에 지상에서는 보이지 않는다고 한다. 칠석이 지나면 까치의 머리털이 벗겨져 있는데 오작교를 놓느라고 돌을 머리에 이었기 때문이라고도 하고, 견우와 직녀가 까치 머리를 밟고 지나갔기 때문이라고도 한다.

칠월칠석의 기원은 중국으로 추정되는데 무려 기원전 5세기에 중국에서 쓰인 시에서 이 이야기를 언급하고 있다. 즉 칠석七夕은 중국의 『제해기齊諧記』에 처음 나타난다. 주周나라에서 한대漢代에 걸쳐 우리나라에 유입된 것으로 보인다. 한국에서는 광개토대왕 시절 축조한 고분 벽화에서 견우와 직녀를 묘사한 그림이 있다. 일본에서는 만요슈라는 나라 시대 시집에서 이것과 관련한 이야기가 있다. 우리나라 외에 칠석을 쇠는 나라에는 중국과 베트남, 일본이 있다. 중국과 대만 그리고 베트남은 한국과 같이 음력에 쇠고, 일본은 양력에 쇤다. 중국과 대만 그리고 베트남에서는 연인의 날이라 하여 데이트를 즐기며 칠석절이라 부른다.

어떤 여름날은 은하수와 별이 빛나는 밤에 멍석에 누워 우리 6남매 하나하나의 태몽 이야기를 해주었다. 호랑이와 곰에게 마늘을 먹게 해서 끝까지 살아남아 인간이 된 웅녀 이야기는 탄생 신화이다. 유명한 선현들의 태몽 중에 제일 많은 것은 용 꿈이 아닐까 한다.

어머니께서 내게 들려준 태몽 이야기와 태몽에 대한 해몽은 비교적 잘 기억하고 있다. 여러 번 들었기 때문이기도 하고 신기하기도 해서 오래 기억되는 모양이다. 물론 박완서 작가가 쓴 '그 많던 싱아는 누가 다 먹었을까(1992)'를 읽으면서 우리의 기억이 얼마나 왜곡되거나 미화되어 기억되는가를 생각하게 된 이후 기억이 온전히 과거를 대변하지 않는다는 것을 인정하고 지낸다.

나도 나의 자녀와 손주들의 태몽을 내가 꾸었고 잘 기억하고 있다. 혹시 잊을까 염려되어 기록해 두었다. 태몽으로 보아 이 아이는 이렇게 되지 않을까 나름 곰곰이 생각하고 희망을 섞어 기대하고 있기도 하다. 과연 어찌 될지는 아무도 모른다. 인생은 스스로 노력에 의해 개척해 가는 것이 분명히 크다고 믿기 때문이다.

어머님 말씀에 의하면 나에 대한 태몽은 어느 가을날 해가 중천을 넘긴 때에 어머님께서 부엌에 계셨는데 밖에서 크게 '마님'하고 부르는 소리가 들려 부엌문을 열고 나가셨다고 한다. 그 때 대문 밖에서 흰색 상하 한복을 입고 머리에는 흰띠를 두른 아주 건장하게 생긴 장정이 엄청나게 큰 젓가락 한 벌을 건네주었다고 한다. 그 젓가락은 황금색이었는데 금인지 황동[놋쇠]인지는 생각하지 않고 받았단다. 이렇게 태몽을 들려준 뒤에 내게 들려준 해몽은 '너는 아주 건강할 거다. 그리고 중년이 지나면 풍족하게 살아가게 될 것이고 나이가 들수록 점점 더 부자가 될 것이며 평생 국록을 받을 것이다'라고 했다.

나는 다행히 마음만 부자이지 누구나 인정하는 재물을 가진 부자는 아니지만, 어머니의 태몽과 그 해석에 대하여 딱히 아니라고 말할 수 없다. '마음이 가난한 자는 복이 있나니...'를 실현하려고 노력하고 있고, 실제로 내가 태어날 때의 가난과 기근에 비하면 지금의 물질적인 풍요는 단군 이래 처음이 아닐까 생각하기 때문이다.

내가 고등학교 학생일 때 우리나라 1인당 소득은 연 80달러 수준으로 세계에서 가장 못사는 나라로 두 번째였다. 그런데 지금 세계에서 우리나라 경제 규모가 선진국이고 1인당 소득도 연 3만 5천 달러를 넘어 명실공히 선진국이 되었다. 더 의미 있는 것은 내가 태어난 이후 6.25 전쟁 때를 제외하면 해가 지날수록 살기가 좋아졌고, 나만 살기 좋아진 것이 아니라 한국이 그리고 한국인이 다 함께 살기 좋아진 것이다.

어머니의 6남매 태몽과 해몽을 내 나름 기억하지만 내 형제자매의 개인사임으로 여기에 밝히진 않겠다.

그리고 이건 조금 다른 이야기지만 명상을 몇 년간 한 적이 있다. 명상을 통해서 내가 과거 대궐에 녹색 관복과 자주색 관복을 입고 출입한 적이 있는 등 전생을 조금 알게 되었는데 몇 번의 전생이 있었는지 명상을 통해 알아보는 과정에서 그만두었기 때문에 전생에 대해서는 다는 모르고 있다. 다만 당시 우리를 지도하던 명상 지도 교수는 내가 최소한 세 번의 전생을 거쳤다고 말했다.

## 어머니의 은하수

어머니는 평생 남에 대한 배려가 많았던 분이다. 다만 그 배려가 남에게 잘 알려지도록 말과 행동으로 표현하는 데는 무관심할 정도였고 심지어는 다른 사람에게 좋은 일을 하였음에도 그 당사자가 모르는 경우가 대부분이었다. 그런데 다른 사람이 어머니에게 좋은 말이나 도움을 주었을 때는 수줍은 말투로 작은 소리로 '고맙다' 하였다. 말 한마디로 천 냥 빚을 갚는다며 남에게 말을 잘하라고 하면서 본인은 그렇지 못했다.

때로는 억울한 소리를 들어도 그냥 마음을 다스려 참고 지냈다. 내가 사회생활을 하면서 내 성격이 어머니 닮았다는 생각을 많이 했다. 나는 이러한 나를 스스로 질책하며 고치려고 많이 노력했다. 지금 나이에도 여전히 천성이니 어쩔 수 없다고 지내는데 어머니의 그런 인생이 안타까우면서도 지는 것이 이기는 것이라는 어머니의 말씀이 참으로 귀하고 또 귀한 공자님 말씀이라는 것을 문득 생각할 때가 많다.

그래도 나는 어머니께서 조금 더 사회성이 커서 최소한 다른 사람으로부터 합당한 대우를 받았으면 좋겠다고 바랬다. 나의 판단이기는 하지만 분명히 상대방보다 인격으로나 상황이 좋음에도 오히려 상대방이 어머니에게 잘난체하고 말로만 멋지게 해 넘기고 의기양양하게 돌아서는 장면을 많이 보았다.

물론 이러한 어머니로부터 무언의 교육을 받아 길게 보면 좋은 점이 더 많은 것을 이제는 인정한다. 예를 들면 물심양면으로 도움을 주거나 말로라도 좋게 해서 결과적으로 상대가 기분 좋게 되었더라도 나는 절대로 당시에는 공치사하지 않았다. 나는 피나게 알리는 세상이라 피알(PR)이 중요하다는 경우를 많이 보고 들었는데 이러한 점에 대해서 어머니는 거의 무관심이었다. 그러나 살아보니 어머니같이 남에게 자신을 무리하게 알리려 하거나 자신을 과시하려는 말과 행동을 안 하는 사람이 훨씬 좋은 사람임을 알게 되었다.

지금 세상은 어머니가 살던 세상과는 많이 달라서 스스로 가만히 있기만 하면 안 되는 세상이기는 하다. 그러나 사업을 하거나 정치를 하지 않는 사람이라면 어머니처럼 사는 세상이 본인에게도 좋지 않을까 생각한다. 주머니 속에 송곳이라고 낭중지추라는 말이 있다. 인재는 워낙 출중해서 어느 곳에서나 눈에 띄게 된다는 말인데 갑남을녀에게는 해당이 되지 않는다. 즉 보통 사람은 그렇게 보일 리가 없다.

35세에 남편을 잃고 1950년대 같은 완고한 세태에 억울한 소리를 듣고 괴로워하는 어머니 모습을 나는 많이 보았다. 물론 남에게도 특히 자식에게는 어떤 경우도 괴로움을 보이려 하지 않았다. 그런 사람을 대거리해서 이기려 했다면 어머니 같은 탁월한 기억력과 논리적인 사람이 분명히 이겼을 터인데 그렇게 하지 않았다. 혼자만 억울하다고 가슴앓이를 한 것으로 보인다. 누구누구가 어떻게 좋은 소리를 어머니에게 했는지는 이야기했다. 말끝에는 늘 참으로 고마웠다거나 인정 많은 사람도 있다는 칭찬의 말씀이 있었다.

그러나 남을 비난하거나 흉보는 일은 하지 않았다. 아버지 3년 상을 치르는 동안 삭망 차례 때 어머니는 아주 슬피 우실 때가 있었다. 등교하는 어린 내 가슴에도 어머니의 슬픔이 전해오는 듯하기도 했고 슬피 우시는 어머니를 뒤로하고 가는 등굣길이 무겁기도 했다. 후에 생각해 보니 다른 사람에게 그것이 비록 자식이라도 말할 수 없는 일들이 한데 모여 남편을 기리는 날에 상청에서 터져 나온 울음이라고 생각된다.

아버지 3년 상을 치르고 난 후 어머니가 마음이 편치 않아 숨 고르기 하며 나에게 말씀하던 때는 어머니 생전에 딱 한 번 있었다. 마을 뒤편 300여 평 되는 집터에 각기 다른 집 두 채가 있었다. 어인 일로 한 집은 이사를 하고 집을 헐어내 텃밭으로 쓰고 있었고 또 하나의 집은 자손이 끊겨 노부부가 모두 돌아가신 후에 역시 너무 오래된 낡은 집이라 헐어내고 텃밭으로 쓰고 있었다. 이 집터는 어머니 소유로 도라지, 강낭콩 등을 심어 가꾸고 있었다.

이들 두 개의 집터 뒤로 500여 평 되는 밭이 있었고 역시 어머니 소유였다. 그 밭 뒤로는 나지막한 동산이 있었는데 어머니는 그곳으로 지관을 모셔가서 어머니 묫자리를 봐 놓았다. 어머니가 돌아가시면 아버지 옆으로 가라고들 하지만 그곳 묫자리는 자손들은 번성하는데 그 자손 중에 큰 부자가 나오기 어렵다는 것이다. 그런데 앞에서 말한 뒷밭 가장자리는 금계포란형으로 부가 따라올 것이라 했다. 물론 어머니만 알고 다른 사람에게는 일절 말하지 않았다.

어머니가 허리가 아파서 100여 m를 가면 쉬어가야 하는 상황이 되어 내가 서울 우리 집에 계시도록 하면서 양방과 한방을 모시고 다녔다. 이때 그런 말씀을 나에게 해서 묫자리에 대해서 알게 되었다. 이 묫자리에 들어가시려고 생각한 말씀은 사후에 자식들 고생시키지 말라는 우리 형제들의 이야기를 받아들여 아버지 묘지 옆으로 가셨다.

그런데 이런 말씀을 하기 5, 6년 전에 셋째 큰어머니가 돌아가셨는데 어머니한테는 일언반구의 말도 없이 어머니만 알고 있는, 장차 어머니가 묻히고자 하는 묫자리 근처에 큰어머니 묘를 쓴 것이다. 땅 주인인 어머니에게 당연히 말하고 허락을 받는 것이 순리인데 그렇게 하지 않은 것이다. 동네 뒤에 큰어머니 묘를 쓴다는 소문이 있었으나 그곳에는 큰댁의 땅도 충분히 있어서 당연히 그 땅에 묘를 만들 것으로 생각했는데 막상 장삿날 가보니 어머니 소유의 땅에 모퉁이도 아니고 당당히 가운데에 묘를 만들고 있었다.

어머니는 이를 목격하는 순간 어지러워 더 이상 그곳에 있지 못하고 집으로 와서 누워있었는데 평소에 어머니와 상의 없이 하려는 일가들의 일 추진이 서운했던 것까지 몰려와 말도 못 하고 얼마를 지내다가 내게 자초지종을 이야기했다. 남의 땅 한가운데 묘를 쓰려면 상주가 와서 의논하는 것이 당연하거늘 아무런 말이 없었던 것이 서운했고, 많은 일가의 인사들이 있음에도 어머니께 아무 말도 없이 일을 치러놨으니 너무 괴로워 계속 몸이 안 좋다는 것이다. 이 일로 병원에 가보니 어머니는 신경성 고혈압으로 진단이 나와 약을 드시게 되었고 큰어머니 산소의 이장을 성사해야 하는 일을 어머니는 내게 맡겼다.

집안 간에 서로 껄끄러운 이야기 하기가 싫었으나 어머니의 병세가 호전되려면 어쩔 수 없는 일이었다. 말하기 어려운 상황에서 결국 산 사람 위주로 일을 마무리하자는 나의 말을 받아들여 약 1년이 지나서야 결국 큰어머니 묘는 이장되었다. 그때 일을 생각하면 어머니께서 그렇게 심각한 모습을 보인 것은 아버지 상을 당하신 후 30여 년 만에 처음이 아닌가 싶고 이때 신경성 고혈압을 얻어 오랫동안 약을 들게 되었다.

그런 세파를 헤쳐가며 꿋꿋하게 살아온 어머니는 정말 존경하지 않을 수 없는 분이다. 어머니가 낳아 기른 6남매가 어머니 말씀이라면 지상 최대의 과업으로 알고 열심히 성심을 다해 잘 들어 드린 것은 당연한 일이다.

어머니는 기억력이 아주 좋아서 시장에 가거나 어느 곳에 갔을 때 어머니께 인사를 하면 누구와 동창인가를 우선 물으시고 누가 내게 인사를 해서 기뻤다고 꼭 말해 주었다. 어머니는 다른 사람이 싫어하는 일을 굳이 하지는 않았으나 고집은 센 편이어서 강씨 성이니 강 고집이란 소리를 듣기도 했다.

고집하는 것은 주로 당신의 옷, 고무신 등 일상의 일과 농사 일하는 순서라서 반드시 다른 사람 의견을 반대만 하는 일이 아니라 마찰은 없었다. 다만 어머니 혼자 사시는 시골집 안방 벽에 아들 네 사람의 큰 사진을 나란히 걸어놓은 것은 돌아가신 다음에도 그대로 있었다. 1950년대부터 1970년대 사이에 6남매 중 아들 넷 모두 대학까지 나온 집은 우리 동네뿐만 아니라 내가 사는 면 내에서도 없었다. 네 명 중 두 명은 박사학위도 받았는데 모두 학사모를 쓴 사진만 벽에 걸었다. 이를 보고 어머니와 가까이 지내는 사람들은 석사, 박사 모자를 쓴 사진도 걸어야 한다고 부추겼고 일부 사람들은 돌아가신 분이나 큰 사진을 만들어 걸지, 살아있는 사람의 큰 사진을 건다고 조금은 듣기 어색하게 이야기했다.

누님 두 분이 남자들을 위해 아예 중고등학교도 가지 못했는데 석박사 모자 쓴 사진을 더 걸어두는 것은 우리 아들들이 반대해서 쉽게 그만두었다. 학사모를 쓴 것은 포기하기 싫었는지 정말 죽은 사람 사진만 크게 만들어 걸어두는 것이냐는 하문은 여러 번 하였다. 그래서 돌아가신 분 사진은 사진의 테두리 부분을 검게 두른다고 말씀해드렸더니 그다음은 누가 뭐래도 사진을 벽에 나란하게 계속 걸어두었다.

세상에 자식 사랑 없는 사람이 어디 있을까마는 어머니는 아버지 없이 자라나는 자식들이 기죽지 않게 살아가게 하려고 많이 애쓰는 것을 충분히 느낄 정도로 하였다. 배움은 없었지만 외 조부모님께서 가정교육을 잘해서 그런지 자식을 비교하거나 차별하는 일이 없도록 노력하는 모습이 역력하였다. 당연히 우리 6남매가 서로 싸운 적도 없고 어머니에게 대들거나 속상하게 한 일도 거의 없었다. 시골 학생으로는 모두 공부도 잘하고 싸움도 잘했는데 심지어 우리 집에서 기르는 개와 수탉까지도 일대에서는 늘 힘이 제일 세서 저 집은 터가 센가 보다고 말할 정도였다.

어머니는 늘 선공후사先公後私였다. 우리나라의 전통으로 함께 일하는 두레와 같은 풍습이 우리 동네도 있었다. 마을 이장이 어느 날 어디에서 도랑 치기를 하고 그 일대 풀 뽑기가 할것이니 모두 나오라 하면 모든 일에 우선해서 그곳에 나갔다. 아버지가 일찍 돌아가셨으나 사고로 돌아가셔서 선산에 묻히지 못한, 어머니에게는 선산발치에 묻히지 못하는 뼈아픈 일이 있었음에도 선산 벌초 후에 아버지 묘소 벌초를 했다.

어머니는 늘 나보다는 우리를, 우리보다는 나랏일을 먼저 앞세워야 한다는 것을 당연한 것으로 살아간 옛날 왕조시대 백성 같은 분이었다. 어머니가 돌아가신 후에 우리 형제들은 형편에 따라 아버지 묘역 벌초를 문중 벌초보다 먼저 하기도 했으니 비록 돌아가신 분이지만 어머니가 알면 불편한 일이었다. 돌아가신 다음에도 어머니께서 불편한 일은 하지 않아야 하지만 우리 4형제가 모두 농경사회가 아닌 사회에서 즉 대도시에서 살아 날짜 잡기가 어렵다는 것을 살아계실 때도 누차 말씀드리기는 했다. 또한 선산 벌초를 아버지 산소 벌초보다 먼저 하는 경우 선산 벌초에 참석하지 못하면 어머니 말씀을 따르지 못하였으니 당연히 죄송했다. 한편 어머니가 살아계실 때와 달리 문중에서도 우리 형제들을 질책할 분도 없었고, 사실 세상도 많이 변해서 누가 대놓고 뭐라 할 사람도 없었다.

　어머니는 어떤 일에 앞장서는 성격이 아니었고 늘 겸손하였다. 요즘 잣대로 본다면 겸손은 여전히 좋은 덕목이지만 어떤 일에 나서기 싫어하는 성품은 좋은 것만은 아니다. 물론 주어진 일은 지상과제로 알고 틀림없이 잘 해내었다. 이러한 성격은 유전적인지 어머니를 보고 배운 때문인지 어머니의 6남매도 모두 그랬다. 외삼촌 세 분 중에 셋째 외숙은 내 형님보다 나이가 적었고 우리와 나이 차이가 별로 없는데 말하기를 좋아했다. 만날 때마다 너희들은 다른 사람보다 키도 크고 힘도 센데다 공부도 많이 했는데 지내는 것을 보면 답답하다고 했다. 공부만 따져 보아도 배우기는 말로 배워서 됫박으로 써먹으니 그렇다는 것이었다. 아마 우리 형제자매들의 천성인 듯도 한데 아버지를 닮았으면 외형적이고 활달했을 터인데 어머니는 상당히 조용한 성격이었다. 그래도 내 누님 한 분과 동생 하나 이렇게 두 사람은 아버지 성격을 닮았고 사업가 기질도 있었고 실제로 사업을 했다.

어느 날엔가는 그런 적이 없는데 어머니가 심드렁해서 들어오더니 남의 말하기 좋아하는 사람들과 이야기 나누기는 힘들다고 했다. 특히 신나서 흉보는 이야기를 듣기는 괴롭다고 했다. 할 이야기가 그렇게 없으면 그냥 들과 산을 바라보면 얼마나 멋있는 것을 볼 수 있는데 그러는지 모르겠다고 했다. 사람들은 농번기에는 너무 일이 많으니까 해뜨기 전인 먼동이 틀 때부터 일하기 시작해서 해가 지고 어둠이 깔려야 집에 들어왔다. 당연히 손 씻고 저녁 식사하면 특별한 일이 없는 한 내일 새벽부터 일해야 하니 바로 잠자리에 들었다.

한가하게 이야기할 수 있는 때는 농한기이면서 삼복더위가 기승을 하는 여름이었다. 이때는 녹음도 우거지고 새들이 지저귀는 소리와 장닭의 긴 울음소리가 꽤 어울렸고 나무 아래 시원한 그늘에서 간간이 부채질하며 이야기하거나 낮잠을 자는 모습이 여기저기에 보였다. 이때 누구네는 어떻고 어떤 집에는 누가 다녀갔다는 등 온 동네 사정 이야기가 모두 입에 오르내렸다. 덕담하고 웃어가며 즐거운 한여름이 지날 때였다. 매미 소리도 요란하였다.

문제는 일거리가 거의 없는 겨울이었다. 오가다 몇 사람이 마주치면 추운 줄도 모르고 나누는 이야기 중에 남의 흉보는 일이 잦았다. 어머니는 이런 대화를 싫어한 것이다. 칭찬해 줄 일도 많은데 굳이 타낼 일도 아닌 것을 이야기로 만들어 떠들고 나면 이것이 한동안 마을에 퍼져서 서로 비난하게 되었다. 어머니는 몇 사람이 모여 대화하는 중에 누가 일하는 것이 마음에 안 든다고 여럿이 말하면 그 사람은 꾀부릴

줄 모르고 열심히 일하는 사람이라고 말하는 등 서로 말의 장단이 맞지 않는 경우가 꽤 있을 것이었다.

우리 형제자매가 누가 어떻다고 흉을 보면 그러면 못쓴다고 하면서 좋은 점을 찾아 이야기해야 한다고 훈계했다. 사실 수다를 떨 때 칭찬하는 그런 대화는 재미없게 되거나 길게 늘어놓기가 어려운 것도 사실이다.

어머니의 친정으로 친척이 되는 사람들과는 만나는 일이 드무니 어쩌다 만나면 소식 정도 전하는 일이 전부니까 대화가 잘 이어졌고 좋아했다. 그러나 거의 매일 보는 동서들 간에는 소위 죽이 맞지 않았다. 흉보는 말이 있을 때 어머니는 거기에 장단 맞추지 않거나 못하곤 했다. 결국 4통세라 불리는 어머니의 동서들 간에 어머니는 인기가 없었다. 같은 동네에 아버지의 5형제분 중 4형제가 살고 있는데 제일 큰댁에서 막내 작은아버지 댁까지는 직선거리로 150여 m 정도로 대소사에서 자주 만나게 되었다. 어머니는 4명의 동서가 만나 대화를 하면 진실하기만 했지 모임의 분위기를 맞추는 데는 어려운 편이었다. 이유는 어머니가 우리에게 말하지는 않았어도 짐작건대 다른 사람에 비위를 잘 맞춰주는 말에 인색한 점이 가장 큰 이유일 것이다. 그리고 남의 흉을 볼 때 거들지 않는 점, 아버지 살아계실 때 이 동네에 사는 4형제 중 셋째인 아버지가 집안의 일을 주도하여 자연히 어머니의 위상도 높았는데 아버지가 돌아가시니 백가쟁명식 대화가 이루어지게 된 점 같은 것이 이유가 될 것이다.

대신 우리 바깥마당 가에 있는 앞집에는 겨울 동안 자주 가는 편이었다. 그 집에 사는 아주머니는 어머니와 일가 형님뻘 동서지간으로 거의 20년 정도 나이 차가 있으나 남편을 일찍 잃은 공통점이 있고 큰아들은 역병으로 둘째 아들은 폭발 사고로 잃었으나 삶에 대해 달관한 것이 아닌가 할 정도로 다른 사람들과 소통을 잘하고 지냈다. 또한 말을 잘하고 누구나 화통하게 지내는 장기가 있는 분이었다. 그 집의 자녀들은 당연히 어머니 자녀들보다 나이가 많았는데 우리 집 장남보다 그 집의 막내 말고는 모두 나이가 많았다. 더구나 6.25 전쟁 후 당시 많은 사람이 대단한 사람으로 생각하는 백선엽 장군을 가까이서 모시던 군인을 사위로 두어 동네에서 권위도 있었다.

집 규모도 큰 안방에서 언변 좋은 분이 계시니 밤낮으로 언제나 사람들이 많았다. 그러니까 동네 중년 이상의 여자들 사랑방 역할을 잘하였고 어머니도 사람들과 소통하는 것을 좋아하니까 거기 자주 갔다. 특히 그 집 안방마님은 경우가 올바르고 나쁜 이야기의 진원지가 되지 않기 때문에 어머니가 그곳을 애용하였다. 그 집 안방 뒤로 난 길이 우리 집 바깥마당이라 거리도 가까웠다. 나를 비롯한 우리 식구도 겨울에 어머니가 그 집에 머물고 있으면 쉽게 알 수 있었다. 어머니의 목소리가 고음에 발음도 정확해서 밖에서 잘 들리고 웃음소리 역시 잘 들렸다. 하기는 자기 어머니 목소리를 잘 구별하지 못하는 사람은 드물겠지만 우리 어머니 목소리는 특히 구별이 잘 되었다.

후에 그 아주머니가 돌아가신 후에는 그 집도 다른 일가에게 넘겨져서 자연스럽게 어머니 사용하는 우리 집 안방에 마을 아주머니들이 많이 오는 편인데 어머니는 그 아주머니같이 하는 일이 없는 것이 아니라 늘 일을 달고 사는 형편이고 입담이 있지도 않아서 번잡할 정도로 사람들이 많이 오지는 않았다.

어머니는 '전원일기'라는 드라마의 요즘 말로 찐팬으로 이야기 줄거리는 당연하고 출연진의 이름과 성격까지 꿰뚫고 있었다. 걱정 없는 집이 없는데 그래도 각자 자기들 일을 잘들 해나간다고 좋아하면서 다들 자기 할 일 잘하고 문제를 일으키지 않으면 가정도 잘되고 나라엔들 무슨 걱정이 있겠느냐고 말하곤 했다. 도산 안창호가 '나 하나의 인격이 바르고 건전하면 곧 우리나라의 국력도 튼튼하고 건전한 것이 된다. 그러므로 우리 국민은 자기의 본분을 알고 올바르고 건전한 인격을 닦아 강한 국력을 길러야 한다'는 말을 생각나게 하는 말이었다.

이 방송이 종방되었다는 소식을 듣고 아주 아쉬워했고, 특히 연속극에서 나이 든 이장댁 할머니 역을 한 탤런트를 좋아했는데 훗날 그 할머니 역을 하던 분이 돌아가셨다는 말을 듣고 서운해했다. 방송 내용이 어머니가 사는 동네 이야기나 마찬가지고 배경은 물론 동네 이름조차 어머니가 사는 동네와 같은 양지마을이니 어쩌면 당연하였다. 그리고 당시 연속극 중에 가장 인기 있기도 했다.

1986년 가을 한 해 농사를 모두 마무리하고 어머니는 서울에 올라와 우리 집에 머물고 계셨는데 당시로는 큰 화면의 컬러TV로 연속극 '노다지'를 보고 전원일기 보듯 좋아하셨다. 앞에 못 본 내용은 아내와 내가 설명해 드렸다. 이 연속극은 1986년 10월 25일부터 1987년 5월 31일까지 매주 토, 일요일에 KBS-1로 방영되었다. 〈나무위키〉에 보도된 것을 보면 '평안도 정주 남산골을 배경으로 구한말부터 한국전쟁

시기까지 김도홉(김진해 분)과 그의 집안 및 애국지사 임중섭과 최실단의 사이에서 태어난 성희의 삶을 보여주는 작품'이라고 했다.

이 작품은 '선우 휘'의 동명 자전적 장편 소설을 바탕으로 만든 방송극으로 소설가의 생년이 어머니보다 3년 늦기는 하지만 살아온 시대가 어머니와 같아 동시대를 살면서 느끼는 생활과 들리는 언어까지 어머니께 잘 맞은 것이었다. 정말 열심히 보면서 그날 본 장면 중에 내게 전하고 싶은 내용을 이야기해 주시곤 했다. 가장 많은 것이 '저렇게 고생했지'와 '만주에서 일어난 일의 이야기는 너희 아버지한테 들었는데 저런 곳에서 얼마나 힘들었을까' 였다.

'노다지'란 말은 구한말부터 일제 시대에 외국 사람이 금 채굴을 활발히 했을 때, 금맥을 발견하면 외국인이 손대지 말라고 '노 터치(No touch)'라고 했던 것을 노터치, 노타치, 노다지라고 발음이 변해서 또는 잘못 듣고서 생긴 말이라고 했다. 또는 금광의 금광맥이 좋아 금이 많이 나면 노다지라고 인식한 것에서 유래됐다는 설이 있다. 그러나 이 방송극에서 '노다지'는 누구도 건들면 안 되는 목숨, 자신이 꼭 소중하게 지켜야 하는 자기의 생명을 의미했다.

농사철이 돌아와서 시골로 내려간 후에는 TV가 없으니까 내가 시골 갔을 때 뒷이야기를 들려드렸다. 이 방송의 끝을 들은 후 마지막으로 내게 주신 말은 '방송에서처럼 살아남는 것이 참으로 중요하다. 나라를 위해 모두 다 죽으면 나라는 망하고 없어지게 되잖니'였다. 휘트먼은 말했다. 즉 '추위에 떨어본 사람이 태양의 따스함을 진실로 느낀다. 굶주림에 시달린 사람이 쌀 한 톨의 귀중함을 절실하게 안다. 그리고 인생의 고민을 겪어 본 사람이 생명의 존귀함을 알 수 있다' 남편을 일찍 여의고 평생 6남매를 홀로 기르며 먹고 살기 위해 고생한 어머니는 생존해서 함께 살아가는 것이 얼마나 중요한가를 누구보다도 잘 아는 사람이다. 이런 어머니에게 안중근 어머니는 안중근에게 '2심 재판은 하지 말고 나라를 위해 죽으라'라고 했다는 말을 나는 끝내 하지 않았다. 아니 하지 못했다.

어머니는 어느 맑은 날 어둠이 내린 저녁나절에 몽당빗자루를 2개 안마당에 던지면서 '애들아 건강히 잘 지내니? 또 고생하겠구나'라고 하였다. 이 몽당빗자루는 수수대궁으로 만든 빗자루로 처음에는 마루에 있는 먼지를 쓸어내는 데 사용하다가 끝이 닳아서 뭉툭해지면 봉당이나 부엌 바닥을 쓸어내는 데 썼다. 워낙 단단하게 묶어 잘 타지 않았지만 용도가 끝난 후에 어찌 되었는지 모른다.

다른 빗자루 예를 들면 댑싸리로 만든 빗자루는 쉽게 닳아 뭉툭해지면 아궁이에 넣어 불쏘시개로 사용했다. 물론 산에서 베어 온 싸리나무로 만든 빗자루는 마당을 쓰는 데 사용했다. 특히 높은 산에서 자란 싸리나무로 만든 빗자루는 쉽게 닳지도 않고 마당이 잘 쓸려 인기가 있었고 1~2년에 한 번은 높은 산으로 이 싸리나무를 베러 갔다. 그러나 이런 빗자루도 끝이 뭉툭해지면 불쏘시개감이 되어 아궁이 속에 넣었다.

어머니가 안마당에 던진 몽당빗자루는 내가 사는 마을에선 '잇비'라 하여 수수대궁으로 만든 빗자루로 닳고 닳아 더는 사용하기 어려운 빗자루였다. 빗자루의 손잡이는 손때가 묻어 반질반질할 정도였다. 이 빗자루를 던질 때 하던 말은 누구에게 하는 것인지 내가 물었다.

"너는 몰라도 된다."

그냥 평소와는 다른 표정이라 더 궁금했다. 그리고 다른 어느 해에 또 그런 장면을 보게 되어 어머니께 물었다. 대답 대신 어머니는 내게 물었다.

"너는 하늘에서 나는 쏴 하는 소리를 들었느냐?"

"아뇨. 듣지 못했는데요."

"가만히 들어 보아라."

잠시 후 그래 지금 들린다고 어머니가 말해도 나는 듣지 못했다. 맑은 날 물 쏟아지는 소리가 날 수 있을까도 의문이었다.

"이 소리는 여름 장마가 크게 지고 나면 여러 날이 지난 다음 한여름에 은하수가 불어나 둑이 터져서 나는 소리란다."

"그런데 몽당빗자루는 왜 마당에 던지세요?"

"그냥 그렇게 해."

역시 대답을 듣지 못하고 궁금한 대로 지나갔다. 그리고 드디어 어느 해인가 이유를 들었다.

"은하수 둑이 터지면 어려서 죽은 아이들이 몽당빗자루를 들고 가서 막아야 한단다. 우리 집에서 호영이와 옥금이가 어려서 죽었지."

"빗자루를 던지며 뭐라고 하시던데요?"

"인사를 나눈단다. 내가 잘들 지내고 있니? 하고 묻지."

"네."

"두 애들이 어린 얼굴 모습으로 내게 대답하지. 그러면 나는 대답한 단다. 그래 잘 지냈구나. 고생은 안 되고?"

어머니는 참으로 슬픈 표정을 지으며 말했다.

6.25 전쟁으로 피난을 다녀온 후 언젠가 어머니는 내게 말했다.

"너는 복이 많은가 보다. 네 아래위로 죽지 않았으면 어떻게 할뻔했니?"

하는 소리를 들은 적이 있었다. 당시는 내가 어려서 무슨 소린지도 모르고 관심도 없었다.

그런데 이번에는 어머니께서 정색하고 내게 말씀하셨다.

"네 위로는 호영이라고 여자아이가 있었는데 그때 돌림병이 돌아 죽었지. 귀엽고 재롱도 잘 떨어 많은 사람이 좋아했다. 물론 네 아버지는 호영이가 태어났을 때 별로 기분 좋아하지 않았다. 형을 낳고 연속으로 세 번째 딸을 낳았기 때문이다. 그런데 너를 낳고 아주 좋아했는데 사람들은 호영이라는 이름이 남동생 낳으라고 지은 거라고 했지. 너를 낳고 좋아하던 일도 잠시 네가 볼거리로 눈만 겨우 휑하니 걸린 채로 말라서 보는 사람마다 혀를 차고 돌아섰다. 그런데 의외로 기막히게 네가 살아난 것이야. 네가 살아나서 참으로 고마웠다."

어머니는 무얼 생각하다가 다시 말을 이어갔다.

"그리고 얼마 후 네 동생을 낳았는데 여자였어. 네 아버지는 역시 시큰둥했지. 당시는 남아선호 사상이 너무나 분명한 때이기는 했고 첫째 큰아버지께서 아들 5형제를 두어 자극을 받기도 했다. 이름을 옥금이라 지었는데 사람들은 그 이름 역시 남동생 낳으라고 지은 이름이라 했다. 또렷한 눈망울이 참 예뻤다. 그런데 그렇게 예쁘던 애가 겨우 돌을 지내고 저세상으로 훌쩍 가버린 거야. 그땐 내가 참 많이 울었다. 그리고 얼마 후 6.25 전쟁이 터지고 피난을 가는데 다섯 살 난 너를 업고 가다 걸려 가다 그랬는데 그 두 애들이 어찌 보면 고생 안 하고 먼저 잘 갔는지도 모른다."

어머니 눈에 눈물이 비쳤다. 그리고 나는 아무 말도 할 수 없었다.

"너는 그 두 사람 몫까지 살 테니 좋은 일 많을 거야. 그 애들이 너를 도와줄 것만 같구나."

어머니는 자식들에게 부담 주는 말씀은 철저히 하지 않았다. 나는 이때 어머니가 더 이상 말씀하지 않아도 여자들을 존중하고 잘 대해주어야 한다는 무언의 암시를 받았다. 사실 나는 초등학생 때는 물론 중학생 때도 여자든 남자든 먼저 시비를 걸어오지 않는 한, 아니 시비를 걸어와도 별로 다투지 않았다. 다른 사람과 언성을 높여 다투지 않는 어머니를 닮은 것으로 보인다. 초등학교 3학년 때부터 혼자서 철봉, 수평, 역기, 태권도 연습을 하고 때로는 선배들이 가르쳐주어 나름 키도 크고 탄탄해서 시비를 걸어오는 경우도 거의 없었다.

이런 이야기를 어머니가 해주던 이때는 내가 중학교 학생이니 웬만큼 생각이 있던 때였다. 어머니도 내가 꽤 성장했다고 보고 어느 정도 몽당빗자루에 얽힌 이야기를 해주었을 것이다.

사실 세상에 모든 어머니는 마음의 고향이고 언제나 잊을 수 없는 최고의 사람이지만 특히 갖은 고난 속에서 6남매를 건강하게 잘 키워낸 것을 보면 그 당시의 어머니가 모두 그런 분이었다 해도 내가 내 어머니를 으뜸으로 생각하는 것은 지극히 당연하다.

　어머니에게 은하수는 마치 이승과 저승을 나누는 요단강도 되고 더 나아가 은하수 건너에는 천국이라 할 수 있는 옥황상제가 다스리는 곳이며 땅속 저 멀리 그 어디엔가 염라대왕이 눈에 불을 켜고 있는 지옥이 있다고 생각하였다.
　어머니의 은하수는 정갈하고 살아서는 건널 수 없는 무한히 큰 강이었다. 어려서 그 강 건너로 간 두 자매를 평생 잊지 못하는 정이 넘치는 분이었다. 잊지 않고 몽당빗자루를 어머니만 아는 곳에 잘 보관하였다가 은하수 둑이 터지는 소리가 날 때면 얼른 둑을 막도록 던져주면서 그들의 어린 시절을 생각하였을 것을 생각하면 나도 목이메였다.
　어머니는 낳은 지 19일 만에 아버지가 사고로 돌아가셔서 막내동생이 젖도 제대로 못 먹고 돌보는 사람 없이 이 사람 저 사람 손을 거쳐 살아난 상황을 몹시 안타깝게 생각했다. 하기는 아버지가 돌아가셨을 때 1년 10개월 된 셋째 아들도 밥을 제때 주는 사람이 없어, 서 있으면 다리가 꼬일 정도로 마르고 힘이 없어서 어머니가 애처로워하였다.
　막내가 어머니를 졸졸 따라다녀 더 힘들었을 터인데 정이 많은 사람이라 그런지 젖을 못 먹고 자란 것을 어여삐 여겨서인지 전혀 그런 내색이 없었다. 막내는 그런 어머니에게 끊임없이 매달리고 심지어는 우리 나이로 7살까지도 어머니 젖을 물고 그래서 사람들이 놀려대기까지 하였는데 어머니도 막내도 아랑곳하지 않았다. 막내는 놀려대는 사람을 빤히 쳐다보며 태연했다. 그런 모습이 마치 초저녁 서쪽 하늘에 뜬 초승달과 그 옆에서 밝게 빛나는 금성처럼 좋아 보인다는 사람들도 있었다.

어머니가 은하수 건너 그 어느 곳에 살면서 지금도 살아있는 우리를 쳐다보겠지만 특히 막내에 대한 못다 한 정을 아쉬워할 것 같다. 막내도 어쩌면 우리 6남매 중 어머니에 대한 그리움이 제일 클지도 모른다. 막내이기 때문이기도 하고 어머니의 애틋한 정이 있기 때문이기도 하다. 어머니가 갑자기 돌아가시기도 했지만, 유학 중인 막내가 논문 마지막 심사 날짜가 잡혀 어머니가 돌아가셨음을 알리지 않아 장례식에 참석하지 못한 것을 막내동생은 아주 아쉬워했다. 어머니가 1990년 10월 26일에 돌아가시기 전 그해 추석에 오셨을 때 막내가 오면 주라고 당시로는 큰돈인 100만 원을 내게 맡기셨다. 그것이 웬 돈이냐 했더니 그동안 네가 준 용돈을 아끼고 모아서 숨겨놓았던 것인데 올해 농사 끝나면 서울로 아주 올라 올 것이니까 은밀한 곳에 숨겨놓은 것을 혹시 놓칠까 걱정이 되어 미리 맡기는 것이라 했다. 이 돈은 막내가 영국으로 유학 가 있는 4년 동안 손주들 용돈과 세뱃돈 주면서 아끼고 아껴 모은 돈일 것이다. 더구나 수년 전부터 어머니가 농사지어 농산물 판 돈 일체는 형님이 모두 가져가서 어머니는 돈의 여유가 없는 상태였다.

내년 봄에 막내가 학위 끝나고 오면 이 돈을 건네주고 냉장고며 웬만한 가전제품은 네 돈으로 사주라고 부탁했는데 그로부터 한 달 후에 갑자기 돌아가셨으니 이 말씀은 어머니의 유언이 되었다. 막내는 어머니 돌아가시고 7개월 후인 다음 해 오뉴월에 귀국했고 나는 어머니의 말씀대로 했다.

어머니는 살아서도 습관적으로 은하수를 바라보았는데 아마 저세상 가서도 은하수가 잘 보이는 곳에서 살아 있는 우리 3형제, 이미 유명을 달리한 3남매 그리고 유아기에 어머니보다 먼저 간 자매를 바라보며 지나실 것이다. 아니 이미 은하수를 건너간 3남매는 어머니와 가까이 살고 있을지도 모른다. 그런 생각으로 은하수를 바라보면 은하수 저 너머에서 웃음 짓고 있는 어머니 얼굴이 보이는 듯하다.

# 어머니의 손길

## 1) 그리운 어머니

시장 모퉁이에 좌대도 없는 초라한 곳, 땅 몇 뼘 위에 채소를 놓고 파는 어머니들의 모습이 점점 보기 어려워져 간다. 마트니 뭐니 해서 구매자 가까이 깨끗한 매장에 잘 다듬은 다양한 채소가 있기 때문일 것이다. 그래도 몇몇 재래시장 어귀에는 나이 드신 어머니가 도라지, 고구마 줄기를 조금 놓고 팔려고 다듬어 가며 앉아 계신 모습을 볼 수 있다.

1970~90년대 단독 주택에 살고 있을 때 우리 집에 가는 골목 입구에는 산나물이 많이 날 때, 상추와 쑥갓 등 노지 채소가 많아질 때는 아주머니들이 이런 채소류를 보자기에 좌판 삼아 펼쳐 놓고 팔았다. 불결하기도 하고 골목을 혼잡하게 하니 그런 곳에서 사지 말라고 언론에 이따금 보도되곤 했다. 나는 그 아주머니가 마치 내 어머니를 보는 것 같아서 퇴근길에 채소를 사서 들어가곤 했다. 처음에는 아내도 의아해했다. 시장 봐오면 되는데... 아니면 이미 시장에 다녀왔는데 웬일이냐는 것이다.

그래서 이야기해 주었다. 6.25 전쟁이 끝나던 해에 사업을 하시던 아버지가 돌아가시고 1살, 2살짜리 남동생이 있었는데 농사일을 모르는 어머니는 빚을 저가며 살았다. 그러나 생존을 위해 농사일을 배워가며 지으면서, 몇 해가 지나서부터는 5일 장이 서는 날이면 시장 어귀에 가서 하루 종일 채소를 팔았다. 일요일이 장날일 때면 초등학교 4학년 시절부터 지게질했던 내게 짐을 지워서 함께 장에 나갔다. 세월이 흐르면서 내가 중학생이 되었을 때는 어머니가 이고 가는 채소보다 내가 지고 가는 것이 더 많았다. 그때는 뭐가 그리 부끄러운지 시장에서 아는 학생이나 동급생이 지나가면 얼른 숨고는 했었다.

점심때는 동료랄 수 있는 옆의 아주머니에게 채소를 맡기고 시장 뒷골목에 가서 장국밥 한 그릇을 사주셨다. 지금 생각해도 그걸 먹을 때만큼 행복한 적이 있었나 싶은 심정이었다. 맛있게 먹는 나를 바라보는 어머니의 눈에는 자식 사랑이 넘쳐 남을 보는 것 또한 내게는 행복이었다. 농사철이 끝나는 늦가을부터 이른 봄까지는 어머니는 두부며 떡을 만들어 시장에 낱개가 아닌 전체를 넘겨 팔곤 했다. 닭 기르고 돼지 길러 팔아서 억척같이 살아, 빚도 다 갚고 당시로는 재산이라야 별것 아니나 우리 소유가 늘어갔다.

세월이 한참 지나 내가 직장에 다닐 때, 떡을 팔려고 사무실에 온 분이 흰 치마저고리를 입은 모습에서 어머니 모습이 떠올라 떡을 꽤 많이 사서 나누어 먹고, 집에 가져간 적이 있었다. 이 이야기를 어머니께

했더니 당신의 일처럼 좋아하고 다른 사람에게 '떡 팔러 사무실에 온 사람이 나를 닮아서 재(아들)가 떡을 많이 샀다' 하고 자랑까지 하시는 것을 보았다.

전쟁으로 피폐해진 1953년. 아버지를 먼저 저세상에 보내고 6남매를 키워낸 어머니 이야기는 그 당시를 살아온 모든 사람의 고달팠던 인생과 크게 다르지 않다. 그런 세월을 집 안팎에서 함께 하며 어머니의 삶이 어떤지 알면서도 평생 모시지 못하고 나는 서울에서 살고 어머니는 고향에서 돌아가실 때까지 농사를 지으셨다.

살아 계실 때나 돌아가신 그 이후에나 즐거울 때는 이런 모습을 어머니가 보셨으면 얼마나 좋아하셨을까 생각하는 것은 물론이고, 때때로 선택의 기로에 설 때면 어머니라면 이런 경우에 어떻게 했을까 또는 내가 이렇게 하는 것을 좋아할까 생각하고 행동했다. 그래도 농업고등학교에 다니며 어머니 농사일을 도와드리던 내가 농군이 될 것으로 기대한 어머니를 배반하고 고등학교 2학년 4월에 상경함으로써 어머니를 크게 실망케 해드린 일을 생각하면 아직도 죄송한 마음에 몸 둘 바를 모른다. 내 인생을 위하여 어머니를 힘들게 해드리고 아들 데리고 사는 행복마저 저버린 것이 평생 마음의 짐이 되었다. 그래서 좀 더 잘해드리려고 하다 보면 내 자녀들이 마음에 밟혀 자주 갈등한 것도 솔직히 어머님께는 죄송했다. 아주 평범한 진리로, 살아계실 때 잘 모셔야 할 것을 이제 생각하면 자괴감만 더 커진다. 어머니 보고 싶습니다. 그리고 사랑합니다.

❖ 신성호 외, 「못다 한 공감 편지」(싱크파워, 2018) 게재
❖ 이규석, 수필집 「세월의 강」(시담, 2022) 부분 수정 게재

### 2) 팔려 간 수탉

오늘 11년여를 타던 승용차를 팔았다. 한식 때 고향을 다녀온 후에 팔리라 마음은 먹고 있었다. 그간 차가 눈치 못 채게 하려고 노력했으나 시동을 걸 때마다 차에게 미안하기도 했고 곧 헤어지게 된다는 것 때문에 마음이 허전하기도 했다. 마침 후배가 지난 2월 차종 불문 신차와 헌차 매매를 도와드린다는 메시지를 보내온 생각이 나서 그에게 의뢰했다.

우리 문중은 4월 첫째 일요일은 한식, 9월 첫째 일요일은 금초, 11월 첫째 일요일은 시제로 정해져 있어서 한식날 고향 선산에 차를 몰고 다녀왔다. 다음날 후배에게 전화하니 바로 오늘 아침 8시 후배와 감정사가 집으로 와서 감정 후 그 자리에서 폰뱅킹으로 대금을 입금하고 차를 가져갔다. 순식간에 일어난 일이다. 하루 종일 허전했다. 추적추적 봄비는 내리고 오늘따라 인터넷연구회 모임이 그것도 우리 사무실에서 개최된 것 외에는 다른 일이 없다. 그 흔한 저녁 약속도 없어서 일찍 퇴근해 곧장 귀가했다. 뭔가 소중한 걸 잃은 기분에 일이 손에 잡히지를 않는다.

초등학교 때 어떤 장날 우리 집 수탉을 팔러 간 생각이 났다. 6·25

전쟁이 끝나던 해에 아버님이 사고로 일찍 세상을 하직하시면서 하시던 사업이 풍비박산되고 우리는 정말 어렵게 살았다. 그 시절 누구나 살기 어려웠지만 우리도 정말 어려웠다. 어머니 말씀으로는 빚은 없었는데, 아니 없었다고 생각했는데 빚쟁이들이 닥쳐들어 땅이 일부 넘어가고 고리채도 떠안게 되었다. 그래도 빚쟁이들이 양심은 있었는지 먹고 살라고 우리 정미소 하나는 남겨 놓았다. 그 당시 정미소 하나만 있어도 부자였다. 그러나 빚에 눌려 앉은 우리는 아끼고 또 아끼며 무서운 빚부터 갚아야 한다고 이를 악물고 살았다. 먹을 것이 늘 부족했고, 있어도 먹는 것을 줄이기 위해 죽을 쑤어먹는 것은 기본이었고 보릿겨, 들나물, 산나물을 닥치는 대로 챙겨다 먹었다. 이것까지는 이웃들도 거의 모두가 같았다.

그런데 어머니는 지금 생각해도 탁월한 선택을 했는데 그건 닭을 키우기 시작한 것이다. 해마다 이른 봄 세 마리 정도의 암탉이 각각 20개 정도의 알을 품게 하여 성공적으로 부화 된 병아리 50여 마리를 길렀다. 약병아리 때 시장에 내다 팔고 못 먹어서 영양실조로 얼굴에는 버짐, 머리에는 기계총이 덕지덕지 한 우리에게 그 비싼 약병아리 한 마리씩을 잡아서 요리해주셨다. 한 번도 아니고 해마다 그랬다. 초등학교 저학년인 나는 어머니가 시키는 대로 풀이 나기 무섭게 풀을 뜯어와 썰어서 쌀겨와 섞어 닭의 먹이로 주었다. 잡아먹고 팔고 한 다음 20여 마리를 1년 내내 길렀는데 수탉 2마리와 암탉 20마리 정도였다. 5일 장마다 다른 사람들은 곡식이며 채소를 이고 지고 장에 나가 팔아서 생활해 갔지만 우리는 장마다 계란과 채소를 팔았다. 20마리가 5일 동안 알을 나면 8꾸러미(80개) 정도를 볏짚에 싸서 장에 가지고 가셨는데 당시 계란 값이 비싸서 이 정도면 쌀 1말보다 훨씬 비쌌다. 동네 어느 집에 손님이 오면 손님께 계란 드린다고 쌀을 가져와 바꾸어 가기도 했다. 수탉은 언제나 2마리였는데 3마리인 적이 몇 년간 있었다. 짙은 수수 빛 깃털이 멋진데다 위 벼슬도 큰놈이 불뚝 솟았고 아래 벼슬은 황소 불알처럼 크게 축 늘어진 장 닭인데 이놈이 싸움을 잘하는 것이었다. 밖에 나가서 홰를 치면 근처에 수탉들이 꽁무니가 빠지게 도망갔고 미처 도망 못 간 놈은 우리 집 수탉이 옆으로 지나가면 꽁지와 머리를 내리고 있었다. 우리 집 수탉은 그럴 때 그냥 지나지 않고 지나면서 그냥 한번 부리로 툭 치면 그 수탉은 죽는소리를 치는 것이었다. 그래서 못 팔게 우리 형제들이 말리는 통에 어머님이 결국 몇 년 더 길러 아마 3년여를 함께 있었던 것 같다. 그래서 수탉이 3마리까지 되었는데 그 장 닭은 언젠가 스스로 명을 재촉하는 일을 저질렀다.

어느 날 동네 어떤 아주머니가 우리 집 바깥마당에 나타나자 수탉이 괴성을 지르면서 쏜살같이 달려가 공격을 한 것이다. 그 아주머니가 혼비백산한 것은 두말할 나위가 없었다. 그런데 그 아주머니가 옆에 있던 싸리 빗자루로 닭을 공격해서 싸움이 벌어졌다. 주인을 알아보던 그 닭은 주인의 호통과 작대기 질에 도망갔지만 이런 일은 악화 일로를 걸었다. 다른 어른이 이놈의 닭이 사람에게 덤빈다고 발길질하면 남정네에게도 쏜살같이 덤벼들어 혼을 내주는 것이었다. 감히 존엄하신 인간에게 위협을 가한 것이다. 그리고 이웃집 수탉이 미처 도망을 못 하고 공격권 내에 오면 가차 없이 반은 죽여 놓았다. 이 장 닭은 나와 내

동생들에게는 자랑이었지만 사람들에게 겁을 준 이후로는 불안의 대상이기도 했다. 모이를 주면 주변에 암탉들을 구수한 소리로 불러들여 먹이를 먹게 하고 자기는 큰 날개를 마음껏 펼쳐 보이는 모습도 멋지고, 겨울철 수리가 동네에 나타나 하늘을 빙빙 돌면 비록 머리를 처박고 숨기는 했어도 엄청나게 큰 소리로 비상사태를 알린 다음에 숨었다. 지금도 이유는 모르지만 어떤 날에는 담장이나 지붕 위로 날아올라 탁탁 홰를 치며 멋지고 길게 '꼭 끼오~'를 소리쳤다. 동네 사람들도 이 닭은 알아보았고 그만큼 도도하고 멋졌다. 그러나 어쩌겠는가. 덤벼드는 닭을 못마땅하게 생각해서 혼내주려던 동네 사람들이 어머니에게 영향력을 행사하기 시작하였다. 자식들이 좋아하는 닭이라 좀 더 기르고 싶었으나 감히 사람을, 그것도 동네서 방귀깨나 뀌는 사람에게만 달려드는 닭을 어머니는 끝까지 싸고돌 수는 없었다. 사실 수탉은 사람들이 그냥 조용히 지나가면 아무 일도 없는데 발로 땅을 구르거나 인상을 썼던 사람을 기억했다가 예외 없이 덤벼들어 체면을 손상시키고는 했다. 어느 날 조용히 그러나 단호하게 저 수탉을 장에 내다 팔아야 하겠다고 어머니는 우리에게 말씀하셨다. 드디어 불안해하던 상황이 닥쳐온 것이다.

아마 여름 방학 때였을 것이다. 수탉의 날개와 발을 단단히 묶어 큰 보자기에 싸서 그걸 나에게 들려서 어머니는 계란을 머리에 이고 장날 팔러 갔다. 더운 날씨라서 보자기 사이로 수탉은 머리를 내밀고 입을 벌려 헐떡이다가 나와 눈이 마주치면 애처롭게 쳐다보곤 했다. 무겁고 힘들었는데 다행히 버둥거리지는 않았다. 내가 땀을 뻘뻘 흘리는 것을 보고 어머니는 한강 나룻배를 타기 전 그곳에 나온 중간 상인에게 그 닭을 팔았다. 동네서 나루터까지 3km, 닭을 팔 수 있는 시장까지는 1.5km는 더 가야 하니까 중간 상인이 팔려는 사람의 힘든 과정을 줄여주는 대신 좀 싼 값으로 사 간다. 팔도 아프고 힘들다가 닭을 건네주고 나니 빈 몸이어서 날아갈 것 같았다. 노를 저어 다니는 배는 강을 건너 이쪽으로 오고 있었다. 땀이 흐른 얼굴과 팔다리를 강물에 씻으니 강바람이 더욱 시원했다. 시장에 들러 계란을 팔고 어머니가 됫박 성냥, 설탕, 미역, 국수, 고무줄 등 많은 종류의 물건을 사셨다. 그리고 잠시 그늘에서 쉬는데, 그 수탉이 어머니와 나를 바라보고 있지 않은가! 강 건너에서 샀던 그 사람이 시장 한 귀퉁이에서 다른 사람에게 다시 팔기 위해 많은 닭을 매어 놓고 있었고 그중에서도 군계 일계 격인 그 수탉이 지쳤지만 강한 눈빛으로 애절하게 쳐다보고 있었다. 어머님께 '저거 저 닭 좀 보세요' 했더니 어머니는 흘끔 보실 뿐 더 더워지기 전에 빨리 집에 가자며 부지런히 앞서가셨다. 당당한 저 수탉의 운명은 어찌 될까. 그리고 저 형형한 눈빛과 애처로워 보이는 표정. 오늘 아침까지 누렸던 영광은 재현될 수 있을까. 장국밥 냄새가 진동하는데 뒤도 돌아보지 않고 가시는 어머니께 침이 꼴깍 넘어갔지만 아무 소리 않고 따라갔다. 시장 어느 곳에 채소, 파 등 농산물을 펼쳐 놓고 난장을 하다가 늦은 점심때가 되면 장국밥 사 먹고 오라고 꼬깃꼬깃한 돈을 주던 때가 있었지만 오늘은 아직 이른 점심때고 이제 4.5km만 그것도 무겁지 않은 장바구니만 집까지 가져가면 되는 것인데 사주실 리가 없었다. 집에 돌아오니 동생들이 쪼르르 내게 와서 닭은 어찌 됐느냐고 묻는다. '팔았다'. 힘없이 말하는 나보다 더 실망하는 동생들 눈에는 눈물이 보였다. 저녁 모이를 줄 때도, 다음 날 아침에 닭장 문을 열어 줄 때도 그 수탉은 안 보였고, 조용한 한나절에 들려오는 듯한 그 장닭의 울음소리가 몹시 듣고 싶고 그리웠다.

오늘 자동차를 팔고 나서 허전한 마음에 떠오르는 그 수탉의 일생이 어머님의 손길과 함께 간절하게 떠올랐다. 수탉이나 자동차나 인생이나 회자정리의 쳇바퀴에 함께 있다. 아직 내게 깊은 그리움과 슬픔이 있다는 것이 오히려 위안도 된다. 지금 밤 10시 가까운 시간인데 창밖에는 봄비가 계속 내리고 있다.

❖ 이규석, 수필집 「세월의 강」(시담, 2022) 게재

### 3) 농경사회의 마지막 농우農牛

요즘 숏값이 말이 아닌데다가 인건비는 상대적으로 많이 올라서 여럿이 어울려서 50년대나 60년대에 개를 잡듯이 소를 잡는다는 말까지 들린다. 농촌에서 농가 재산 1호 일뿐 아니라 농경사회의 주역인 소의 신세가 형편도 아니게 된 셈이다. 아마도 소의 전성기는 노자가 소를 타고 국경을 넘었다는 기우출관 사건을 말하던 춘추시대로부터 맹고불이 한양에서 고향에 갈 때 소를 타고 피리를 불었던 때까지가 아닐까 생각된다. 좀 더 길게 보면 동력기관이 나오던 19세기 그리고 우리나라는 우골탑 소리가 들리던 60년대까지가 전성기 아닐까. 3000년 아니면 5000년 소의 전성시대의 끝은 의외로 허망하고 또 놀랍게도 빠

르게 진행되었다. 오랜 세월 농경사회에서 사람들이 가장 중시하던 소의 퇴장은 초고속으로 변화하는 21세기의 지식기반사회에서 정말 정신 차려야 한다는 교훈을 주기에 충분하다.

바깥양반도 안 계신 데 소까지 없이 농사를 짓는다는 것은 고달픈 정도가 아니라 정말 앞이 깜깜한 일이다. 비가 내리기 전후 제때 논밭을 갈고 파종해야 하는데 그 시기를 놓치기 십상이고 그러면 하루가 다르게 자라는 농작물의 생육상태는 출발부터 다른 집에 못 미치기 때문이다. 그래서 동력 농기계인 경운기가 나오기 전 농경사회에서 소는 가장 소중하게 생각되었다. 순해서 일 시키기 좋고 잘 자란 소는 장정 네 명의 일을 해냈으니 농가에서 1호로 소중한 것이었고 실제로 농우의 값으로 보자면 농촌에서 소는 재산 가치 1호였다. 소를 잘 키우면서 부지런한 사람은 가을 농사가 끝나기 무섭게 우시장에 나가 소를 잘 골라서 사 왔다. 겨우내 잘 먹이고 키워서 다음 해 봄이면 이 소를 팔아 차액으로 자녀 학비며 비료 값을 해댔다.

소를 빌리기도 어려웠고, 설혹 빌린다면 소를 몰아 일할 사람을 못 구할 수도 있었다. 소와 사람을 동시에 구하려는 경우의 어려움은 안타까울 정도 이상이었다. 소를 얻어 일한 후 소를 주인집에 끌어다 주면 너무 일을 많이 시켰느니 늦게까지 시켰느니 해서 싫은 소리를 듣기 다반사였다. 그래서 우리 집도 소 갖기가 늘 소원이었다. 그러기를 여러 해 지난 어느 날 어머니는 내가 소를 열심히 거두겠다면 소를 기를 수 있다고 하셨다. 소가 얼마나 소중하고 또 있으면 얼마나 좋을까를 생각하던 상황으로 보나, 닭과 돼지를 열심히 길러서 이것을 팔아 빚을 가려가던 형편으로 보아 일하기 싫은 생각이 날사이도 없이 나는 뛸 듯이 기뻤다. 6.25 전쟁으로 재산은 절단나고 그 전쟁이 끝날 즈음 사업을 하시던 아버지가 저세상으로 가시면서 남의 빚까지 덤터기 쓴 우리 집은 그야말로 초비상 사태였다. 그러한 생활 6년여 만에 온 식구들의 굶주림에 가까운 생활과 노력으로 빚이 없어지는 상황이 되었다. 아무것도 없이 배운 재주 없는 사람이 먹고살기 위해 할 수 있는 일은 농사밖에 없다는 것은 어머니가 자주 하시던 말이었다. 그런데 농사를 짓다 보니 필수는 소였다. 소를 기르자니 첫째는 소를 살 돈이 없고 둘째는 소를 기를 사람이 없는 것이다. 전쟁으로 바깥채가 완전히 타버리고 요행히 안채가 그을린 채 남아 있었는데 불타버린 집터에 있던 작은 헛간을 좀 더 키우고 튼튼하게 수리하여 소가 살 집인 외양간을 마련하였다.

　어느 날 학교에서 돌아오니 짚으로 만든 굵은 목도리에 가는 밧줄로 연결해서 외양간 기둥에 매여진 송아지 한 마리가 있었다. 얼마나 발버둥을 치면서 울어댔는지 입구의 흙이 콩가루가 되어 있고 눈은 충혈되어 있는데 나를 보자 두려움으로 더욱 처절해 보였다. 그런데 눈에 익어 잘 들여다보니 이 송아지는 이웃에 있는 큰아버지 댁 소가 낳은 새끼였다. 친구 따라 강남 간다든가 어미 팔아 친구 산다는 말이 송아지 때문에 나왔다고 할 만큼 동네 송아지들은 다 모여 이 골목 저 골목을 쏠고 다녔다. 물론 때로는 집에서 가까운 들판을 떼거리로 달리곤 하였다. 가끔 열려있는 사립문으로 들어와 집 안에 있는 채소밭을 망가트려 작대기 휘둘러 쫓아내기도 하였는데 그 송아지 중에 대장인 바로 그 송아지였다. 가까이 다가가니 본능적으로 머리를 내게 향하고 공격 자세를 취했으나 머리를 만져주는 나에게 덤비지는 않았다. 나를 좋아해서가 아니라 무서웠기 때문이었다. 우리 집안에 여러 차례에 걸쳐 들어왔다가 내가 휘두른 막대기에 한 번이라도 얻어맞기는 했을 터인데 미안한 생각도 들었다. 송아지는 밤새 울어댔고 부스럭댔다. 어미 소가 새끼를 부르는 소리도 밤새 들렸다. 처음에는 중소도 아니고 송아지가 우리 집에 오게 되어 실망했으나 다음 날 학교에 가면서 바라보니 너무 측은하게 보였다. 학교에서 돌아오니 어제와 오늘 송아지가 먹은 것이 없다고 어머니의 걱정이 이만저만이 아니다. 둘째 날 밤도 송아지와 어미 소의 서로 부르는 소리는 밤공기를 타고 조용한 마을에 메아리치고 있었다. 송아지가 풀보다 더 좋아하는 약간의 콩을 넣어 쇠죽을 끓이고 그 위에 쌀겨까지 살짝 뿌려서 주어도 안 먹던 송아지의 단식은 사흘째에 끝났음을 알고 조금은 안심이 되었으나 송아지가 측은해 보이기는 마찬가지였다. 송아지 몸집에 비해 큰 외양간에 새로 깔아준 짚 더미 위에 앉지도 않고 들락거리기만 하는 송아지가 까칠해진 것이 눈에 보인다. 윤기가 나고 가지런하던 털이 이리저리 쏠리고 탄력 있고 건강해서 예뻤던 발굽과 눈망울도 탁하게 보였다.

며칠째부터인가 어미 찾는 소리는 잦아들어 갔지만 아직도 먹는 것은 시원치 않았고 사람이 접근하면 잔뜩 긴장하고 있었다. 겨울이 되자 외양간에 헌 멍석과 가마니로 방풍과 방한을 해주고 등에는 덕석도 덮어주었다. 마르고 탄력은 없어 보였지만 자기 집이 어딘지도 알았고,

바깥마당에 박아놓은 말뚝에 매어 놓고 짚을 깔아준 곳에서 낮 동안에는 하루 종일 되새김질 하며 잘 지내고 있었다. 겨울이 끝나갈 때쯤에는 친해져서 목덜미를 비벼주면 시원하니 더 해달라는 듯 목을 길게 늘이곤 했다.

봄이 왔다. 아직 송아지 티를 벗지 못한 우리 소도 푸른 들판의 냇가나 어느 공간에 매어 놓으면 풀을 뜯어 먹기에 여념이 없었다. 그런데 문제는 내가 매일 꼴 한 짐을 해야 했는데 이는 비가 와도 변함이 없었다. 이번 봄에 중학생이 된 나는 학교 길이 편도 십 리가 넘는 곳이었고, 집에 오자마자 낫을 갈아 소쿠리 있는 지게를 지고 어둡기 전에 소의 저녁상과 아침 준비를 해야 하는 것이었다. 어머니와 나는 그렇게 원하던 소였고, 이 송아지가 일할 정도로만 크면 우리도 남부럽지 않을 것이란 희망을 한 몸에 안고 있는 송아지였다. 송아지가 없을 때는 내가 해오던 돼지 먹이풀을 이제는 초등학교 2학년이 된 동생과 내년에 입학할 어린 두 동생이 해대고 있다. 꼴을 베는 일은 정말 내게 힘든 일이었다. 아직 중소도 안 되었는데 큰 소가 되면 살인적으로 먹어댈 것이 아닌가!

소가 특히 좋아하는 음식은 하필이면 농작물의 잎이다. 아직 코도 뚫지 않은 송아지가 밭작물 옆을 지날 때면 막무가내로 달려들어 급히 뜯어 먹고, 이 장면을 본 밭 주인은 소를 욕하다가 결국 주인에게 한마디 한다. 소를 잘 몰아야지 뭘 하는 거냐고. 그러지 못하게 입에 씌우는 망이 있지만 아직 코도 안 뚫은 송아지 입에 망을 씌울 수는 없는 노릇이었다.

어느 따뜻한 봄날 저녁에 이웃 어른 몇 분이 쇠로 된 갈고리를 가지고 오셨다. 쇠 코를 뚫어야 한다는 것이다. 보기에 따라서는 성인식 같기도 하지만 소로서는 평생 코 꿰서 사람에게 충성할 것을 강요받는 날이다. 맹렬히 저항하나 장정이 밧줄로 목을 매어 머리를 높여 놓고 쇠갈고리로 코를 뚫는 데는 어쩔 도리 없이 긴 고통의 소리만 낼뿐이었다. 목 띠를 없애고 어미 소처럼 코뚜레와 이를 고정하기 위한 줄들이 소의 얼굴을 가지런히 지나고 코뚜레에 매어진 긴 줄이 있게 되었다. 작고 앳되나 형상은 완전히 어미 소처럼 되었다. 코는 얼마나 아프고 얼마나 거북스러울까! 이제 사람이 원하는 대로 줄을 잡아당기면 코뚜레로 코를 꿴 소는 아픔을 면하기 위해서 사람의 말을 들을 수밖에 없다. 초가을엔가는 다 큰 소에 비하면 아직도 작기만 한 덩치의 이 암소는 이웃 아저씨에 끌려 읍내에 가서 종자소와 짝짓기를 하고 왔다. 동네 황소도 좋은 놈이 있기는 하지만 짝짓기 후에 영각을 하고 일을 잘 안 하고 어떤 때는 주인에게까지 그 큰 황소 눈을 부라리기 때문에 주인이 허락하지를 않는다.

  이 무렵 가을걷이 끝난 후 돌 없는 밭에 나가 소에게 일을 가르쳤다. 앞에서 끌고 뒤에는 쟁기를 매어서 밭 갈기를 하는 것이다. 힘드니까 자꾸 서고, 때리면서 몰면 머리를 하늘로 향해 번쩍 들고 저항하곤 한다. 아침저녁으로 며칠을 두고 연습을 하다가 목에 멍울이 서면 며칠 동안 쉬고 또 반복하여 밭 가는 일을 가르치는 것이다. 소가 저항을 포기하고 쟁기를 끌어 보지만 힘이 달려서 일을 시키기에는 아직 이름을 알 수 있다. 그러나 소라고 해서 배우고 익히는데 사람과 다를 바가 없다. 어려서 가르쳐야 빨리 배우고, 멍에를 얹어 연습해야 빨리 멍에목에 굳은살이 생기고 그래야 일 잘하는 소가 된다. 잘 못하면 야단맞고 잘하면 좋은 음식을 주며 칭찬해가면서 가르친다. 이제 험난한 여정이 시작되는 것이지만 이것이 소의 운명인 것을 어찌하랴. 이듬해 아직 다 자란 것은 아니지만 송아지를 낳았다. 이제 어엿한 어미 소가 된 것이다. 일도 쓸 만큼은 하고 다만 푹푹 빠지는 문전옥답에서는 힘에 부쳐 일하기가 어렵고 읍내에 쌀을 내다 팔려고 짐을 지울 때 다 큰 황소는 세 가마를 지우지만 우리 암소는 두 가마도 힘들어하는 그런 차이가 있다.

늦가을이 되어 이제 새끼를 떼어야 할 때가 되었다. 낳은 지 얼마 안 되어서는 어미젖을 먹는 송아지가 그렇게 귀여울 수가 없었다. 부지깽이 정도 굵기밖에 안 되는 정도의 가녀린 다리로 버티고 서서 젖을 먹는 모습은 그 자체가 아름다운 그림이었다. 밖에 나들이를 가면 어미 앞에서 떨어지지 않으려고 밀착하는 통에 어미의 걸음 걷기가 불편해지곤 했다. 그런데 지금은 좀 컸다고 젖이 안 나오면 심하게 어미 배를 받아서 어미 뒷다리가 들썩이게 하고 송아지들끼리 떼로 몰려다니면서 땅거미가 져도 안 들어와서 어미가 수없이 힘껏 부르게 했다.

우리 송아지가 어느덧 자라 어우리 소로 보내게 생겼는데 읍내 5일장이 있는 날 송아지를 데려갈 사람이 장을 다 보고 저녁나절에 읍내 쪽 나루에 나와서 데려간다고 하였다. 어머니는 어미 소와 송아지를 데리고 가는 일을 내게 시켰다. 어른이나 청장년은 되어야 할 일을 내게 시키는 것은 나를 믿으시는 마음 때문이라 생각하니 큰 책임감이 밀려왔다.

나는 어머니 심부름이자 우리 일을 위해 십 리 되는 나룻 터를 향해 갔다. 일하는 것도 아니면서 한가하고 평화롭게 소의 모녀가 이토록 길게 걷기는 처음 있는 일이었다. 무엇보다도 송아지가 신났다. 처음에는 제 친구들이 우르르 몰려왔지만 동구 밖을 나서자 그들은 하나둘 떨어져 어미가 있는 동네로 들어갔다. 어미와 둘이 앞서거니 뒤서거니 걷다가 송아지가 제 흥에 못 이겨 꼬리를 뒤로 뻗치고 신작로 길을 전속력으로 달렸다. 어미의 걱정스러운 부름이 당연히 뒤따랐다. 송아지는 다시 어미 소를 향해 세차게 달려왔다. 마치 망아지나 되는 양 어설픈 뒷발질도 했다. 내가 소의 주인은 아니지만 목동처럼 늘 이들을 돌보고 있으니까 이들 두 모녀 소는 마음이 편했을 것이다. 아니 편한 마음이라는 것을 나는 알 수 있었다. 어미 소와 어린 암송아지는 잠시 후에 다시는 만날 일이 없는 생이별 해야 한다는 사실을 전혀 모르고 마냥 행복한 걸음을 걸었다.

강가 나룻 터에 있는 배에 어미 소를 끌고 타니까 겁을 먹던 송아지도 냉큼 올라탔다. 동시에 송아지는 배에 묶였고 나는 어미 소를 끌고 내려와서 나룻 터 말뚝에 얼른 매어 놓았다. 순식간에 일어난 일이었다. 그리고 배가 떠나니 바로 모녀는 서로 바라보면서 소리 없이 있었다. 아연실색한 것도 잠시 곧이어 양쪽에서 둘이는 소리 지르고 몸부림쳤다. 인간과는 달라서 이들은 이것으로 영영 이별이 된다. 생이별이었다. 원래 동물은 그렇게 태어났다는 말로 인간과 차별화하는 것이 옳은가? 적어도 그때는 그렇지 않았다. 송아지 모습도 나룻배와 함께 강 건너 쪽으로 멀어져 가고 송아지의 애처롭고 겁먹은 울음소리도 점점 작게 들리는 상황에서 차마 나는 그곳에서 어미 소를 달랠 수가 없었다. 아니 쳐다볼 수도 없어서 외면하고 멀리 속절없이 흐르는 강물만 바라보고 있었다. 이별은 슬픈 것이다. 어미 소에게는 자식과의 생이별이었고 내게는 가족처럼 지내던 말썽꾸러기 송아지와의 이별이었다. 목이 메어 쉰 소리가 나와도 소는 자꾸만 새끼를 불렀다. 송아지가 강을 건너가며 멀어지면서 울음소리는 들리지 않고 두어 사람에게 강제로 끌려 강 언덕을 넘어가서 이제는 보이지 않게 되었어도 어미 소는 부르기를 그치지 않았다.

말 없는 농촌 아저씨와 아주머니처럼 그동안 소와 나는 말은 없었어도 이심전심 필요한 만큼의 의사는 통한다고 생각하며 지내왔다. 쉽게 마음이 진정이야 되겠냐마는 이제 됐다 싶어 다가가서 어미 소의 목덜미를 잡으려 하니 막무가내로 움직여 어떻게 할 수가 없었다. 서산에 해가 곧 걸리게 될 때쯤에 겨우 소를 달래서 백사장을 건너 언덕을 넘고 신작로에 접어들었다. 이 길로 쭉 가서 산모퉁이를 돌면 나와 소가 돌아갈 집이 보인다. 소는 아직도 새끼를 부르며 강 건너를 바라보곤 하더니 갑자기 다시 강변을 향해 뛰는 것이었다. 고삐를 틀어쥔 나를 끌고 100m도 더 달려가는 동안 소리쳐도 변함이 없었다. 겨우 길옆 나무에 소를 비끄러매어 놓고 정신없이 소를 때려주었다. 처음에는 분풀이였으나 나중에는 나도 감정이입이 되어 슬퍼서 때렸다. 소도 울고 나도 울었다. 석양 노을은 짙어가고 읍내 복지(영화)관에서는 저녁 영화 상영을 위한 선전과 '장희빈'인지 '과거를 묻지 마세요'인지 구성진 노랫소리가 바람에 실려 크게 들렸다 작게 들렸다 맥놀이 현상을 보이며 쉬지 않고 들려왔다. 중학생인 내가 하굣길에 들리던 노래인데 오늘따라 더 구성지고 슬프게 들려왔다.

얼마를 울었는가 소도 이젠 잠잠해지고 늦가을 어둠이 추위와 함께 엄습해 왔다. 소를 끌고 오면서 저 앞에 하늘과 맞닿은 백병산 꼭대기에 잠들어 계신 아버님께 눈물을 보여 죄송하다는 말씀을 드리고 소를 재촉하여 집에 들어왔다. 캄캄한 어둠 속에서 "늦었구나. 고생했다." 어머니의 목소리가 들려왔고, 밤새 어미 소의 울음소리가 들렸다.

새끼 달린 소와 함께 들판에서 일할 때는 여러 가지로 힘들었다. 새끼와 함께 가면 송아지가 천방지축 들판을 가로세로 뛰어다녀 농작물을 망쳐 놓았고, 송아지를 집에 가둬놓고 오면 소가 심술을 부렸다. 다음과 같은 시도 있다.

> 몇 해 전 일이다.
> 암소는 새끼랑 함께
> 밭갈이하러 왔다.
> 나는 소의 등을 두드려주며
> 고맙다고 했다.
> 암소는 기분이 좋은 것 같았고
> 새끼가 울면
> 음 모오-하고
> 화답하며 일했다.

열심히 밭갈이를 했다.

이듬해였던가, 그 다음다음 해였던가
밭갈이하러 온 암소는 혼자였다.
어딘지 분위가 날카로워
전과같이 등 뚜드려 주며
인사할 수 없었다
암소는 말을 잘 듣지 않았다
농부와 실랑이하다가
다리뼈까지 삐고 말았다
농부는
새끼를 집에 두고 와서 지랄이라
하며 소를 때리고 화를 내었다

(후 략)
(어미 소, 박경리)

 소는 재산상으로 농민을 든든하게 해주었지만 나 같은 어린 마음에는 일을 해주어 좋았다. 논밭 갈고, 농작물 실어 들어오고, 두엄도 내고, 장에서 비료도 실어 왔다. 특히 우리 소는 암소로서는 다른 소들보다 덩치도 컸고 윤기가 흐르는 털도 믿음이 가게 생겨서 좋았다. 속을 썩이지 않고 서로 알아서 자기 몫을 하는 그래서 한 식구 같았다. 동생은 저녁에 들에 매어 놓은 소를 끌어오는 것이 싫기는 하겠지만 군소리 없이 잘했다. 사실 그냥 끌어오는 것이 아니라 소가 풀을 뜯어 먹도록 하면서 오기 때문에 아주 지루한 일이었다. 같은 시간에 나는 지게를 지고 나가 소가 먹는 꼴을 베어왔다. 친구들과 공을 차며 뛰어놀고 싶었지만, 거의 언제나 마음뿐이었다. 나와 내 동생처럼 놀지 못하고 일을 해야 하는 처지의 아이들은 우리 동네에도 꽤 있었다.

  소는 땀을 주르르 흘려가며 미련할 정도로 열심히 일해 주었다. 해마다 새끼를 낳아 재산도 증식시켜 주었다. 일을 잘하니까 이웃이 자주 소를 빌려 달라고 하였다. 소가 하루 일해 주면 품앗이 형태로 장정이 이틀을 와서 일해 주었다. 가끔 이웃이 잠시 쓰겠다고 할 때는 지난날 우리가 소 없을 때를 생각해서 어머니는 후하게 잘 빌려주었다. 가장 믿음직한 가족 중에 하나로 생각하며 지냈고 소는 묵묵히 일함으로써 그만큼 아니 그 이상으로 기대에 부응했다.

  물레방아가 동력기의 출현으로 그랬듯이 농경사회 최고의 일꾼이었던 소는 경운기의 등장으로 농사에서 멀어져 갔다. 그것도 아주 급속히 농우는 사라지고 재산증식의 수단으로 잠시 키워졌다가 이제는 식용 한우로 목장에서 주로 키워지는 세상이 되었다. 농촌에 노동력과 평화를 제공했던 소는 역사의 뒤안길로, 어른들의 추억 속으로 자취를 감췄으나 고마웠던 소의 이미지는 변하지 않을 것이다.

❖ 이규석(2009. 1. 27) 고향 문예지에 투고
❖ 이규석, 산문집 인디언 추장의 기우제(주. 미래엔, 2015) 부분 수정 게재